MÉMOIRES SALÉES

DU MÊME AUTEUR

en collaboration avec Jean Noli :

FORTUNE DE MER
(Presses de la Cité, 1976)

OLIVIER DE KERSAUSON

MÉMOIRES SALÉES

ÉDITIONS ROBERT LAFFONT
PARIS

© Éditions Robert Laffont, S.A., Paris, 1985
ISBN 2-221-04712-5

A mon père

*Je tiens à remercier Eric Dumont.
Sans sa patience, son calme et son talent,
ce livre ne serait pas*

I
UNE VIEILLE ENFANCE

Aussi loin que je me souvienne, depuis que je vous ai aperçus, vous les humains ressemblez en général et en particulier à des pierres. Il faut que je me secoue très fort comme dans un mauvais rêve, que je me force, pour parvenir à me dire nom de nom, ces hommes et ces femmes-là font le même voyage que moi, ils ne sont peut-être pas partis à la même heure, ils arriveront encore moins aux mêmes rivages, mais ils sont nés, ils traversent, ils aboutissent, ils survivent, ils créent, ils dérouillent, ils aiment, ils crient, ils rient. Ce sont dans ces instants-là que j'ai le plus l'impression d'être un morceau de plancton. Immergé dans le temps salé. Comme vous tous. Nous sommes quatre milliards à avoir les yeux grands ouverts sans y comprendre grand-chose. Il me semble que notre sort est excessivement commun et vulgaire.

Et pour que vous vous sentiez plus proche encore de moi, je vous dois un aveu. Cela fait quarante ans que je mens sur le lieu de ma naissance. D'ailleurs, c'est le seul mensonge que je pratique. Je déteste mentir. Je trouve cela trop facile, horriblement ennuyeux. En réalité, je ne suis né ni en Bretagne Nord ni à La Trinité-sur-Mer. J'ai poussé mon tout premier vagissement à Bonnétable, alors chef-lieu de canton de la Sarthe, à vingt-huit kilomètres au nord-est du Mans.

Dès lors, aux yeux de mes sept frères et sœurs de souche purement et admirablement bretonne, je ne pouvais qu'être un maudit. Un étranger. Un anormal. Ceci n'a fait que se confirmer, qu'empirer même, durant toute ma première enfance. Je fus le proscrit, le solitaire, le débile, marqué à jamais par la tare irrémédiable de n'être point un authentique Celte, apparu comme il se devait auprès des rivages aux brumes mystérieuses, aux ressacs profonds, nimbés sous des pluies pour le moins incessantes.

Le vingt juillet dix-neuf cent quarante-quatre, une bombe explosait en Prusse-Orientale, mais hélas manquait sa cible. A partir de cette date, mon père répéta à qui voulait l'entendre, avec une certaine singularité ironique, que l'on avait raté deux choses ce jour-là. L'assassinat contre Hitler, et ma propre naissance. Voici un amalgame que je n'ai jamais tout à fait partagé. Mais il est fort délicat, lorsque l'on est petit, de s'exprimer délibérément à propos de l'idée que l'on a de sa vie.

C'est en effet seulement à l'âge de quatre ans et demi que j'ai découvert que l'humour existait. Je revois cet épisode avec une netteté surprenante. Il s'agissait d'un dîner d'automne, dans notre maison près de Morlaix. Autour de la table si ronde et si merveilleusement familiale, c'est dire d'une monotonie qui d'ores et déjà me laissait impavide, épinglé dans une torpeur fadasse, particulière à ce mode de cauchemar à répétition finissant par se normaliser à l'extrémité la plus effarante de l'ennui.

A dire vrai, le seul et unique enjeu que m'eût jamais prodigué cette sorte de cérémonie noblement alimentaire et affective se déroulait dans ses prémices. Le rituel exigeait que mon frère Yves et moi fussions placés de chaque côté de notre mère. Il fallait à tout prix éviter de se retrouver assis à sa droite. C'est-à-dire du côté de sa main

Une vieille enfance

qui portait sa bague. Car, c'est ce qui faisait le plus mal, lorsque nous prenions une claque à table, en raison des insanités que nous ne pouvions nous empêcher de prononcer.

Ce soir-là, je me trouvais du très mauvais côté, mais pour une rare fois, grâce soit rendue au curieux phénomène qui devait se produire ensuite, cela ne porta guère à conséquence.

Il surgit en cours de repas un superbe soufflé au fromage, d'un galbe exceptionnel. Permettez-moi d'insister sur la fragilité de la structure supérieure, éminemment gazeuse propre à la délicatesse de ce mets. Les connotations volcaniques, toutes proportions gardées, ne sont pas hors de propos quant au caractère risqué, et éruptif valable pour cette création culinaire.

Il advint que, due à la trahison de quelques cratères sournois, la chose en son entier fût prise de spasmes saccadés et voluptueux, durant un temps si prodigieusement long, que cela tenait du miracle. Pour la toute première et hélas ultime fois de mon enfance, ma sœur aînée Aliette, ma petite sœur Kate, mon grand frère Tanguy, ma sœur intermédiaire Marie-Aude, mon plus proche frère Yves, sans oublier une autre sœur de plus, Guillemette, mon père enfin, et même la main droite de notre chère mère, s'accordèrent jusqu'à s'esclaffer à l'unisson autour d'une idée folle et farfelue. Un animal vivant se cachait à l'intérieur de cette nourriture prodigieuse. Il y vivait plutôt bien. Il y respirait encore mieux.

Pour ma part, j'étais très étonné. Cela me paraissait impensable qu'il y eût un animal en vie dans quelque chose d'aussi chaud. A l'instant, je n'ai pas ri, car je ne comprenais pas vraiment.

Mais lorsque je constatai qu'ils pouvaient s'amuser de cela, et même à n'en plus finir, je me souviens très exactement de l'instant bouleversant, où je saisis que cette manière de voir la vie était singulièrement plus agréable que la façon dont je la subissais tous les jours, avec eux.

Depuis, ce point de vue ne m'a jamais tout à fait délaissé. Il se pourrait même que cela se soit amplifié. Ainsi, ce ne sont pas les plus hautes vagues des océanes immensités qui m'ont sauvé, sans jamais faillir, de l'ennui poussif du réel. Mais tout d'abord, la houle légère d'un entremets terrestre. Possédé par une tempête inclassable. Depuis, l'humour est resté pour moi la plus merveilleuse pâtisserie de l'esprit. Le rire, l'unique coup de vent susceptible de secouer de beauté les terriens, recroquevillés dans leurs abris quadrangulaires. Une rare ouverture, vers cette admirable révélation que le temps n'est jamais salé qu'à cause de lui.

Depuis l'âge adulte, il ne m'est jamais rien arrivé de plus exécrable que l'enfance. D'abord, je n'ai jamais eu une gueule d'enfant. Cette espèce de mine replète et gavée qu'arborent les mômes, le plus souvent. Lorsque j'étais petit, à l'âge de deux-trois ans, l'on m'expédiait sur les rivages bretons pour raison de santé, car j'étais rachitique A l'image de bien des fœtus de cette génération, nés en quarante-quatre, dont leurs mères payèrent lourdement les fatigues de la guerre, les carences d'alimentation.

Tout gosse, j'ai toujours eu un recul fantastique sur les choses. Je n'ai jamais, mais jamais pu crier « — Attention guignol, voilà les gendarmes ! » lors des goûters avec mes congénères, où ils hurlaient à qui mieux mieux, soulevés par les transes d'un infantilisme qui me laissait glacé. Je me disais, ils sont complètement tarés, qu'est-ce que j'en ai à faire qu'on l'empêche de se faire tabasser, ce fou ? Il m'a toujours été impossible de m'oublier, d'être infantile. Si je songe à mon visage, j'ai la certitude qu'il n'a jamais

Une vieille enfance

changé. Il est resté le même depuis mon origine, jusqu'à aujourd'hui même. Ce sont les autres qui ont cru à tort qu'il se modifiait. De l'intérieur, j'ai toujours regardé le même monde, avec les mêmes yeux selon une dérision certaine, que mon intelligence, paraît-il fertilisée d'année en année, n'a pu que raffiner. Et encore, légèrement.

Attention. N'allez point en déduire que j'ai eu une enfance malheureuse. C'était une enfance. Tout court. L'histoire de l'enfance à malheur est quelque chose de beaucoup trop équivoque. Un pur raisonnement d'adulte qui se souvient qu'il l'a été. Moi, je crois que je n'y étais pas particulièrement heureux. C'est tout. Et c'est énorme.

J'ai été élevé dans un milieu plutôt content de lui-même, identifié sociologiquement sous l'appellation aristocratie de province très catholique à messes obligatoires. Traduisez : Minable tunnel religieux étriqué, où la systématique de l'argument offert était d'une limpidité époustouflante. « Ça, cela se fait. Ou cela, ça ne se fait pas. » Fantastique ! La façon de parler est sous contrôle, la façon de vivre est sous contrôle, la façon d'éternuer est sous contrôle, la façon de se sexuer est sous contrôle, la façon de se mourir est sous contrôle, mais surtout la façon de se contrôler est aussi sous contrôle. Délicieux !

Dans ce monde, la vie était une longue obligation, qui un jour nous permettrait de gagner le ciel. Et moi, je voulais une courte facilité qui me permette tout de suite de gagner la mer. Ce fut long.

Cependant, l'avantage de la lourde tribu que constitue une famille plutôt nombreuse — un huitième enfant y surgit après moi, en la personne du chérubin Florent — s'apparente d'assez près à l'anonymat de la soldatesque, dans un corps d'armée. La tactique usitée par mon père et ma mère pour mener bataille exigeait des règles afin de maintenir un semblant de cohérence. Je n'en garde aucune rancune à mes chers parents. Faire le procès des gens qui se sont occupés de votre élevage, puis de votre élévation, serait quelque chose de si fâcheux... De si ridicule.

La constitution de l'équipage des petits Kersauson s'était suivie selon une rythmique aléatoire, aux cycles d'environ deux années. Nous devons être des bébés Ogino, en tout cas en ce qui me concerne, j'en ai l'accidentelle certitude. Parmi les catholiques, la contraception n'était pas bien vue, donc mal organisée. Nous étions des enfants de ce qu'ils appellent la vie, je ne crois pas que nous fûmes des enfants souhaités.

Encore que mère ait été éblouie par les bambins. De un an à dix-huit mois, disons. Après, cela ne l'intéressait plus autant. Dès qu'ils commençaient à comprendre, c'était fini. Toutefois il lui reste une vaste passion pour ses vingt quatre, à moins que ce fût vingt-six petits-enfants. Je précise que ce genre de vertige sentimental me prodigue un enthousiasme limité. J'ai trois sœurs et leurs descendances, qui demeurent aujourd'hui à Paris. Nous nous évitons.

J'ai tout fait pour échapper à ce somptueux milieu, à son admirable infrastructure, à la volupté bouleversante de ses choix, à l'intelligence divine de son folklore. Ce n'est pas maintenant que je vais songer à l'honorer. Je m'en suis exilé de justesse, vous m'en voyez ravi. C'était un monde de casse-couilles. Strictement désespérant.

Depuis l'âge de six ans, et ce jusqu'à dix-huit années, j'ai porté un lance-pierres sur moi, quelles que fussent les circonstances. Sa fourche correspondait aux normes du classicisme absolu, toujours en bois. L'évolution technologique fulgurante concerna le mode de propulsion des projectiles. Des lamelles caoutchoutées, savamment extraites des chambres à air, j'atteignis le stade des élastiques carrés terriblement plus professionnels. J'avais très vite

Une vieille enfance

abandonné la pierre, la munition du pauvre, pour la chevrotine du genre, la bille de plomb. Je passais des journées entières à tirer. Cela m'assurait le respect de mes frères, qui eux aussi pratiquaient l'art fourchu, avec dextérité. L'été, embusqués derrière les taillis, nous tirions les bagnoles, mais pas toutes. Seulement celles des Parisiens immatriculées soixante-quinze. La chasse à l'étranger est une si belle occupation...

Mais surtout, j'ai aimé les pièges. Lorsque, à Noël, vous aviez placé vos chaussures au pied de la cheminée, le lendemain matin, les proies brillaient. C'était un piège, un piège à cadeaux. Dans le collet, j'ai toujours vu cette image-là. Celle de la prise. Et de la joie de recevoir. A neuf ans, j'ai posé mon premier fil de fer tordu, dans les touffes de fougères. Au début, je revenais souvent, presque toutes les heures. Ce qui était une idiotie, puisque j'éveillais ainsi le moindre animal, de bout en bout du territoire.

J'ai appris à attendre. Ce qui n'est pas rare, pour quelqu'un qui n'a jamais eu une gueule d'enfant. Je me suis aperçu que les collets qui se trouvaient un peu loin, que je n'avais pas visités depuis une journée, prenaient. Fabuleux. J'éprouvais peu à peu l'impression d'être partout à la fois, d'un pouvoir grandissant dans le moindre recoin de mon empire. Et surtout, je n'étais plus là pour amusement. Mais pour prendre. C'est un verbe féroce, mais qui a sa beauté. Je ne trouve pas ça cruel du tout. Piéger des animaux sauvages n'est indécent que dans la mesure où l'on ne consomme pas. Moi, j'ai toujours dévoré ce que j'ai tué. Je voyais ça tel le côté fabuleusement inspiré du roman d'aventures, où le héros s'introduit dans des forêts mystérieuses, traque, et tout ce qu'il détient est cueilli ou chassé. Très tôt, j'ai su que je devais me nourrir à ma manière. Il s'agissait déjà d'une façon forte d'exister. Lorsque l'on rentre, flanqué de deux petits lapereaux chauds, dans ses poches de veste, c'est enfin que l'on n'est plus inutile, que l'on vit comme les grands, comme les trappeurs.

Je ne suis jamais parvenu, sinon dans un mépris total, à voir le pauvre petit animal selon la sirupeuse imagerie à la Walt Disney, avec son papa et sa maman qui pleurent à l'entrée du terrier. Dans le nôtre, à partir du moment où un enfant ramenait une prise de sa pêche ou de sa chasse, à table il lui était servi ce qu'il avait chassé ou pêché. Ainsi s'acquérait l'indépendance. C'était purement symbolique, le butin était faible en fait, mais dans un univers de quinze personnes, avec nurse et bonnes qui s'occupaient de tout, c'est-à-dire de rien à nos yeux, ce fut la seule façon d'agir, de survivre.

J'ai toujours adoré les bouquins de survie. Du genre où l'on explique comment il faut manger du serpent. Je trouve que cela correspond à une analyse physique de la solitude. Même à Paris l'on survit en chassant. En piégeant d'autres choses. Au lieu des lapereaux, on attrape des rêves. C'est encore ainsi que s'engendre l'indépendance. En plaçant des lignes de fonds subtiles, des collets d'un type un peu particulier. On va les visiter de temps en temps, parce que si ça prend, on a acquis une forme de dignité, de bonheur.

Evidemment, au début de mes chasses, j'ai failli une fois me faire coincer par les gardes forestiers. J'ai évité le traquenard car il se trouvait sur un chemin où j'étais passé la veille. J'avais remarqué les ronces. Souvent, je les refermais derrière moi. J'en vois une ou deux qui ne sont plus à leurs places habituelles. Et des empreintes de pas, par terre, dans les deux sens. Des intrus étaient passés par là. Ceci n'augurait rien de bon. Mais surtout, ils avaient accompli un aller et retour par le même sentier, ce qui était grave. J'ai fouillé assez longtemps, pour trouver un, puis deux mégots écrasés avec discrétion à l'ombre des mousses Cela signifiait qu'ils avaient attendu. Ces salauds ne m'ont jamais eu. Les dangers de l'activité de chasseur se décou vrent à la manière d'une poupée russe. Il y a toujours un piège dans le piège. Qui vous est inconnu. J'obtins la finesse de cette révélation, à l'âge de neuf ans et demi. C'est vous dire de quel degré de vieillissement j'étais atteint. J'ai toujours été un vieil enfant.

La pêche, elle aussi, n'est que piège. Qu'est-ce qu'un hameçon si ce n'en est pas un ? En sus, il s'agit de piéger l'invisible. Dans toute l'histoire de la pêche du monde, aucun poisson n'a jamais été vu avant d'être pêché. Sauf depuis vingt ans qu'il existe la pratique sous-marine. Et encore. Le plongeur entrevoit à trois mètres devant, à trois mètres sur le côté, à trois mètres derrière. C'est un aveugle en fonction de l'océan. En fait, n'ont été découverts, pendant des millénaires et des millénaires, que des poissons qui ont été pêchés. Cet aspect énigmatique m'a sans cesse fasciné.

J'ai été chatouiller le bar avec des baristes qui s'y exercent depuis trente ans, dans les cailloux. Leurs visages, quand les lignes sortent... Il y a dix ou douze bars, c'est le don de Dieu, le don du ciel. Avec un bout de fil trempé dans la flotte ! Pour un abracadabra qui dure douze heures, une marée. L'on revient, la ficelle sort, et il y a des poissons au bout. C'est la manne, la transformation. La survivance totale de la magie.

Je préfère l'hameçon, mais qu'est-ce que c'est que le tiercé, sinon un collet qui fait un bruit de sabots. C'est la prise, la capture encore, tout pareil. Appâter avec cinquante balles pour en tirer cinquante mille. Une tentative sans garantie lugubre de rentabilité. Toujours l'accès à l'ensorcellement. Pour que le monde soit différent. Il se trouve une tapée d'intellectuels pour dire, en haussant les sourcils, les hommes sont abrutis par le tiercé. Ça n'est pas vrai, ils rêvent, ils calculent, ils combinent. Exactement comme l'on fait un piège. Et brutalement, un jour, ça donne. Et c'est de l'argent qui devient superbe. Il ne sent pas la sueur, la souffrance. C'est de l'argent comme dans un rêve. Avec cinquante on a fait cinquante mille. Voilà de l'argent fait pour que tout soit joli, il n'y a qu'à observer dans les bistrots les tournées générales parce qu'untel a gagné. Il rince quinze connards. Ça n'a aucun intérêt et pourtant si, car c'est souvent ce que les gens souhaitent. Ils voudraient sacrément faire plaisir à tout le monde, mais n'en ont pas les moyens. Alors des fois, il y a un peu de magie, et ils sont tous là à boire des coups car Dédé ou Riton a gagné. C'est formidable, c'est même marrant.

C'est vrai que ça vaut le coup de jouer. C'est accepter... c'est toujours vouloir que les choses se passent différemment que dans la logique et dans l'ordre. Comme tout excès, on peut dire le jeu est un vice. Alors jouer, c'est mieux vivre. C'est essayer que ce soit meilleur. Ce qui est quand même bien préférable à ne pas essayer du tout. C'est une jolie démarche, le jeu. C'est accepter qu'il y ait un « si jamais ». Voilà l'important. Les joueurs ne sont pas des gens résignés, ce n'est pas sans beauté. Le tiercé est tout sauf risible. Une grande ligne de fond vers l'opulence. Toute la foule tire dessus à hue et à dia. Tant mieux. C'est le seul argent dont ils peuvent vraiment profiter. L'autre est beaucoup trop cher pour faire des conneries avec. On ne fait pas des conneries avec une journée de travail. Mais avec ce qui tombe du ciel, on peut faire des conneries. Il faut en faire. Le jeu n'est jamais ridicule.

J'ai connu pas mal de joueurs. Il y en avait des forcenés. Le goût du jeu est proportionnel au désespoir. Plus il est grand, plus le jeu va être fort. Le joueur refuse une certaine forme de réel. Il existe plein d'études à propos de la perversité de celui qui joue. Cela n'a rien à voir. Le joueur est un type très normal qui voudrait que le monde soit jaune d'or tous les matins, et qui risque son pognon pour qu'il le soit. Ce n'est pas si mal.

J'étais comme lui, à une époque. Mais je n'ai pas

continué longtemps, parce que le raisonnement s'emballe. Le jeu est merveilleux pour flirter, il n'est pas bien pour être. J'ai joué dans des conditions où si j'avais eu un million de dollars je les aurais mis sur la table. C'eût été ridicule, là apparaît l'autre côté du jeu. L'engloutissement. Tel qu'il est décrit dans les livres de morale du siècle dernier. Le joueur va ruiner sa famille. Les enfants du joueur vont à la rue. La femme du joueur est affamée. A cause de la boule, le père du joueur se pend. C'est non moins exact. Le jeu est l'accès à la déraison, à la magie noire. A un certain stade, on a l'impression de se promener sans cesse avec une baguette de prestidigitateur, mais on a beau frapper l'arc de triomphe, il ne deviendra pas en or massif, ni même en chocolat. Il faut résister, rester rationnel. La sorcellerie du jeu doit s'aborder de façon légère, par petites touches. Autrement cela s'échappe de l'aura du rêve, ça devient du délire. C'est affreux. C'est nul.

Si Niarchos place cinquante briques sur un numéro de roulette, en fonction de ce qu'il possède, ni sa vie ni ses entreprises ne vont se retrouver en péril. Cette logique vaut en montant comme en descendant, des sommes les plus énormes à celles les plus minables. La mise en elle-même ne veut rien dire. Tout est proportionnel aux moyens de celui qui la pose.

De toute façon, j'aime assez les joueurs. Ils sont en général généreux. Ils ont un goût torride pour la vie, ils jouent pour qu'elle soit détonante, pour le frisson supplémentaire. Afin qu'un moment donné, tout s'allume tellement que l'on se fasse cogner par le bonheur.

Aujourd'hui, si l'on m'offrait ce fameux million de dollars évoqué plus haut, je ne recommencerais pas une année, ni même une minute de mon enfance à l'école, puis dans la barbarie des collèges des curés. Pour rien au monde.

Jusqu'au stade de la jardinière d'enfants, mon éducation fut admirable. Mais ensuite, je tombai dans un gouffre sans fond, durant dix-sept années. Tout à fait la sensation d'être confiné dans des salles d'attente successives de gares grisâtres, bondées de fantômes gardés par des flics en blouse grise, les phalanges tachées de craie. Avec, dehors, des trains pleins de vie et d'éclats de rire, qui passaient sans jamais s'arrêter.

En tant que transport en commun, ce système d'éducation ne m'a jamais mené ailleurs que dans l'incrédulité la plus noire. J'y ai passé mon temps à jouer faux. A certains moments, j'en étais même inquiet. Comment se faisait-il que je ne fusse pas enthousiasmé par les moindres bribes de savoir ? A ce point-là, ça ne pouvait plus être normal. Pas une seule aspiration à se mettre sous la dent. Rien.

En fait, comment voulez-vous que des gens qui ne savent rien de la réalité aient quelque chose à vous en apprendre ? Le monde de l'école d'alors était totalement fallacieux. Peuplé d'intelligences bancales, qui ne pouvaient survivre qu'à l'intérieur de ce minable cercle fermé. En plus, elles étaient vénérées. Les parents ont toujours été lâches, à cause de la peur bleue que leur progéniture attrape des mauvaises notes, soit mal vue, et ne se hisse pas dans la classe supérieure. Cela continue encore de nos jours, évidemment. Les fameux « professeurs » vivent dans un consensus de flatterie et de respect, motivé par rien d'autre que la fonction provisoire qu'ils occupent, dans un système qui est véreux. Quand j'y pense, j'en ai des frissons. Ces imbéciles qui frimaient devant nous, les mômes, étaient aussi ridicules que le loubard d'un mètre quatre-vingts qui vient faire peur à la sortie des classes, avec un couteau. C'étaient des terroristes du même genre, mais abrités derrière la notion du savoir, la transmission de l' « éducation ».

Une année, j'ai fait un mois de cachot, trente jours enfermé dans une tour, avec un seau pour uriner. Ils me sortaient le matin pour la messe. Je vivais absolument seul, enfermé. Je crois que je supporterais mieux la prison à l'âge adulte, que le cachot lorsque j'avais dix ans.

Je suis devenu asocial. Mais jamais révolté contre cette misérable micro-société. A quoi cela sert-il de se révolter contre les imbéciles ? C'est la finalité du schéma de l'impuissance. Je l'ai analysé plus tard. Mais vécu comme ça, depuis le début, par intuition sans doute, de Sainte-Croix à Saint-Louis et Saint-Michel, de Saint-François-Xavier à Saint-Paul, de bagne en bagne, avec encore et encore un nom de saint, à chaque fois.

Je crois que ce que les garants de ce système d'enfoirés supportèrent le plus mal de moi fut mon indifférence. Comme je n'exerçais ni adhésion ni rejet, leurs discours coulaient sur moi telle de l'eau sur les plumes d'un canard. Effrayant. Ils me le firent payer très cher. Peu importe, ils ne m'intéressaient pas. C'est le terme exact. Je n'ai jamais chahuté ces imbéciles, car ils n'existaient pas. Ma tactique a toujours été d'éviter qu'ils ne deviennent autre chose que des morts vivants. Je vous la conseille, avec plaisir. Elle est imparable.

Le drame de l'éducation provient du fait que l'on est façonné par des sous-hommes. Par des gens qui ne règlent leurs conflits personnels qu'à travers des enfants. De cette lâcheté-là, il n'y a rien à sortir.

Dans les collèges, tout ce qu'ils accomplissaient devenait moche, la vie l'était encore plus, le café du matin toujours infect, le pain avait un goût de caoutchouc, lors de chaque repas nous était lue la vie des saints, puis arrivaient des heures, et encore des heures de messe. Avec des petits bouquins marron foncé, plus une espèce de pince de crabe métallique qui tenait les cantiques. « Je crois en toi mon Dieu, au ciel, au ciel, au Ciel, au... » Que pouvais-je y faire ? Ils s'agenouillaient. Je m'agenouillais. Ils marmonnaient. Je faisais semblant de marmonner. Je partais en voyage. L'imaginaire à fond. Je chassais le lion dans des savanes en feu, je commandais des 4 mâts aux cinq coins de la Terre... Enfin, des choses indéniables, quant au développement de la vie intérieure...

Je me souviens d'un de ces enseignants sublimes, qui dès que je rentrais en classe, hurlait « Kersauson, dehors ! » Avant même que je n'eusse bougé. Je filais immédiatement en colle. Mais là arrivait peu de temps après le préfet de discipline, effectuant son petit tour pour voir qui avait été viré des salles de cours. Je me retrouvais chez le révérend père, il me faisait enlever mon froc et me filait le fouet. Ensuite, je rentrais. Déjà, il était trop tard, j'avais manqué presque toute la leçon. Le lendemain, je ne pouvais pas être bon. Cela recommençait. C'était la chaîne infernale.

Et pourtant, j'étais un élève si calme, je ne chahutais jamais, à l'inverse, je crois que ce fut la qualité si particulière, si immobile, de mon attention, qui ne leur a jamais tout à fait convenu.

Attention encore, en tout ceci ne voyez pas le moindre anticléricalisme. Il est exact que je n'ai jamais pleuré à la lecture de la vie de saint François d'Assise. Mais je n'éprouve rien contre lui. Il s'agissait d'un homme charmant.

Par instances, un prêtre de l'extérieur passait avec des missionnaires. Ils nous parlaient de tout autre chose enfin, c'était différent, presque intéressant. Ils nous racontaient l'Afrique. Alors l'on pouvait démarrer, le rêve prenait. Ils apportaient les revues « Missions », imprimées en vert. Les photos étaient vertes aussi, marron, ou bleues. Pas encore la quadrichromie, mais cela n'avait du moins plus rien à voir avec le noir et blanc. On y voyait des crocodiles, des

Une vieille enfance

femmes enfin, chose incroyable en vérité. On y apercevait tout ce qui fait que la vie est magique. Mais ça s'arrêtait là. Le jour d'après recommençait avec le Colisée, grand comme un timbre-poste, une petite photo obscure où rien n'était distingable. Personne ne nous transmettait la beauté, la fulgurance du monde.

Nous traduisions César. Tout au plus, ce qu'il était censé avoir dit. Mais où était passé son empire ? La folie de ses conquêtes ? Même ces thèmes éculés, classifiés, immémoriaux, parvenaient à effaroucher ces larves de maîtres pour qu'ils les évoquent, devant nous.

Leurs blocages atteignaient quelque chose de suprême, d'à peine vraisemblable, le firmament d'une pyramide de déchets mentaux, pénible amalgame de leurs frustrations incessantes. J'y songe parfois. Elle ne me donne plus le vertige. Mais, comme au souvenir des odeurs des cahiers et des livres neufs, de l'encre Waterman qui séchait si longtemps en hiver, il m'arrive d'avoir envie de vomir.

Le comble du sardonique, ces messieurs l'atteignaient dans leurs discours de bienvenue, lors des rentrées scolaires. Du type : « J'espère que nous allons passer une bonne année ensemble ! » Tout à fait comme si vous pénétriez dans une salle de torture, pour vous entendre dire, bonjour, soyez le bienvenu, désormais vous allez passer d'excellents instants avec nous... A coups de processions, de messes funèbres obligatoires, de réfectoires sordides, de réveils à matins blêmes, de couchers à 9 heures sonnantes, d'un seul poêle pour un dortoir de quarante mètres de long, où l'on était cent vingt, de lavabos avec un unique petit jet glacé chaque matin, de douches hebdomadaires à odeur de caillebotis moisis dans l'eau savonneuse. Mouillez-vous. Savonnez-vous. Rincez. C'était à ne plus jamais se laver. Minable.

Un an de mon enfance, je suis resté sans parler, dans un de ces collèges. Sans prononcer un traître mot. A quiconque. Sans avoir vraiment à me forcer, d'ailleurs. C'est tout juste si quiconque s'en aperçut.

L'organisation de la vie, au sein de ces univers de type carcéral, s'avérait si rigoureusement planifiée, si quadrillée, voire robotisée, que la parole y était devenue largement superflue, pour y fonctionner sans le moindre accroc, ne serait-ce que sur le mode pratique.

Là-bas, j'y contactais l'horreur définitive des horaires. Actuellement, j'ai encore du mal à prendre un avion ou un train, puisqu'ils en détiennent toujours un. Que quelqu'un d'autre que moi ait décidé que cette minute-là sera consacrée à ça, je ne le supporte pas. Très souvent, il m'est arrivé de retenir des places d'avion. Et de me dire, leur vol de 8 h 15, eh bien, ils peuvent se le garder pour eux, en faire ce qu'ils veulent, rien à foutre.

Même si j'étais réveillé dès 6 heures du matin, il n'y avait aucune raison que, puisqu'il était à 8 h 15, je bouge personnellement, afin de m'y adapter. Et je ne parle même pas des trains. C'est encore et toujours 21 h 17, 14 h 18, 13 h 51. Rien que le chiffre me rend malade. Je ne tolère pas que l'on organise mon temps. Je déteste que quiconque se mêle de mes tranches horaires. Je n'ai jamais même toléré la présence d'un réveil, dans ma chambre. Je dors lorsque je suis trop fatigué pour rester éveillé. Je me réveille à l'heure à laquelle j'ai décidé de l'être. Mon corps le fait, pas quelqu'un d'autre. Je n'ai aucune habitude, si ce n'est celle de ne pas en avoir.

Je me rappelle soudain d'un collège, encore plus taré que tous les précédents, où l'on nous obligeait de tenir un journal intime. J'avais douze ans, déjà. Evidemment, ces salopards passaient la nuit, fouillaient dans nos bureaux, pour le lire. Je l'ai pressenti très vite. Dans mon journal, je marquais que je n'avais qu'un désir, devenir prêtre. J'écrivais tous les jours une page entière, sur mon très cher maître, en proclamant qu'il était un modèle pour un jeune chrétien, que je ne rêvais que de suivre son exemple. Et ainsi de suite... J'obtins une paix royale, grâce à ce triste stratagème. Là-bas, on m'enseigna une forme de duplicité, voire de survie. Il s'agissait du type d'établissement où sans « provisions », vous aviez faim. Je n'ai jamais été capable de m'organiser, quant à l'intendance. Alors, je vivais sur le dos de mes camarades, contre des protections. Nous installâmes un petit racket sans envergure, sans bonheur. Avec quelques bons copains de l'instant. Ceux avec qui je fus le plus lié, je les ai revus vingt ans plus tard, lors d'un dîner. Ah, l'impression... J'ai cru souper avec leurs parents. Sidérant.

Passé le seuil de douze ans, la mirobolante argutie — votre avenir vous appartient, vous êtes en train de le préparer dès maintenant — commença à se répéter dangereusement, à travers un rictus pédagogique unanime parmi les bouches autorisées. Comment pouvais-je penser, à cet âge-là, à ce qui m'attendrait plus tard, alors que j'éprouvais tant de plaisir à vivre parmi elles, à l'instant même. Globalement, il s'agissait de préparer trente tonnes de merde. J'étais contraint à subir mes petits trente kilos quotidiens, certes. Mais m'ajuster à une nouvelle montagne de déchets, pour les soixante-dix ans à venir, me dépassa. Il existe de ces moments cruciaux, où ne rien comprendre à rien parvient à sauver de certaines odeurs de futur l'âme intouchée d'un vieil enfant.

A proprement parler, je ne fus pourtant pas ce que l'on nomme un cancre. Jusqu'en septième, il paraît que je demeurais un élève remarquable. C'est le sexe, hélas, qui a tout perturbé. A partir de la puberté, je n'ai plus pensé qu'à ça. En classe, dès lors, je ne rêvais qu'à lui, durant des heures. Il est inutile pour moi de me rendre dans la salle de projection d'un cinéma pornographique. En fonction de ce que j'ai imaginé durant ces années-là, tous ces spectacles sont trop faibles, je peux vous le promettre. Toutes les œuvres érotiques existantes, j'avais largement terminé de les tourner, à quatorze ans.

Mais un gentleman digne de ce nom ne peut pas raconter sa vie sexuelle. D'un côté il attirerait les pervers, d'un autre, il révulserait les prudes. Puisque je n'apprécie ni ces derniers, ni les premiers, j'ai plutôt l'agréable intention de vous entretenir de l'amour fou, et de ses émotions subséquentes. Mais pour ça, il est encore un peu tôt dans ma vie. D'ailleurs, je n'ai jamais été intéressé par les filles. Mais par les femmes. Je n'ai point eu de petite amie de quinze ans. Lorsque j'atteignis cet âge, seules les créatures d'au moins vingt années me firent saliver.

Elles paraissaient si fabuleuses à mes yeux d'alors, qu'elles restèrent à la limite illimitée de l'abordable. C'est curieux, l'on parle toujours des femmes comme d'une île, on aborde une femme, on l'accoste. Le vocabulaire est maritime vis-à-vis du mouvement de l'homme, vers elles Je crois que c'est exact. Les femmes sont réellement des îles. Plus tard, comme marin j'ai su qu'elles sont là pour nous rappeler que la terre est douce, que l'on ne peut vivre sans terre.

J'ai toujours aimé infiniment et la terre, et la mer, à condition qu'elles se touchent, qu'elles soient ensemble. Dans notre propriété de Bretagne, du haut d'une tour flanquant la maison, la mer était visible. Nos champs, où son vent courait sur les blés, allaient jusqu'à ses vagues. Le mélange devenait merveilleux. L'odeur des foins, qui se mêlait aux bouffées fortes des marées, demeure pour moi le parfum le plus beau du monde. La campagne, lorsqu'elle n'est que terre, sans la tâche océane au bout, je ne l'aime guère, avec sa tendance à rendre claustrophobe. Elle me rappelle l'internat, encore ces collèges d'où parfois l'on

Une vieille enfance

voyait loin à l'horizon. J'y rêvais toujours que, là-bas, se trouvait la mer. Mais elle n'y était pas. C'était une campagne prison, sans la moindre tache bleue, complice...

Durant l'hiver, j'observais les mouettes passer, je les enviais. Le jeudi et le dimanche, pour m'évader je devins scout marin. Je tirais sur les avirons des baleinières, les yeux clos j'arrivais presque à croire qu'un jour, je toucherais l'océan. Il n'y a rien de plus affreux qu'une rivière, car l'on sait qu'elle va à la mer. Il suffit de voir un bout de bois qui y flotte, pour se dire, nom de nom il va faire le voyage. Deux semaines, un mois encore, et il sera dans l'eau salée, frétillant sur l'écume, enfin bien. J'ai descendu à l'aviron la Loire, la Sarthe jusqu'à Paimbœuf, remonté vers La Trinité-sur-Mer. Dans ce milieu à tendance pourtant sinon salée, au moins humide, j'étais encore un marginal malgré moi, à cause du ressac éhonté de mes songes de varech.

Lorsque nous n'ahanions pas la cadence, assis sur nos bancs de nage, nous partions en promenade bien guidée, en rangs, le long des routes. L'appel, plus fort que tout, reprenait avec les camions immatriculés vingt-neuf, cinquante-six, les « Transports Legalec » et d'autres, dont j'ai oublié les noms. Une petite voix me chuchotait : les chanceux, ils rentrent, ils vont voir les ajoncs et les vagues, bientôt. Je les regardais filer comme j'imagine qu'un immigré regarde partir un bateau qui rentre vers le pays de son propre cœur.

A la limite, si mes mains eussent été adroites, mon père, totalement désespéré devant la liste des établissements fréquentés par son fils, lui aurait fait apprendre un métier manuel. Mais voilà, je n'ai jamais réussi à planter un clou droit, dans ma vie. Lorsque j'obtins mon bac, ce fut pour lui un soulagement au-delà de tout qualificatif. Même l'imbécile l'avait eu. Sur ses huit enfants, même celui que l'on traitait de laid et d'idiot, car il ratait tout ce qu'il entreprenait, devint bachelier. Incroyable. Il était ravi. Ce bac, sorte de rafiot à fond plat décrété utile pour passer de la rive de la stupidité à celle de l'intelligence, je le dois à l'anomalie complète d'un prof si doué, qu'il ne prit même pas la peine de considérer le milieu dans lequel je ne sais quel hasard l'amena à enseigner. N'ayant jamais travaillé, jamais révisé, jamais préparé, jamais triché, puisque rien de tout ça ne me prodiguait la moindre vocation, je me suis fort bien entendu avec lui.

Sous son influence, je passais maître dans l'improvisation sur n'importe quel sujet, grâce à un mélange d'intuitions, d'imprégnations fugitives, qui devaient me servir beaucoup plus tard, dans les médias. Jamais, il ne fut question d'apprendre...

Je ne m'étendrai guère à propos de la faculté, ensuite. Sur cet espèce de bouffi, pérorant autour de l'économie, de l'Amérique, dont manifestement il ne parlait pas trente mots du langage, ne s'y étant jamais rendu. Il prétendait nous livrer sa... réflexion. J'avais honte. Alors, une année, je suis parti. Laissant mes livres ouverts, certain d'avoir déjà perdu tant de sel, que le temps s'avérait insipide.

Du point de vue de mes rapports avec autrui, ce départ devint l'abolition fantastique d'une frontière. Je commençais dès lors à vouer une extrême attention aux gens rencontrés sur ma route. Sans doute parce que, étant devenu enfin libre, même les cons me parurent soudain excessivement sympathiques.

Cependant, là se trouvait un risque. A force d'en rencontrer, une osmose peu subtile tend à s'établir. Des idées banales, qui vous sont à priori étrangères, finissent par se propager en vous, à votre insu. La plupart des concepts stridents d'imbécillité que transbahutent les êtres humains proviennent d'une carence de recul. Plutôt que d'une absence pure d'intelligence. Le temps leur est soi-disant compté pour réfléchir, aussi s'intoxiquent-ils à plaisir, à partir du simple, du banalisé, du primaire. Le racisme, par exemple, constitue un cas typique. Il n'existe pas de racisme viscéral. Les gens le deviennent, tels des perroquets, en répétant « saloperie de bicots », puisque cela se clame, autour d'eux ; l'homme est le domestique du mimétisme. Un magnétophone à sang chaud. Dangereux.

De guerre lasse, je décidai de les apprécier selon le kaléidoscope de mes émotions. Ayant vingt ans, je découvrais que la tolérance est d'abord l'art d'oublier l'inepte, pour se souvenir, presque trop vite, de l'élégance.

Je voyageais en auto-stop. A l'époque, les routards n'existaient point. Cette démarche isolée, encore solitaire, me convenait. En sus, pas le moindre soupçon d'horaire ne devait être respecté. Je croyais qu'en Grèce, l'hiver était comme un été. Le temps de m'y rendre, de m'apercevoir qu'il ne faisait pas vraiment chaud là-bas, je suis remonté par la Yougoslavie. Nous étions une poignée à se promener sur les routes d'alors, avec le statut de voyageur, avec un grand V. Embarqués, selon le plus courtois des hasards, dans des odyssées invraisemblables, reçus par exemple par une famille de camionneurs yougoslaves, dormant à vingt-cinq dans la même pièce. Pas de doute, cela me permit de voir tout autre chose.

J'allais à Berlin, non pas pour la ville, mais pour son mur. J'étais moi aussi un ancien prisonnier, à mon échelle. Il s'agissait du seul endroit ou des coreligionnaires faisaient face à la même symbolique, en plus âcre, en plus définitive. L'atmosphère, aux abords, ne me surprit pas. Encore moins les regards. De mon fort jeune passé, mes yeux reconnurent une certaine ressemblance, l'outrage face à un obstacle infect, le dépit de l'infranchissable, et la lassitude un peu pétrifiée de la nostalgie qui s'ensuit. La pire des trois émotions demeurant cette dernière. Nous nous comprîmes, sans un besoin particulier de mots.

Ensuite, je complétais ces humanités, jusqu'à l'impersonnel. J'avais lu beaucoup de livres sur les camps de concentration. Je me suis rendu aux abords de plusieurs, afin d'obtenir une idée de ce que ce fut. Quelque chose d'atroce, d'insoutenable, sourdait encore de ces endroits, dont même le décalage de ma génération ne me protégeait plus. Même les vents, y rafalant avec une violence glaciale, paraissaient fuir au plus vite, ne pouvant supporter de se souiller au contact de ces périmètres de crimes.

Voici effectué l'essentiel de l'itinéraire de mes vingt premières années. Selon un angle purement terrien. J'ai évité à dessein que même l'ombre d'une voile ne s'y profile, en cours de récit, pour l'instant. Qui accepterait de risquer d'entacher ainsi la plus haute beauté ?

A terre, ce furent des années vouées pour la plupart à la glaise molle de l'ennui, de l'indifférence. Une envie brusque me saisit d'en quitter l'absurdité, de rejoindre l'écume de mer.

II

HALLALI !

Hallali !... Marée basse, à 11 heures du matin, à La Trinité-sur-Mer, l'eau presque transparente, teintée de turquoise, au fond une si fine couche de vase, tendant au jaune, striée du blanc des tuileaux, immergés dans les bleu ciel de l'onde. Et Hallali !... Longue coque crème, soulignée d'un liseré d'or, de l'étrave à la poupe. Vernis éclatants. Mâture interminable, à mes yeux de gamin. Je restais figé sur le quai, sans oser presque respirer, paralysé physiquement par l'émotion, comme foudroyé.

Des bouffées de vent d'est, tièdes, fugaces, caprices solaires d'Eole, me caressaient la nuque. C'étaient elles qui offraient cette lumière si parfaite à la mer. Soudain, les silhouettes à bord du grand voilier, celle du père Guillet, le capitaine, des deux marins, s'agitèrent, opérant de mystérieuses manœuvres. Bang ! Là où il y avait encore de la terre, tout était devenu blanc. La voile d'avant, vaste triangle immaculé, s'était emparée de l'horizon visible. Et Hallali ! s'inclina très doucement sur l'eau, avec une élégance suave, timide, presque tendre. Pour accélérer alors, soudain, dans un seul chuintement d'une mer de soie, déchirée par ses courbes...

J'éprouvais un coup terrible dans le cœur, qui se dilata en choc complet du corps, en étourdissement, en joie fatale, absolue, somptueuse. Je venais de découvrir ma vie. Ce fut Hallali ! qui me fit appareiller d'un seul instant, dans mon futur, cathédrale blanche gîtée, s'amenuisant au gré de l'horizon nappé d'émeraude.

Lors de ces étés estivaux de ma tendre jeunesse maritime, les yachts demeuraient encore spectacle d'exception. Apparition presque surnaturelle, au long de la ligne de flottaison d'un rêve. Même les plus gros thoniers de pêche, infiniment plus fréquents, en devenaient patauds. Epais. Rudimentaires. Manquant soudain de tout, de cette violence contenue, acérée, magique. De l'harmonie arquée, élancée, de ces carènes de course. Au galbe si souple, si sensuel de leurs flancs, dont la lisseur s'empanachait de pans verts, criblés de bulles d'air, des écumes.

Ce trouble extrême, tel le lest d'une passion déposée très au fond du cœur maritime, ce sentiment du voilier caché à l'intérieur de l'homme devenu marin, soudain par l'âme, par amour, je n'en retrouve aucun équivalent, plus tôt, dans mon enfance.

S'embarquer en mer sur une prame à voile, à dérive, à bord d'une baleinière, d'un bateau de pêche, fut aussi normal que dormir dans un lit, sur la terre. S'interroger à ce sujet eût été aussi absurde, cocasse, que d'avoir réponse à une question du genre : — Quand avez-vous pris conscience, la toute première fois, d'habiter une maison ?

La voile se pratiquait naturellement, dès l'instant où le marin en herbe devenait assez haut sur pattes, pour que ses proches ne puissent s'inquiéter, quant à sa capacité de marcher sur l'eau ! Vers dix ans, parfois un peu plus tôt. Le concept de vocation salée, du conflit terrien autour d'elle n'existait plus durant ces étés merveilleux. A la limite, à cet âge la mer me fascinait mille fois plus que le bateau en soi. Ce dernier ne servait qu'à se rendre sur elle.

Je naviguais sur des canots inénarrables, des plates avec et sans dérive, avec des voiles plus ou moins plates

Hallali!

des Vauriens, des baleinières, des cotres qui étaient en fait de faux yachts, car d'anciens bateaux de pêche. Il ne me reste que de merveilleux souvenirs, tous les membres de cette flottille hétéroclite me prodiguèrent une même émotion. Le rire, fréquent, salé, radical !

Même à bord des satanées plates à voile de La Trinité, nous portions des casquettes de capitaine, dans nos têtes. Et vogue la galère, nous nous retrouvions au gouvernail d'un engin cacochyme, tirant des bords carrés, surchargé à **trois** à bord, enfonçant la dérive dix fois de suite, sur le plan technique c'était un yachting paléolithique, mais au folklore délicieux. Et puis soudain, un coup de vent portant arrivait, telle la risée du clocher de l'église. Célèbre pour naître à la manière d'un courant d'air, lorsque les portes de la messe s'ouvraient...

Plus raisonnablement, il s'agissait d'une microscopique dépression, née de l'effet tourbillonnaire engendré par la masse de l'édifice, sur l'écoulement des fluides empruntant certaines rues du port. Jusqu'à débouler avec rage à la surface du chenal. Pour strier l'eau de ce que nous, yachtmen, appelons « négresses », c'est dire une nappe de mer soudain griffée de mille vaguelettes assombries, hargne de vent frappant aussi vite que disparu, au risque de vous chavirer par surprise.

Une année à Binic, j'enseignais l'art de jongler avec ces ruses d'Eole, à des vieillards de quarante ans. Moi, je crois que j'en avais quinze.

J'ai dérivé nativement vers le bateau, selon les caps de ma croissance, m'y percevant encore plus à l'aise que sous des édredons, au physique comme à l'intellectuel ! Je finis par faire du bateau comme l'on s'endort, ou comme l'on mange. A ce stade, il n'y a plus de culte.

Je ne suis jamais parvenu à adhérer à cette espèce de dévotion un peu farouche, libidineuse à tribord, et pudique à bâbord, qui caractérise tant de marins, face à leur navire.

Pire, rien ne m'ennuie autant que ce qu'ils vénèrent comme un temple, c'est-à-dire le fameux « chantier naval ».

Je me suis souvent demandé comment quelque chose d'aussi beau qu'un bateau pouvait sortir d'un endroit aussi vilain que celui-là. La fabrication d'un navire, petit ou grand, est excessivement douloureuse, pénible, et ennuyeuse comme la pluie. Ça sent mauvais, c'est bruyant, ça se découpe, ça se moule, ça se colle, ça se tape, c'est du travail. Moi, le travail m'ennuie. Je n'aime même plus le bel ouvrage d'une superbe coque en bois divinement membrée. Je me suis détaché de ce fantasme ce sont de vieilles machines, antédiluviennes.

Le seul plaisir digne d'enchantement que me procure un chantier reste de m'y rendre très tard le soir, lorsque plus personne ne s'y trouve. Et de contempler alors le squelette en train de grandir. Formidable. Mais toujours en l'imaginant dans sa vocation propre, celle de flotter. Je demeure radicalement insensible au rafiot, vu comme œuvre d'art. Cette embarcation, de taille plus ou moins considérable, ne sera jamais qu'un moyen en soi. Pas une fin. Sinon celle de la terre.

Pourtant, j'ai toujours et encore aimé tous les esquifs, même ceux parvenus à l'un des possibles, de l'autre extrémité de leur vie. Les épaves. Dans la rivière de Morlaix, près de vasières abandonnées, sur des kilomètres d'endroits vierges, où alors rien n'était construit, il s'en trouvait d'échouées, couvertes de rouille, inclinées un peu par la gîte, car depuis longtemps l'eau habitait à bord.

Une coque, même pourrie, même réduite à l'état d'épave, sent encore l'aventure. C'est émouvant, une partie de son histoire en émane, elle raconte alors quelque chose. Essayez donc d'atteindre une similitude sentimentale, face à une carcasse avariée, à quatre roues. Impossible.

Et les cargos. Ils me font tant rêver, parfois. Vous les voyez passer, ce sont des mystères d'acier... Où vont-ils ?

Hallali !

D'eux, suintent une ribambelle de pays lointains entre guillemets, ils viennent des Indes, ils vont à Sydney, ils quittent Constantinople pour aller accoster à Papeete. Superbe.

J'apprécie au-delà de tout les bateaux, car je les ai sans cesse perçus tels les entremetteurs de la complicité avec la mer. La clef, ce n'est point de s'enfuir de la terre, je ne fus jamais un marin qui la quitta, car elle l'ennuyait. J'ai simplement préféré la mer à une certaine forme de vie sur le sol ferme. Mais je n'ai jamais fui. Cela ne servirait à rien. On embarque avec soi les mêmes choses.

Tant de gens qui partent à la voile, pour un « tour du monde », s'avèrent si prévisibles, trop faciles à comprendre. Au début, apparemment, leurs problèmes changent de visage. Mais en réalité, ils les ont simplement emmenés en croisière, des Açores aux Antilles, de Panama à Tahiti, si encore ils arrivent avec eux, si loin. On n'échappe pas à soi-même, en fuyant sur la mer. C'est l'inverse qui s'y passe. Je déteste le bateau fuite. J'abonde vers le bateau dynamique, qui n'exclut pas le bateau rêve.

Quoi qu'il en soit, tout ce qui permet de se promener sur l'eau est divin. Les bateaux à moteur peuvent procurer autant de plaisir que les voiliers. J'ai bourlingué sur des vedettes rapides, les fameuses, dites « de Cherbourg », me grisant de leurs puissances par mer difficile, à des vitesses sinon historiques, au moins assez rares pour m'en souvenir. Mais j'allais aussi à la pêche, à bord de pinasses placides, dont le sillage modeste m'a laissé tout autant assouvi.

Le bruit d'un moteur ne m'est pas agréable. Pourtant, je m'amuse comme un fou dans les rugissements d'une Cigarette, avec mille chevaux aux manettes, qui déchaînés brûlent trois cents litres d'essence à l'heure !

Et ne comptez pas sur moi, pour ridiculiser par contraste, ma passion pour les ferries, et les remorqueurs. J'ai vu naviguer les Abeilles, leurs équipages sont des manœuvriers hors pair. Une fois, j'ai même projeté d'emprunter un Zodiac, pour un tour de France en solitaire, en m'échouant sur les plages à la nuit tombée.

Et pourquoi pas ? Il y a énormément de prétention, de vanité, de bêtise, à afficher une attitude hostile de « grand prêtre de la voile » face à ceux qui naviguent au moteur Pourquoi y aurait-il une éthique du plaisir sur l'eau ? Tout y devient noble, le hors-bord, le pneumatique, le youyou, la planche à voile, même une péniche.

J'ai vu des tout petits mouille-culs archi-moches, archi-mal foutus, avec dans les cockpits des gens à l'air heureux. Ils pouvaient être treize à bord, une famille entière sur un sabot de honte, pourquoi grimacer face à leur joie ? D'ailleurs, leur bateau perdait même sa laideur, dans ces moments-là. Il devenait une arche un peu folle, un éclat de sourire roulant bord sur bord, vers des aventures impromptues, à la hauteur des rêves des matelots éblouis, et du seul maître à bord, après Dieu et les vacances.

Si j'en avais les moyens, je m'offrirais très volontiers aujourd'hui un motor yacht de trente-cinq mètres. Ah, mais fort volontiers... Il me serait utile pour accompagner mon multicoque de course, j'y mettrais mes smokings, ainsi que ma famille, au sens vaste, au grand large du terme. Il n'est jamais désagréable de se promener, de temps en temps, avec des moteurs puissants. On se moque enfin ouvertement du vent, toutes les voluptés des mouillages et des ports s'offrent à volonté. Oui, avec des possibilités de filer autour de vingt, vingt-deux nœuds, trente-cinq mètres hors tout, voilà ce qu'il me faut. Au-delà, j'ai beaucoup réfléchi, ce serait trop encombrant, et puis, je risquerais soudain de me faire remarquer, ce qui est mal élevé.

Pourtant, il ne faut pas se laisser duper par les bateaux mongoliens. A courte échéance, ils versent dans l'hôtellerie flottante. Ils ne savent de la mer qu'une vague de béton, celle d'un quai. La mésaventure de Talofa, dantesque

Hallali !

yacht, dont la cabine de propriétaire était en bois de rose, me l'enseigna. Il fut construit durant mon adolescence, à la grande époque d'un chantier naval de La Trinité-sur-Mer, Costantini. Ces années-là, un seul de ses winches, treuil servant à manœuvrer les voiles, dont le monstre était hérissé, coûtait le prix d'une 404 Peugeot. Ce point de référence formidable nous laissait tous pantelants, avec nos bottes trouées, et nos cirés éculés. Malgré tout, pour ma part, j'éprouvais des soupçons. Quelque chose dans ce bateau me paraissait démesuré, quant à son mariage avec la mer. Plus tard, il me fut confirmé qu'il n'alla pas bien loin, malgré son époustouflante quincaillerie. Guère au-delà de l'Afrique, je crois...

Les purs et durs de la voile m'ennuient. Il s'agit d'une espèce qui prolifère. Qui n'en compte pas au moins un, amarré à son entourage ? En prévision d'un prochain dîner salé, autour du sujet de sa passion, je vais vous confier l'expression tabou, susceptible de l'agacer au maximum. Et même de le réduire — enfin — à un silence vexé. Elle tient en deux mots brefs : Fifty-fifty.

Le fifty-fifty est un bateau inclassable, souillé, qui hante l'inconscient des voileux de haut vol. Il est facile de comprendre pourquoi. Vu de l'extérieur, il porte des voiles, certes un peu réduites. Mais à l'intérieur se cache un puissant moteur. Horreur ! Profanation ! Ce n'est même plus un « promène couillon » — expression courante, désignant un bateau à moteur, parmi les puristes de la voile. Pire, c'est une version déguisée, une tentative subversive, le fruit d'un mariage consanguin. Les renégats des hélices, s'accaparant la beauté de la voile, avilissant l'immaculé, contaminant le sublime...

Du calme ! Moi, j'ai convoyé Zolana, magnifique fifty-fifty, jusqu'à Athènes. Il neigeait presque sur la mer, en plein hiver la Méditerranée était glaciale. A bord, nous naviguions douillettement à l'abri dans la cabine, bien au chaud, avec presque rien à manœuvrer. J'ai le souvenir d'une traversée délicieuse. Une vie de roi du pétrole. La même navigation, sur un voilier de course, aurait été une géhenne à côté. En fait, il n'y a pas de bateau qui soit meilleur qu'un autre. Tout dépend du programme à accomplir avec. Ainsi, n'est-ce pas ridicule que le maxivoilier de Karajan navigue à Saint-Tropez. Lorsqu'on a la chance de posséder une superbe machine de compétition, surtoilée, autant l'emmener où il y a du vent. Et le plus possible...

Une fois au port, mon bateau amarré, j'ai une marotte depuis mon adolescence. Celle d'examiner tous les autres. De la tête de mât, jusqu'à la flottaison. Hélas, mon plaisir se perd beaucoup, lorsque ces dernières années, je défile comme au prisunic, devant onze Dufour plastique alignés, dix-sept Beneteau plastique en rang d'oignon, vingt-deux Jeanneau plastique en quinconce. Très vite, je ne regarde plus rien. C'est le même vertige tragi-comique que d'assister au débarquement d'un car de Japonais. Ces voiliers sont tous semblables. Hors, pour moi, un bateau est comme un visage. Je me sens toujours déçu. Après en avoir contemplé une vingtaine d'identiques, j'ai le sentiment d'une escroquerie. Là où j'aurais dû apercevoir vingt personnages différents, je n'ai rencontré que la gueule d'une seule personne, un unique faciès plastifié. C'est déprimant à force, lassant avant la fin, c'est dire tout à fait fonctionnel, donc adapté au monde actuel. Mais, nul ne peut nier que cette mascarade en série apporta rêve, et joie au large. Il n'y a que ça qui compte.

Posséder un bateau demeure un bel aveu. Même en plastique, matériau dont le rapport qualité-prix reste idéal, vis-à-vis du bonheur. Et exit tous les jugements idiots du genre « si vous n'avez pas une machine de course, vous êtes un plouc », « si vous n'avez pas un bateau à voiles, vous êtes un rustre... » Vous vous amuserez autant avec le petit pas cher, pas trop joli, à condition qu'il tienne correcte ment la mer. Car qui vous empêche d'imaginer qu'il marche tel un douze mètres, tant qu'il n'en croise pas un à proximité ? Et même dans ce cas, l'imagination peut prendre agréablement le dessus. La plaisance est d'abord la croisière des fantasmes de ceux qui la pratiquent.

Laissez au mouillage les oukases de ses spécialistes. Dont vous observerez de toute façon les avis virevolter, au fil des modes. En mer, il se produit un phénomène unique au monde, extraordinaire. Un con, voguant sur un bateau, devient toujours mignon. De plus, il vous est enfin loisible de l'apprécier. Car vous savez qu'il appartient à une variété rare, puisqu'il est motivé par le même rêve que vous

Depuis que je chevauche les vagues, rien ne me met plus en colère que cet espèce de refus salé, de condescendance vulgaire, déclenchés chez tant de marins, par la seule idée de la femme s'embarquant sur la mer. Il se perpétue, aussi loin que je m'en souvienne, et sans beaucoup évoluer de nos jours, une caricature caduque du sexe faible, au grand large. Exécrable. De très mauvais goût. Inacceptable.

Une femme est complètement apte à la navigation. Elle s'y heurtera à un unique problème. Simple. Physique. Celui de sa musculature. Cette créature merveilleuse déplace en général cent kilos moins aisément qu'un homme. Mais grâce aux progrès de la technologie, l'accastillage actuel permet pourtant de compenser par l'adresse ce que l'autre sexe maîtrisait sur la mer, autrefois, par la force.

Un seul phénomène me préoccupe, quand je navigue avec une femme à bord, je me sens toujours plus responsable d'elle que vis-à-vis d'un homme, en haute mer. Ce schéma un peu vieillot reste ancré en moi. Celui d'un souci amplifié, d'abord pour le bateau, et ensuite, pour elle. C'est simple il provient de l'influence d'une tradition très ancienne, dans un métier pratiqué par des hommes, en raison de critères avant tout physiques.

Encore récemment, il fallait un capitaine plutôt costaud pour descendre dans le troisième entrepont, coller un marron dans la figure d'un matelot sérieusement éméché. Avant de le remonter par le fond du ciré, sans anicroches, pour la suite des manœuvres. C'est ce type de rudesse qui provoqua un certain retard, quant à l'embarquement de la femme en bateau.

Le pouvoir, au sein de ces petits milieux isolés, exige souvent une forme de domination primaire, mais indispensable lorsque le discours devient inopérant. A terre, il n'y a pas d'autorité, sans une compagnie de CRS. Les biceps sont les CRS des capitaines. Remplacés, en cas de grave extrémité, par l'invention de M. Colt. Chez tous les commandants de navire, il y a l'arme de bord, au cas où !

Sur mes bateaux, je ne suis pas armé. Il le faudrait, mais la législation française n'est pas très coulante à ce sujet. J'ai tout au plus des gaz de défense. Lors de la première Route du Rhum, je vérifiai l'importance de ce choix.

Très bien placé, je faisais route au large de Gibraltar. A 1 heure du matin, un cargo de cent quarante mètres de long, en piteux état, très sale d'aspect, vraiment vilain et rouillé, surgit droit sur moi, et ne dévie plus d'un degré. A brève échéance la collision était inévitable. Je vire de bord pour m'en éloigner. Furieux, car je m'écartais des Alizés. Je garde ce bord quatre à cinq heures, en gagnant du terrain dans l'ouest, malgré tout.

Je manœuvre à nouveau, retrouvant enfin le bon cap. Et à 8 heures du matin, encore le même cargo, droit sur moi, ne déviant pas d'un degré, en route de collision ! Nom de nom, je vire. Et il vire aussi ! Puis en avant toute, il commence à s'approcher de plus en plus de moi, le rapport des forces étant inégal, une muraille d'acier qui s'élève, le tintamarre de ses machines s'amplifiant comme dans un cauchemar, mon voilier de course ayant l'air d'un bouchon, d'un jouet, à l'échelle de ce mastodonte.

Je me dis, mais que se passe-t-il tout là-haut, sur la passerelle ? Le commandant est fin saoul — ça arrive —, ou pire, à tous les coups, ce dingue de timonier a eu sa gonzesse qui s'est fait sauter par un yachtman, c'est une vengeance de cocu ! Je ne savais plus quoi penser, tous mes appels radio restaient sans réponse de leur part.

Je tente encore de changer ma route. Il modifie la sienne. Cela se prolonge sur sept, même huit milles. La tension monte. Là, j'ai vraiment peur, viscéralement. Il me vient droit au cul, à vue. Et tout d'un coup, un type sort sur la passerelle, et me fait coucou ! A cet instant-là, si j'avais eu une arme à bord, je lui larguais mon chargeur. Je me suis maîtrisé, et j'ai pensé, mieux valait ne pas en avoir..

Cette rencontre reste une exception. Tout autour du monde, les hommes de la marine marchande sont remarquables. Une fois, je remontais un de mes bateaux, Jacques Ribourel, vers l'Europe. J'avais appareillé des Antilles six jours auparavant, avec un de mes équipiers, Didier Ragot. Hélas ! il avait attrapé une saleté dans ces îles. Son état d'abord bénin, s'aggrava. Il finit cloué dans sa couchette incapable de participer à la manœuvre. Les symptômes de cette maladie inconnue empirèrent. Je compris qu'il risquait sa vie, si je ne contactais pas un médecin par radio pour obtenir un diagnostic.

Il était hors de question de faire demi-tour. Nous aurions dû louvoyer à n'en plus finir, avec le vent de face. Didier ayant tout le temps de mourir, bien avant de rejoindre notre point de départ. En route vers les Açores, j'appelai Senlis Radio. Dès que le bateau, contraignant à manier en solitaire, m'en laissait la possibilité. Mais impossible d'effectuer la liaison

Par chance, je tombai à la VHF sur un cargo le

Montcalm. Il croisait loin de là, à plus de soixante milles. Il se détourna immédiatement. Je lui donnai ma position au satellite. Lorsqu'il me rejoignit, les manœuvres de récupération du malade commencèrent. Les conditions n'étaient pas bonnes, avec une mer résiduelle assez forte.

Aux jumelles, j'apercevais les petites silhouettes des trois volontaires dans le canot de sauvetage, brassières capelées. Leur frêle embarcation descendit le long du flanc du cargo, battu par les lames. Lorsqu'elle arriva en contact des crêtes des plus grosses vagues, elle disparut, et je ne vis plus rien. Enfin, elle ressurgit, tel un fétu de paille, pour s'engloutir à nouveau, jouet des creux entre les lames. J'avais le cœur serré, tout seul à bord d'un voilier, il est presque impossible de manœuvrer assez vite pour réussir un sauvetage. De même, repêcher des hommes à la mer, pour un cargo, est loin d'être aussi facile que de lire ce livre bien au chaud.

Attendant qu'ils arrivent, je passai de durs moments, mais intenses. La partie était serrée, ils devaient la gagner. Moi, je ne pouvais rien faire pour eux. Cette sensation d'impuissance, du spectateur hyperconscient du danger, mais paralysé, est la pire.

Ils finirent par atteindre mon bord, et embarquèrent Didier. Il ne tenait même plus sur ses jambes. Profitant du passage, ils m'apportaient en plus du vin rouge, une salade et des fruits. Ce détail laisse rêveur, quant à la gentillesse des gens de mer. Dans le sens contraire, leur manœuvre fut irréprochable. Tout se termina pour le mieux.

Soulagé, débarrassé d'un problème qui me minait depuis plusieurs jours, je repris ma route, alors que la nuit tombait. J'allumais mes feux, lorsque apparut un nouveau cargo, pas très loin, dont la route me sembla suspecte. Je l'appelai immédiatement à la VHF.

— Voilier en route au nord-est me voyez-vous au radar ?

Hallali !

En fait, ce gros voisin gênant, et surtout son électronique, était une aubaine. Il pourrait m'annoncer s'il se trouvait du monde dans le secteur. J'étais épuisé, en cas de réponse négative, je pourrais enfin aller dormir deux heures, et récupérer.

Soudain, une voix retentit à la radio.

— I am a Greek ship... avec un accent anglais à couper au couteau

Je l'interrogeai sur les dangers de collisions, il m'assura qu'à sa connaissance, il n'y en avait pas. Nous continuâmes de bavarder. Je lui racontai le sauvetage de Didier, maintenant sous la surveillance du médecin du Montcalm. Et donc, ma solitude à bord, dorénavant...

— Oh, me dit-il, toujours avec le même accent incroyable, vous allez rencontrer du mauvais temps cette nuit. Et vous êtes tout seul...

Un long silence.

Et puis.

— I will pray for you tonight !

C'était formidable, tellement étonnant. « Je vais prier pour vous, cette nuit ! » Les cargos ont pour les yachtmen des attentions touchantes, entre l'humour noir et le merveilleux.

La nuit est l'ennemie de l'enfance. Toute cette époque de la vie, il faut aller se coucher, lorsqu'elle règne. Aucun enfant n'aime cela. La lutte commence, pour repousser l'échéance. Elle est l'adversaire de la joie et du rire, ne pas lui céder signifie demeurer les yeux grands ouverts dans sa noirceur, un avant-goût des cauchemars. Mais tôt ou tard, la volonté s'étiole, s'efface, et heureusement les rêves arrivent.

Depuis tout gosse, j'éprouve une fierté fantastique à

rester levé la nuit. A la braver. Cela offre l'impression très forte de voler du temps à la vie. N'importe quel individu, dormant huit heures par jour, passe le tiers de sa réalité dans les limbes. A soixante ans, il aura perdu vingt années d'existence. C'est effarant.

J'apprécie les noctambules, ainsi que ceux qui travaillent lorsque la lune est dans le ciel. Quelque part, ils ont refusé d'abdiquer, face à la nature, face au sommeil. Ils ne sont pas les mêmes êtres routiniers, qui en masses compactes se ruent dehors lorsque le soleil les rassure. Ils rentrent chez eux vers 5 heures du matin, ils abandonnent la terre aux autres. Ils étaient si peu nombreux que parfois, l'espace d'un instant, ils eurent l'illusion d'avoir été les seuls maîtres du monde. Que la foule prenne la relève, nous venons d'accomplir le plus dur... Ils n'osent peut-être pas le formuler ainsi, à haute voix. Mais cela se lit sur leurs regards, las certes, mais dignes. Ils furent des sentinelles, veillant sur la réalité, restée longuement noire, étouffée, silencieuse. Donc un soupçon anormale, un peu inquiétante, obsessive.

Au cœur de la nuit, les êtres humains s'ouvrent, osent raconter des choses qu'ils ne prononceraient jamais de jour. La tension du nocturne est forte, la vigilance est accrue, mais l'esprit pourtant relâche ses barrières, les aveux et les émotions surgissent, non sans beauté. Dormir alors, ce serait pitoyable, humiliant même. Se désintéresser de la magie du monde. Le sommeil est toujours coupable, de toute façon, telle une absence. Etre debout la nuit, c'est un peu plus que vivre. C'est l'idée la plus belle que je me fais du luxe gratuit, le plus riche.

En bateau la nuit, si un brin de lune m'accompagne, je lève les yeux vers le ciel et souvent, là-haut, la sauvagerie découverte est démente. Les nuages cavalent en meutes serrées, féroces, sans relâche. Avec une violence implacable. Mais cette rage du vent en altitude ne s'exerce parfois

Hallali!

pas encore avec cette intensité, sur la mer. En bas, le monde est un bloc noir, dense, opaque. En lequel le bateau, devenu invisible, est le bout de mes bras, ou de mes yeux.

Il se passe quelque chose d'étrange alors, comme si je grandissais, la coque devenant entièrement mon corps. Dans les reins, les bras, les pieds, le choc des vagues sur l'étrave m'est direct, grâce à cela et sans rien voir, il est possible de gouverner avec une précision talentueuse, d'aller très vite en course, sans même ressentir la moindre impression de vitesse. Il y a une émotion proche du vertige, à glisser ainsi, à haute cadence mais apparemment immobile, dans un monde sans aucun relief, saturé d'ombre, dénué d'horizon, où même pas un reflet de vague n'offre une échelle, une perspective, pour se situer.

Les nuits plutôt calmes apportent un tout autre bonheur. L'obscurité s'offre d'elle-même, rien de plus doux n'existe que la contemplation des vastes pans d'ombres satinées, profondes, encerclant le bateau et les voiles. Cela atteint cette volupté du repos que prodigue un masque placé sur vos yeux, dans un avion, où tous les passagers rêvant se sont endormis, sauf vous-même.

Ces nuits-là sur la mer, l'univers en son entier se referme sur l'homme à la barre. L'obscurité est comme une cape sur ses épaules, moelleuse et tendre. Engoncé dans le ciré étanche, protégé du froid par une grosse veste de quart, le corps s'épanouit, et la magie commence, ponctuée des éclats luminescents de l'éclairage du compas, par légers intervalles. L'obscurité devient fabuleuse, presque grave. L'oreille prédomine sur les autres sens, s'occupant de tout ce qui, de technique, est devenu enchanté. L'écoulement musical et complexe de l'eau le long de la carène. Le frissonnement des voiles se muant en claquements brusques de la lanière d'un fouet, si le cap se perturbe.

Et puis soudain, il y a culminance de la lune. Elle jaillit, ou chute sur l'eau, on ne sait pas très bien, tout éclate, tout devient argenté. Un nouvel horizon se crée, dans une luxuriance de lumières, inconnues, juste naissantes. Il y aurait presque des couleurs. En un éclair s'engendre un choc analogue à celui de l'irruption des éclairages, sur une piste de danse, dans un club de nuit, où la lumière a toute l'importance de l'ombre, et l'inverse.

Les nuits de pleine lune, c'est pire encore, ce sont des délires de beauté. Le bateau ne bouge plus, c'est la lune qui navigue. Elle file dans une croisière de lumière insensée, au-dessus des voiles blanches qui ruissellent, le côté strass devient clinquant, presque choquant. La nature en fait trop. l'on dirait qu'elle cherche à provoquer l'oubli de tant d'autres nuits hostiles, infirmes, blêmes, cradingues même.

En mer, toutes les nuits je regarde la lune. Elle est un partenaire, une complice, qui rompt la solitude. Avec qui il m'arrive de parler. Elle devient comme un miroir dans le ciel, une sorte d'œil. Un peu féminine certains soirs, mais rarement. Asexuée en fait, le plus souvent, au-delà de l'humain. Un témoin du monde. Neutre. Parfois glacée, se moquant de nos démêlés à bord de la planète sœur.

Même à Paris, je l'observe toujours, je sais où elle en est. Lune noire, pleine lune, et puis toutes les nuances des quartiers, cette cadence immémoriale de l'effacement et de la renaissance. Dans cet univers de ville, où tout se déroule en accéléré, elle et la nuit prennent leur temps, ce sont les deux dernières princesses du monde, arrivant selon un cérémonial jamais bâclé, et encore moins, vulgaire. Dans un raffinement de décalages et d'estompés grandioses, dans des noirs, des gris, des grèges, et des ivoires.

Au grand large, il est exact que, certaines nuits, les capitaines grecs n'ont pas tort de prier. Ça devient infernal, ça cogne, ça bastonne. Je me souviens de surfs effrénés, le

Hallali!

bateau partant en travers des lames, au point de se coucher, soudain intenable à contrôler, comme enragé, des paquets de mer glaciale surgissant de nulle part, m'éclatant au visage. On ne voit rien, on accélère encore et encore, dans un brouillard d'écume noire.

A mon avis, pourtant, le mauvais temps nocturne est moins effrayant que le jour. Nous y sommes protégés par une forme d'inconscience, d'aperception. C'est à la première limite de l'aube, lorsque la mer réapparaît, dans un sordide gris-vert glauque, sale, malsain, répugnant de puissance, que l'on est sidéré par la taille des vagues. L'angoisse est rétrospective. Mieux valait ne pas s'être rendu compte de l'enfer, où en aveugles on s'était aventuré. Au petit matin, je me suis souvent dit que nous avions eu de la chance d'en être sortis indemnes, le bateau et moi. En mer, il existe des moments où il ne vaut mieux pas savoir ce qui se passe. Dans les Quarantièmes Rugissants, vers le Grand Sud, du côté du cap Horn, les capitaines des grands voiliers d'autrefois interdisaient aux hommes qui gouvernaient de se retourner. Afin qu'ils n'aperçoivent pas la taille des montagnes d'eaux blanchies de déferlements furieux, obscurcissant la totalité du ciel, qui montaient à l'assaut par l'arrière. Il m'est arrivé très loin là-bas de prendre une décision similaire, pour survivre moi-même.

La nuit en course, les concurrents baissent souvent les bras, donc il s'agit de la période cruciale pour attaquer. Là, je deviens très agressif, je me donne à fond, je manœuvre sans cesse. Ces sprints nocturnes sont fantastiques, les muscles ont mâché le temps, le corps et la tête ne se souviennent même pas qu'il faisait nuit, mais d'une bagarre rauque, incessante. Puis vient la lâcheté, comme pour tout un chacun, juste avant l'aube. La fatigue pèse alors, mais surtout la lassitude, plus psychologique, que physique. Tous, à bord, nous nous offrons de fausses excuses pour retarder un changement de voile, en attendant enfin de voir.

Le lever du jour est une forme de soulagement. L'œil recommence à informer, en cas de coup dur, il est plus facile de parer. Et puis c'est très banal aussi, le cœur est content d'avoir accompli le plus dur du travail. Le corps sait qu'il va pouvoir aller dormir un petit peu, récupérer.

En fait, beaucoup plus que la nuit et l'aube, c'est la tombée du jour, la pire des périodes sur la mer. Au moment où le soleil a disparu de l'horizon, il traîne de la lumière fade, telle une fin de fête, et les hommes, même à terre, ne l'aiment pas. A la guerre, nul n'arrive à pousser les hommes à aller combattre à cette heure-là, les décisions de bataille au coucher du soleil s'évitent traditionnellement. Sur un équipage de quatorze professionnels, c'est là où l'ensemble des hommes baissent les bras, l'heure où le courage nous abandonne. C'est peut-être un soubresaut inconscient, de la peur millénaire de la nuit, de ne plus voir bientôt. Le jour est en train de mourir, et la nuit n'est pas née, une sensation de vide s'engouffre, ceci est une heure que j'ai toujours vécu intensément comme maudite, une fraction du temps presque obscène.

Tout se déroule très vite de nuit, lorsqu'un bateau vous croise. Le plus souvent, ne s'aperçoivent que ses feux, vert, rouge, ou blanc. Cela ne fait qu'ajouter du mystère au mystère. Il y a son bruit, mais surtout son odeur, par temps calme. Un cargo amène ses effluves à un moment donné, forts, entêtants, ou prédomine une odeur puissante de métal. Plus tard, lorsque l'on est par son arrière parviennent les émanations caractéristiques des cuisines. C'est pénible, mais rassurant. Il est passé. Un paquebot a une odeur différente de lui, un bateau de guerre encore plus

Hallali !

Et puis, on se retrouve seul à nouveau, parfois sous un ciel incroyable, parfait, clair, mitraillé d'étoiles. Il est impossible, alors, de ne pas pratiquer une sorte de philosophie de broussailles, à faire rugir de mépris les intellectuels parisiens. C'est la mienne, celle du penseur de Pascal, mais à la petite semaine, avec un côté dessin de Sempé. Juste après un envoi de spinnaker. Ou entre deux changements de focs, et un café brûlant. Je me trouve ému. J'en arrive aux considérations parfaitement banales sur l'infiniment grand, et le misérablement petit. Qui sont en fait les réalités de notre vie, des choses simples, que je trouve plutôt belles. Il n'y a rien à construire là-dessus, ni à inventer. Elles laissent naviguer le temps, elles font spiraler les rêves. Il y a mon œil de rat qui capte des lumières d'étoiles éteintes des millions d'années auparavant, je me sens encore plus un fugitif agglomérat de cellules, dans un colossal conglomérat de matière, une écharde de sang, une bribe de Breton en visite, suspendu dans l'univers. Toutes les modes, les manières de penser me paraissent négligeables. De l'ordre du rien, du ridicule. Il y a un parfum d'absolu quand même, le décor est par trop grandiose, par trop définitif. Très vite, trop peut-être, je songe à la ronde incessante des phénomènes, à la tristesse de ce qui a disparu, à la furie de ce qui reste à naître. La nuit est propice à ce recueillement. Le jour est quelque chose d'assez animal, de sensuel. Il ne permettrait pas cela. La nuit est délibérément mystique. Sous la lune, c'est le cerveau qui tourne, au soleil, il s'agit du corps...

Parfois, les inquiétudes, les angoisses, les peurs larvées émergent. On se retrouve aveugle, dans une pièce inconnue Cela peut devenir oppressant. Il faut que la lumière se hâte. Je me dis, et si le jour ne se levait plus jamais ? Si cet espèce d'enchantement argenté continuait, pour toujours ? Ce serait immonde. La nuit devient hideuse, hostile soudain

Elle n'est belle que par alternance, et évidemment, ça alterne...

Souvent, je suis merveilleusement content de ne pas avoir dormi, lors d'une nuit blanche. Je me couche, en me murmurant la certitude d'avoir été bien élevé vis-à-vis de la nature. Avec un sentiment affectif de dignité atteinte, de correction. C'est réel, je ne me suis pas désintéressé du spectacle. Je me sens ravi d'y avoir participé au contraire, le plus possible, et j'estime que les auteurs de la nuit, s'il en existe, ont dû être sensibles au fait que je restais ainsi, à regarder, au moment où tout un chacun, ou presque, se dérobe. Un échange pour le moins primitif, assez sauvage, païen, mais point primaire. Très personnel, je ne peux que vous le concéder.

Sous les Tropiques, le nocturne oscille entre l'extraordinaire et le formidable. Les cieux sont écrasés d'étoiles, la volupté est incessante, la température adorable, après la morsure du soleil, blanc acier, durant le jour.

A vrai dire, il n'y a plus de nuit, mais une interminable caresse, toute de douceur, capiteuse, avec des attouchements d'une tiédeur humide, sensuelle en diable. C'est naviguer en frôlant sans cesse le corps onctueux d'une femme, qui dès lors ne se termine plus, dont la mer lamée de mauve est sa peau lascive où la coque s'introduit. C'est d'un érotisme subtil, onirique, étrange, jamais la voile ne s'approche aussi près du sexe, et d'un amour secret, un envoûtement tel, que ceux qui l'ont vécu l'évoquent à mots couverts.

III

UN FASTNET POUR UNE VICTOIRE

Dans la course au large, on passe une importante partie de son temps à tourner frénétiquement une manivelle. Fichée dans un tambour, où s'enroule avec une résistance atteignant plusieurs tonnes une variété interminable de cordages. Du genre écoutes, drisses, voire aussières. Au point que la féerie de la mer en reçoit un rude coup. Exit la poésie, le bagne commence, exigeant en compétition une condition athlétique, et un goût prononcé pour le travail à la chaîne ! Alors, la hiérarchie entre « gros bras » s'établit autour de ces fameux winches. Dont les variétés les plus sophistiquées sont surnommées « moulins à café ».

Je devais avoir vingt-deux, vingt-trois ans, lors de cette régate à Saint-Malo, où le vent cognait fort. Déjà, c'était mon destin, je moulinais dur. De plus en plus dur. Lorsque brutalement, je bloque. La manivelle refusant d'avancer un centimètre de plus. Une espèce de bloc de granit avec des biceps plutôt surprenants se précipite. Il s'empare de ma manivelle, tellement hargneux qu'il n'a même pas le temps d'être méprisant. Il bloque. Nous nous sommes regardés un bref instant. Ça a créé un rapport bien net. Il arborait un curieux sourire figé. C'était Eric Tabarly.

Le temps passe, et un jour, à Nouméa, nous nageons ensemble. Soudain, il a le même genre de petit sourire, il part au crawl, telle une torpille. Je me lance à sa poursuite, la course est plutôt acharnée, je le bats au finish. A l'arrivée, il me dit « A ton âge, je t'aurais battu ! » Formidable. Insupportable. Un instant, je me suis même demandé s'il parlait sérieusement. Il n'y a pas plus mauvais joueur qu'Eric, vis-à-vis de ses copains, au niveau du gag, du dérisoire.

Mais j'ai passé huit ans de ma vie avec lui, de Pen Duick en Pen Duick, sur presque toutes les mers du globe. Je l'ai vu gagner, je l'ai connu perdant. Lorsque l'enjeu devient sérieux, c'est un cas humain d'exception. Premier, il est content. Vaincu, il est encore content. Dans la victoire, aucune trace d'euphorie déplacée.

Dans la défaite, aucun indice de regret, pas l'ombre d'une tristesse. Il existe un tel goût du très joli bateau chez Eric, de l'élégance avec laquelle il fut mené, que cela occulte tout le reste. Voici un yachtman d'une espèce qui se fait rare, dont le plaisir d'aller courir au large n'a jamais été entamé, ni par la gloire, ni par l'échec. Il navigue avant toute chose, et pendant ce temps une course se déroule, autour de lui. Mais au fond de son cœur, elle le laisse intouché. Il y est comme une homme de mer, selon la plus haute tradition, monolithique, profond, froid, impeccable.

Pour moi, atteindre cette lucidité dépasse, et de loin, les coureurs, les régatiers, à la mode aujourd'hui. Aucune des stars de la voile actuelle n'arrive à la cheville d'Eric Tabarly.

En sus, si la passion qu'il porte au bateau s'arrêtait au port, elle demeurerait de l'ordre du commun, de l'acceptable. Elle continue souvent beaucoup plus loin, jusqu'à l'intolérable. Il peut faire traverser en pleine nuit, à son équipage au grand complet — qui ne rêve que de night-clubs et de filles —, une ville entière à pied. Car il se souvient qu'au bord de tel quai désaffecté, glacial et lugubre, se trouve un vieux trois-mâts rouillé. Et même pas encore réparé. Aucune importance, il fallait aller là-bas pour le voir, le toucher un peu, et surtout rêver devant lui.

Il est encore capable de rester là, des heures durant, à reconstituer l'histoire du grand voilier, donnant ses dates de construction et de refontes, le nom de ses armateurs et capitaines successifs. Relatant avec une verve époustouflante ses traversées, ses records, ses aventures. On le dit peu bavard, c'est bien mal le connaître. En matière de bateau, il est intarissable. Il détient une culture maritime considérable, c'est une encyclopédie flottante. Et souvent, j'ai observé Tabarly, plus que le voilier que nous regardions ensemble, tant cela constitue un spectacle en soi, la fixité de son regard, la tension de l'attention : de la ferveur ! Mais, tels les grands passionnés, il peut devenir redoutable de mépris, si par hasard il ne vous sent pas obsédé par le sujet. Gare aux répliques glaciales, qui guettent le malheureux un peu distrait, dans ces cas-là ! Ça part très sec...

A Cannes autrefois, était amarré Vagrant, battant pavillon du Honduras. Une immense goelette, parmi les plus beaux voiliers jamais construits au monde. Eric était fasciné par elle. Il éprouvait une irrésistible envie de monter à son bord, à la manière d'un gamin, qui veut à tout prix faire un tour de manège. Dès qu'il l'apercevait, il rajeunissait à vue d'œil, animé d'une sorte d'enthousiasme presque puéril, mais si touchant que, par une sorte d'osmose très étonnante, personne ne pouvait s'empêcher de se piquer au jeu.

En de telles circonstances, Eric n'osait jamais se présenter. Il est trop timide, alors il attend, devant la passerelle de coupée, que quelqu'un le reconnaisse. Son équipage est avec lui, telle une petite bande de mômes, à l'entrée d'une salle de cinéma, où passerait un film interdit au moins de treize ans. Piaffant derrière le « grand » qui a l'âge d'aller le voir, espérant passer incognito, en marchant sur la pointe des pieds.

Ceci ne dure jamais trop longtemps. Sa célébrité est telle, qu'une fois reconnu, tout bascule. Avec les honneurs dus à son nom, il est invité à monter sur le pont. Il avance alors, ravi, mais presque effarouché, semblant s'interroger sur le motif qui lui vaut cette aubaine inespérée. Nous le suivons, réellement émus à notre tour, en silence. Et très vite, il s'avère qu'il connaît par cœur l'histoire du bateau, le moindre élément de sa structure, jusqu'au nombre des boulons maintenant le lest de la quille en place. Il l'avait donc déjà visité plusieurs fois, en discutant avec le capitaine, un vieux Russe, au moins aussi toqué de cette goelette que son illustre visiteur. Mais Eric insiste encore, il l'explore toujours avec l'œil de celui qui la découvre pour la toute première fois. Il s'extasie, nous commentant le plus infime de chaque détail. L'atmosphère oscille entre un pèlerinage et une quête du Graal. En fait, une connaissance profonde de la voile nous fut transmise dans ces moments-là, au moins autant que sur la mer elle-même, en naviguant. De ses origines celtes, Eric a hérité d'un côté sorcier, celui d'un druide, d'un conteur susceptible d'envoûter sans fin son auditoire. Tabarly n'a jamais appris la voile à personne, mais il y a initié tout le monde, ce qui est profondément différent. Le côtoyer n'était pas l'accès à une école, mais à un mode de vie, à une manière très particulière, très belle, de réagir, de penser la mer.

La gloire d'Eric fut vraiment un accident. Je n'ai jamais senti chez cet homme la moindre préméditation envers la célébrité. J'avais vingt ans en dix-neuf cent soixante-quatre, lorsqu'il est encore inconnu. Il s'embarque pour la première transatlantique en solitaire sur Pen Duick II. Grâce à ses économies d'Indochine, de l'argent donné par sa tante, la bonne volonté des chantiers Costantini. Et l'autorisation d'un amiral, qui fit pression pour que la Marine Nationale le laisse partir, à l'aventure.

A l'époque, c'est un pionnier. Dans la grande presse, le mot spinnaker n'a jamais été imprimé, et celui qui l'écrira le premier, le journaliste Jean-Paul Aymon, de France-Soir, est le seul à flairer en lui la « bête de mer ». Il réussit à obtenir cinq cent mille centimes d'alors, par avance pour son journal de bord. Tabarly gagne. Il devient un héros, tout à fait par hasard. Dès lors, les interviews pleuvront sur lui, mais elles l'agacent, il les refuse la plupart du temps. Et pour rien arranger, il s'avère allergique aux photographes. A partir de là, il faudra des années à ses plus proches amis pour lui expliquer que l'impact de son rôle est crucial pour l'avenir de la voile, qu'il doit accepter de le jouer et, si possible, de parler un tout petit peu plus... Il finira par faire semblant de comprendre, ce sera une profonde concession de son esprit, un cadeau à ses copains, mais cela s'arrêtera là. Sa démarche première de marin, c'est quelque chose de très fermé, d'égoïste, en fait. Une histoire trop forte, pour ne pas rester très privée, entre les bateaux, la mer, et lui-même.

Sa forme d'intelligence est difficile à appréhender. Il est délicat d'y démêler la clairvoyance, due au respect d'autrui, et la timidité, utilisée comme moyen de l'exprimer. Eric ne parle guère, car il ne s'estime pas le droit d'intervenir sur l'esprit des gens. En un mot, il ne veut pas les déranger, même au nom de la voile. C'est la clef. Cela se passe bien au-dessus des sacro-saints canons de la fameuse « communication » actuelle. Ici, il est question d'âme. L'aspect artificiel des jeux d'esprit entre les êtres le bloque délibérément. Mais il peut devenir fulgurant, dans un débat à huis clos, face à des initiés qui partagent sa passion.

Tabarly doit être apprécié à travers toute sa magie maritime. En dehors, il est à l'image de n'importe quel individu, tout ce qu'il y a de plus normal. Ce n'est pas un personnage éclectique, il a trop investi du côté des vagues pour avoir pu se développer par ailleurs. C'est le contrecoup de sa culture salée d'historien du bateau, d'architecte naval de grand talent, d'inventeur génial sur le plan de la technologie nautique. Sans oublier le narrateur particulièrement sélectif, et le maître du bateau à voiles, par-dessus tout. Au contact de l'exceptionnel, chez un homme, l'on ressent une espèce de désir d'universalité, l'on voudrait que ceci s'étende dans tous les domaines de la personnalité. Illusion, ce serait de l'ordre du mythe. Personne n'est dieu, dans ce monde pourri d'imperfection.

Au tout début, l'épopée Tabarly prend des allures un tantinet cucul la praline d'entreprise familiale. Il y a Eric Tabarly qui commande, Papa Tabarly qui fait la cuisine et répare les voiles, Patrick Tabarly qui aide à la manœuvre, plus quelques très grands enfants adoptés, à bord, dont je suis. Il s'agit d'une époque simple et heureuse. Eric nous emmène à la messe le matin, si l'on est à terre. Là encore, il y a un côté cucul bon genre vieille Bretagne, directement complémentaire de la première, mais dont tout le monde se moque. Nous avons enfin les moyens de nous exprimer sur un bateau de course, carte blanche pour sortir par tous les temps.

Lorsque Eric parle des femmes, nous sommes tous morts de rire, il en « cause » comme la comtesse de Ségur. En fait, il sait très peu de choses à leur sujet. Il ne les évoque pas souvent. Il mettra cinquante-trois années à se marier, c'est quelqu'un de très prudent, dans ce domaine. Et peut-être n'a-t-il pas tort... Mais s'il aborde le problème de l'école, alors là tout le monde tombe d'accord avec lui. Tous ses bateaux seront toujours un repaire redoutable d'ex-cancres, ayant haï le régime scolaire. Il nous dit que ce sont les pires souvenirs de sa vie, et il s'agit des plus affreux, pour nous aussi. Il n'y a pas d'équivoque. Qui se ressemble, navigue ensemble. Sur l'eau, il a du génie, à ses côtés, on acquiert du talent.

A bord, toutefois, il n'y a pas l'esquisse d'une conversation intime, jamais il n'interroge quiconque sur ce qu'il fait, pense, ou croit être. Cette sorte d'anonymat serait intenable, partout ailleurs. Là, à l'inverse, elle protège l'essence du rêve collectif, décape les individualités, qui s'oublient elles-mêmes, ceci soudant l'équipage au-delà des conflits. Tout se polarise autour de la mer, de la voile, le reste s'estompe, comme un mirage.

Tenir cette cohésion, la hisser jusqu'au plaisir de l'osmose, et ceci par le seul charisme de sa présence, sans pratiquement intervenir, sans jamais avoir à aboyer un ordre, voilà Tabarly en action, le capitaine du silence.

A terre, au sein de n'importe quel petit groupe d'individus, ce serait déjà une performance. En mer, cela devient magique, dans cet espace clos, étriqué, du bateau à voiles, dont on ne peut s'échapper en claquant une porte. A moins d'avoir une capacité surnaturelle, pour la natation au long cours...

Un jour, cependant, Eric consent à s'extraire de son mutisme. Il prononce à mon intention une phrase de caractère personnel de plus de dix mots, un record : « — Si tu es dans la marine, je te prendrai comme équipier pendant ton service militaire ! » J'en restais bouche bée. Il s'agissait d'une reconnaissance implicite de mes qualités maritimes. Et surtout de notre premier rapport direct.

Exigeant la marine, je fus évidemment affecté dans un régiment d'élite de chasseurs parachutistes, à Toulouse ! Atterré, je fonce à Paris pour forcer la porte de Pierre

Messmer, alors ministre des Armées. Je rencontre son chef de cabinet, le moment est favorable car les élections approchent. Ce dernier, en mal d'électeurs, se présente dans la Sarthe. Pour la première fois de ma vie, être natif de Bonnétable est un atout.

En outre, je lui explique que je suis un bon patriote. Mais dans un monde en paix. Ainsi, me semble-t-il inopportun de préparer, durant deux années, une guerre que je ne ferai sans doute pas, au pire, avant quinze ans. Le meilleur moyen de servir mon pays restant le port, la course au large. Et des victoires aux côtés d'Eric Tabarly, importantes pour l'image de marque de notre Marine Nationale... Cet argumentaire le séduit, il me mute d'office des paras, jusqu'à Pen Duick ! Commence alors un service militaire étonnant. Succédant à nos premières navigations sur le Pen Duick II, le nouveau bateau d'Eric est encore en construction. La nuit nous montons à bord, dans un hangar. Il ne fait que dix-huit mètres de long, mais il me paraît énorme. C'est le plus gros voilier de course français d'alors. Déjà à terre, on sent le potentiel de la machine.

Ma vie, à partir de ce moment, devient asservie à elle. Je suis entré en religion maritime. Vivre en religion de bateau, ce n'est qu'exister pour lui, et par lui. Même les femmes sont exclues, sauf comme souvenirs. Ou espoirs, qui ne seront jamais atteints. Car, dès la machine mise à l'eau, nous ne resterons pas assez longtemps à terre pour s'attacher. Souvent, ce sera pire. Nous n'aurons même pas de quoi leur payer un verre. Dur bilan, à quelques exceptions près, la drague sera nulle...

Il ne reste que Pen Duick III. Il devient tout pour moi, un rêve, et mon existence, mais aussi la légitimité de celle-ci, son alibi. Il n'y a pas d'autre finalité. Je vis avec cette créature métallique, juchée de triangles blancs, une forme aussi particulière qu'intense d'histoire d'amour. Sur la mer vient la frénésie d'avaler des milles, le plaisir de courir,

Un fastnet pour une victoire

d'aller jusqu'au bout pour gagner. Première course de la saison, victoire. Deuxième course, victoire encore. La troisième est le sommet du genre, la Fastnet Race, aux mains des Anglais pratiquement depuis son origine. Ne serait-ce que la courir est le fantasme de toute ma jeunesse. Comme les Jeux olympiques peuvent l'être, pour n'importe quel sportif.

A la suite de nos deux premiers succès, les journaux d'outre-Manche s'interrogent sur le secret de ces Français, osant menacer la domination anglo-saxonne ! S'ils avaient su... A bord, emporté par le challenge, l'équipage s'est mué en un groupe dangereux de fanatiques. Nous sommes comme des chiens d'arrêt. Voilà l'image que j'ai de nous, encore aujourd'hui, tant d'années après. Parés à interpréter le moindre murmure d'Eric, pour que tout soit prêt au dixième de seconde, et que la machine aille encore plus vite. Donc, vraiment en religion. Une situation incroyable, dans l'élan. Un bonheur total. Vers vingt ans, un homme éprouve le besoin de se donner à fond. Il est rare qu'il puisse jouer cette carte très longtemps. Pour moi, cela va durer des années. Bien après ces premières victoires, au-delà de mes obligations militaires.

Et Eric s'affirme formidable comme capitaine, car il adore rire. Lui-même n'est pas très drôle, mais, dès que l'équipage blague, il jaillit sur le pont et savoure le spectacle. Je me souviens d'une journée impressionnante, par très mauvais temps, avec une mer énorme, et un vent à décorner les bœufs. Eric, stupéfait, découvre tous ses équipiers réfugiés sur la plage avant, à genoux, les mains croisées comme les petits enfants de la Bibliothèque rose, implorant le ciel à haute voix. « Mon Dieu, O mon Dieu, ayez pitié, pourvu qu'il ne nous arrive rien ! » Sans arrêt, l'humour est au second degré.

A bord, nous sommes tout, sauf les matelots de Pen Duick III du capitaine Tabarly. Ceci est une autre qualité surprenante d'Eric. Il ne s'approprie pas son bateau. Il nous l'offre. Il ne veut pas de passagers, mais des passionnés. Dont Pen Duick est la seule maison, l'unique endroit où ils peuvent rester, dormir, chanter, monter les gags les plus échevelés. Pourvu qu'ils sentent que le voilier est vraiment à eux, que tout le monde est embarqué dans la même aventure. Avec un capitaine en sus, puisqu'il en faut un mais c'est tout.

Peu importe qu'une odeur épouvantable imprègne la cabine en permanence. Ou qu'untel ait rangé ses affaires n'importe comment. Tabarly nous accepte tels quels, brouillons, folkloriques, délirants. A l'opposé de son caractère, précis, sagace, et pondéré. L'écart provoque des moments d'émotions fortes. Jusqu'au gag. Je me vois encore lui faire la bise, emporté par l'élan, à l'arrivée victorieuse du Fastnet. Ça ne nous ressemble pas du tout. Mais ce sont des jours extravagants, les premiers grands instants de notre coexistence.

Nous vivons à bord d'un yacht de milliardaire, pourtant, malgré les apparences, personne n'a un sou. L'ordinaire de l'équipage n'est pas brillant. Eric reçoit de la marine à peine de quoi nous nourrir, nous nous promenons avec des reliques de bidasses dépareillées. Je serai un des très rares yachtmen à avoir survécu en mangeant d'infâmes saucisses anglaises à un franc le kilo, dans les superbes coupes ciselées en argent, offertes pour nos victoires par le plus fermé et richissime Yacht-Club d'Angleterre. Ce sera la dérision, l'absurde en permanence, avec une vie fruste, mais jamais frustrante. Sans grands moyens, mais chaque victoire apportant quelque chose de plus riche encore, excluant tout misérabilisme.

Aucun membre de l'équipage ne roule des mécaniques, dans un conte de fées comment trouver un instant pour avoir la grosse tête ? Chacun à bord est si content de vivre et de gagner, que pas un seul ne se prend pour un supermarin.

Un fastnet pour une victoire

Parfois la tension est féroce, mais dépourvue de vanité Tout le monde sait que, par vent léger, l'un est meilleur à la barre qu'un autre. Et que sur la plage avant, c'est moi qui suis de loin le plus efficace. Exit la rivalité, nous atteignons la fusion, la coordination de l'équipage est hors du commun.

Le matin du départ du Fastnet, toutes les gorges sont serrées, pas moyen d'avaler même une miette de toast. Ce sera le petit déjeuner le plus difficile de ma vie. Avec mon coéquipier Yves Guégan, vingt fois, trente fois de suite, nous allons à l'avant du bateau vérifier que tout est en place. Aux premières détonations des canons, dix minutes avant le départ, le trac redouble. A nos postes, sans cesse nous nous retournons, le regard tendu, pour lire sur les lèvres d'Eric ses intentions de manœuvres. Parfois plusieurs dizaines de machines de course se frôlent, toutes des vedettes, avec les meilleurs équipages du monde. Les étraves surgissent, au milieu des cris. Des cliquettements suraigus des winches. Du fracas des voiles battantes. Du martèlement des bottes des équipiers qui cavalent sur les ponts. Des gueulantes. Il faut parer, se faufiler, pour obtenir la position clef. Je n'ai pas un instant pour suivre le déroulement de la course. Je ne suis qu'au service du bateau. Paré à border, à bondir pour faire passer une voile qui bloque, une écoute qui menace d'un sac de nœuds. Dernières détonations des canons. La meute est lâchée. Le rythme se ralentit, mais il faut rester prêt à tout. A déborder, à affaler, à renvoyer des centaines de mètres carrés de toile. De temps en temps, une coque rivale nous croise, au vacarme de son étrave je me retourne. Je jette un coup d'œil à ras du pont. Voilà Figaro, prestigieuse star américaine de la haute mer. C'est la toute première fois que je la vois, autrement qu'en photographie. Avec un coup au cœur, tel un fou de cinéma rencontrant la star de ses rêves, grandeur nature. Mais mes mains continuent à préparer le foc qu'il va falloir envoyer, dès que le vent va forcir.

Bientôt nous atteignons le large, chacun opte pour une tactique, les bateaux s'éloignent. On ne saura plus rien des autres. La course commence contre la mer. Et nous sommes seuls.

Pen Duick III passe le rocher du Fastnet et, au retour, notre navigateur Gérard Petitpas appelle en morse le sémaphore, pour connaître notre position. Réponse en scott : « First ! » Il est 11 heures du matin. Sur le bateau, quand le « first » tombe, un silence terrible lui répond. Même Gitana à Edmond de Rothschild, une machine énorme, n'est pas passée ! Notre rêve, poursuivi depuis des mois, nous entre dans la tête et dans le cœur. Personne n'ose articuler un mot, le mutisme est complet à bord. Je me vois encore en train de manœuvrer. Dans un état de concentration parfaite, je ne suis plus qu'effort. Il règne une tension fantastique, et toujours le même silence, implacable. A nouveau, je n'arrête pas de vérifier que tout est clair. Pour hisser les nouvelles voiles. Rentrer les anciennes. Avec une minutie extrême. Muet. Hyperconcentré. Je n'entends qu'un bruit. Il me gêne. Soudain je réalise. C'est celui des battements de mon propre coeur.

Encore cinq, six heures de navigation comme cela, dans l'investissement total. Nos yeux se croisent, des regards s'échangent, puis s'évitent, avant que la question qui est dans toutes les têtes ne se précise trop... Eric est tel du granit. Impénétrable. Paradoxalement l'équipage entier éprouve la peur de la victoire. Ce sont des heures violentes, angoissées. Peut-être que les Anglais du sémaphore se sont trompés ! Un autre bateau a pu passer avant nous, et ils ne l'ont pas aperçu. Et si Gérard Petitpas n'avait pas bien pris en scott ! Ou pire, que le message s'adressait à un autre concurrent, resté caché à l'horizon. Pourtant il n'y avait pas de brume, nous l'aurions découvert. On exagère, on affa bule, il y a tout un cheminement qui s'établit. Le bonheur est chose dure à recevoir...

Puis Pen Duick III coupe la ligne d'arrivée. Nous sommes premiers. Nous avons gagné. Là, il y a vertige Absolu. On monte immédiatement sur un nuage. Ce n'est pas bruyant comme réaction, c'est même discret, comme si chacun s'isolait pour mieux savourer. Il s'installe cette sorte de silence propre aux tables de gourmets, quand le plat est délicieux. Chaque équipier est occupé à son affaire. Pas de cris, pas de bravos. Le sublime se passe d'échos.

Pris en remorque, nous atteignons les quais de Plymouth. C'est terminé. Il y a des embrassades, des félicitations, les amis. Mais tout est redevenu normal. L'émotion vraie est cachée, soigneusement mise de côté. Le flegme s'impose, nous rangeons le pont, plions les voiles. Attendant que le calme se fasse en nous. Nous sommes des marins, pas des saltimbanques en quête de public, notre pudeur est la plus forte.

Mais à la nuit tombée, la magie va ressurgir. On se balade au bout du quai, les mains dans les poches, l'air de rien, avec un cœur de roi du pétrole. Vainqueurs fauchés, sans un sou pour aller boire un verre. Peu importe, le bateau est là, il vaut tous les bistrots du monde. Pas question de rentrer à bord, une fois dans la cabine nous ne le verrions plus. Mieux vaut rester en face de lui, pour l'admirer. Alors, un déclic s'opère dans l'esprit, le film complet de la victoire défile à nouveau, nous chantant dans la tête.

Avec Guégan, nous persistons à l'observer, ce sacré Pen Duick, quasiment shooté de son image, dans un état second, car la fatigue de la course s'est accumulée. Notre conversation est nulle, le vocabulaire d'une pauvreté totale. Trois mots, mais dans ceux-là, il y a toute la gifle que nous venons de donner à l'Angleterre. « Ah, les Rosbifs, la gueule...! » C'est rien, mais pour nous, ça suffit. Comme symbole de tout ce qui s'est passé.

Nous ne sommes pas contents, mais heureux. Cette joie-là se commente mal avec des phrases.

Les équipages des autres bateaux de toutes les nationalités débarquent, les Hurrahs pleuvent. Encore une fois, ce n'est pas dans notre mentalité d'accepter les éloges et les congratulations de ce genre. Ça nous ferait plutôt horreur. Mais ils nous embarquent avec eux, vers les pubs. On se fait arroser gratis, et plus l'alcool coule, comme par miracle notre anglais se déchaîne, la fête commence. Des heures plus tard, pas moyen de se souvenir de ce que l'on a bien pu raconter. Ce sont les docks à nouveau, la crasse, la laideur, par là-bas Plymouth est l'endroit le plus laid du monde. Bah, il suffit d'arriver à lever la tête vers le ciel, là-haut les étoiles nous parlent, nous sommes vraiment fin saouls, elles nous disent que le bateau a gagné, et la vie est pleine à ras bord !

Le lendemain, ça continue. Le reste de la flottille est arrivé tout au long des heures de la nuit. Au réveil, ce n'est pas le confort, le fouillis règne à l'intérieur, tout est encore humide, collé par le sel. Mais à Plymouth, ce matin-là il fait vingt-cinq degrés dans nos têtes. Les autres équipages défilent, criant « Bravo Eric ! » Cela nous amuse. Nous voilà soudain contents d'entendre les applaudissements, nous nous sommes habitués déjà. Cette fois le Nescafé du petit déjeuner, pas très bon d'ailleurs, se laisse boire goulûment. En apparence, rien n'est spécial, mais tout est rehaussé d'un cran.

Eric lui-même est ravi. Un peu raide dans sa démarche, je l'aperçois encore montant l'échelle vers le haut du quai, vêtu d'un pantalon kaki, et d'un pull-over avec un gros trou. Ce n'est pas de l'ostentation, il n'a pas eu le temps d'y penser. Le public pour lui, c'est nous, et l'on vit en parfaite intimité. Toujours guère de paroles échangées. Mais ses

Un fastnet pour une victoire

yeux brillent, donc les nôtres doivent scintiller, cette journée sera superbe.

Nous avons des photos de Tabarly en premier plan sur le pont de Pen Duick III, avec le rocher du Fastnet juste derrière. La télévision anglaise achète. Cinquante livres, voilà une fortune pour des Bretons fameux, mais indigents Alors, en route vers les pubs ! On craque l'argent immédiatement, en tournée sur tournée, ce sera une défonce mémorable, avec fin typique de fête des pauvres. Une satanée gueule de bois, et des poches vides...

Pourtant, nous quittons Plymouth avec l'impression d'avoir volé quelque chose à l'Angleterre tout entière. Nous sommes les héros d'un récit de pirates. Notre butin, la première victoire historique d'un bateau français au RORC. L'équivalent d'être champion du monde de la course en haute mer, au nez et à la barbe des Anglo-Saxons, qui la trustaient depuis des années.

De retour en Bretagne, ce sera le délire. A l'époque, nous appartenons encore au milieu de la plaisance. Tous les gens qui naviguent se sentent très proches de nous. Seuls le hasard, la disponibilité, l'âge ont permis notre aventure. Il n'existe pas cette coupure, comme entre les professionnels et les amateurs, aujourd'hui. Nous sommes des passionnés, qui ont atteint le sommet, pas encore de grands noms, avec un arrière-goût de vedettariat, rien n'est artificiel.

Les ostréiculteurs surgissent les premiers sur leurs pinasses, le long du bord. Vingt ans après l'un d'entre eux, François, me racontera notre premier dialogue. Je lui avais dit « Allez arrive, embarque pour boire un coup, viens fêter TA victoire ! » Normal, ils étaient de notre clan, nous vivions avec eux depuis toujours, ils nous avaient aidés, remorqués cent fois. Nous n'étions pas les héros de la fête. C'était parce qu'il y avait la fête, que tout le monde était devenu un héros. Instantanément, le pont s'était recouvert de bouteilles. A l'entrée de La Trinité-sur-Mer, la fierté d'arriver avec Pen Duick n'avait aucun besoin de journalistes, tous les gens du pays étant sur le pas de leur porte, complètement pris par l'événement. L'enthousiasme débordait, sans pub outrée, en dehors des trompettes des médias. Tout était terriblement vrai, héroïque. Avec le recul du temps, en comparaison des arrivées actuelles, cela me laisse songeur...

Dès lors, pour moi, Eric Tabarly c'est de Gaulle ! Je crois qu'il a beaucoup plus été aimé, qu'il n'a aimé ses équipages. Il bénéficie de notre part d'un dévouement total. De la reconnaissance de son génie, du pouvoir. Il est le capitaine, mais il ne commande pas, il nous met en état d'obéissance. Par l'admiration. L'amitié ne joue pas, nous avons vingt-deux vingt-trois ans. Il en a trente-quatre. L'écart d'âge est considérable. En fait, sur ce plan, il est très seul, isolé vis-à-vis de nous tous. Mais ceci, ses équipiers sont trop jeunes encore pour le comprendre. Et puis sur un bateau, l'amitié avec un capitaine serait précaire. Il est donc préférable de ne lui être que dévoué. Après tout, il nous fabrique une vie insensée, un jour en Baltique, un autre en Méditerranée, le surlendemain en Atlantique Nord, quelques mois plus tard dans le Pacifique ! Ces années-là, il n'existe pas de bateaux de course français, ne serait-ce que du niveau de Pen Duick III. La monture est unique, l'existence aussi. C'est la plus belle dont nous puissions rêver. Tabarly en est l'armateur, le meilleur marin, il n'y a pas d'équivoque. Les critiques que nous pouvons lire sur lui, dans certains journaux, nous mettent en colère. On supporte mal qu'ils osent faire de l'ombre à un tel homme. Nous vivons en face d'un exemple.

Attention, personne à bord n'a envie de devenir Tabarly. Il n'y a que les imbéciles qui rêvent de se transformer en quelqu'un de précis. Eric représente simplement tout ce que nous désirons accomplir un jour. S'en rapprocher avec lui, cela nous suffit, l'ambition reste sous contrôle. Et d'ailleurs, à la limite, n'est-il pas préférable d'être premier violon avec Karajan, que chef d'orchestre à Mulhouse ? A ses côtés nous acquérons une mentalité proche des conquistadors, sous l'influence d'un meneur d'hommes idéal. Peu à peu nous deviendrons invincibles, dans nos têtes. Mais jamais idolâtres.

Pen Duick III est devenu aussi célèbre que son maître à bord, toutes les portes s'ouvrent, partout où nous abordons Les Yacht-Clubs les plus huppés du monde entier, avec leurs membres multimillionnaires, nous accueillent à bras ouverts. Malgré nos dégaines de clochards, et des barbes de huit jours. L'équipage crève de faim, comme d'habitude. Alors il pille tout ce qui passe. En mer, nous n'avons pas l'habitude de boire de l'alcool. Mais là, on s'en donne à cœur joie ! L'esclandre n'est jamais bien loin. Dans ces milieux fort compassés, blazer-cravate et gros cigares, nous ne passons pas inaperçus. On se tient assez mal, en fait. Pas méchamment, mais tels des gougnafiers. Le lieutenant de vaisseau Eric Tabarly supporte tout cela avec une patience remarquée.

Un soir, le capitaine d'un bateau allemand nous invite. Il commence à nous expliquer la voile. On s'en moque éperdument au début, car il y a beaucoup à boire. Mais une fois lancé, personne ne peut plus l'arrêter. Il finit par nous ennuyer, Guégan et moi. Yves lui dit lâchement : « Je te préviens, nous n'aimons pas les Allemands, ils ont tué nos deux grands-pères, alors si tu continues, ça va aller très mal pour toi ! » Le capitaine fait la sourde oreille, mais je confirme, dans la provocation la plus pure, que tôt ou tard j'ai l'intention de venger mes deux grands-pères. Effectivement tués durant la première guerre, contre l'Allemagne.. La situation empire, car nous nous trouvons à bord du yacht du descendant de Krupp, le plus célèbre fournisseur de canons du premier conflit mondial, et même du second. En fait, ce propriétaire du bateau nous avait reçus très gentiment, en voisin, car Pen Duick était amarré près de lui. Tant bien que mal, nous parvenons à quitter son bord, définitivement ivres, et Guégan s'étale sur la plage avant, en vomissant, sous les yeux d'Eric toujours imperturbable. Le lendemain nous appareillons à la première heure ; avec Eric, pas question qu'une escale se prolonge, et celle-là en particulier ! Cette fois, Tabarly nous fera la leçon. Ses deux matelots farceurs, antinomiques de l'officier de marine qu'il est, réservé et digne, venaient de dépasser la mesure.

Cette vie maritime fut un peu ma légion. Heureusement que ce sport était prenant, car j'ignore ce que j'aurais fait de mon énergie, autrement. Une fois sous l'uniforme du bateau, je restais à l'abri de faire les quatre cents coups par ailleurs. En fait, Yves Guégan et moi n'avions envie que de nous bagarrer dans les bars, de semer la panique partout. Le rang d'équipier de Pen Duick III nous protégeait.

Je me souviens d'avoir déclaré lors d'un dîner officiel, à un amiral que j'imaginais doté du même sens de l'humour que moi, « Voyez Amiral, il n'y a pas que des cons, dans la Marine Nationale ! » Durant un service militaire, ce n'était même pas pensable, comme vocabulaire. Il s'est contenté d'avaler de travers. L'aura de nos victoires faisait de nous des intouchables.

Dès qu'Eric quittait le bord, nous nous occupions très sérieusement des autographes. Guégan à la table à cartes, avec un stylo, et moi sur le pont. Il signait à tour de bras, dans le style « A Josette, amicalement, les grosses bises d'Eric Tabarly » ! Jusqu'au moment où quelqu'un, connaissant personnellement la vedette, demandait à descendre dans la cabine. A toute vitesse, j'inventais n'importe quoi : « Oh, il vient juste d'aller se coucher, il dort à l'avant ! »

Évidemment Eric arrivait toujours au bout du quai, à cette minute-là. Nous étions les pieds nickelés du canular.

Un jour, nous nous retrouvons en Nouvelle-Calédonie nos panoplies de matelot tellement hors d'usage que même notre capitaine s'en offusque. Je me rends à la base navale de Nouméa, afin d'en informer qui de droit à l'état-major. Un peu plus tard, un commissaire haut gradé se présente à bord. Saluts militaires, nous faisons connaissance, il nous obtient des paquetages neufs. Nos rapports avec lui sont hiérarchiques et déférents. « Soyez le bienvenu à bord, commissaire ! Mais certainement, commissaire... Et je vous en prie, commissaire... »

Un peu plus tard, nous quittons Nouméa, pour Sydney. Sur Pen Duick se trouvent Eric, Jean-Paul Aymon — le journaliste qui le découvrit quelques années auparavant —, Yves Guégan et moi. Plus le fameux commissaire. Là, nous avons l'intention d'inverser les rapports, nous sommes sur notre terrain et ce haut gradé ne se doute de rien. Il est de quart, avec Guégan et moi. Yves lui adresse le premier la parole, en lui demandant : « — Je suppose que vous êtes marié, commissaire ? » Il répond, suavement « — Bien entendu... » Et moi du tac au tac « — Quel âge elle a ta morue ? » Ah le visage du Commissaire pendant trente secondes ! Et Eric qui toussait à n'en plus finir, assis à l'intérieur, devant sa table à cartes. Inoubliable !

Un quatorze juillet, nous naviguions avec Pierre English et encore Guégan, sur la Baltique, en route vers Helsinki. Le Pacha est à la barre. Tous les matelots se sont concertés, pour tomber d'accord. Un officier de marine privé de ce défilé du quatorze juillet, c'est quelqu'un qui n'est certainement pas heureux. Très discrets, à l'intérieur, nous préparons la fête, drapeaux tricolores, pancartes, chacun enfile sa plus « belle » tenue. Nous sortons par le capot avant. Yves et moi au pas cadencé, Pierre English fait la foule et la musique, il y a un vin d'honneur prévu dans le cockpit. Eric éclate de rire, c'est le flash, il est 7 heures du matin, au large de la Pologne, il a droit au défilé complet avec saluts militaires, petits drapeaux qui s'agitent, il est ravi !

A Sydney, lorsque nous arrivons, le bateau a couru depuis sept mois, en gagnant toutes les courses. Cela suscite pas mal de jalousies. Pen Duick III a déjà été jaugé, c'est-à-dire vérifié sous toutes les coutures. Ses caractéristiques correspondent aux tolérances des normes réglementaires. Deux experts se présentent à bord, ne parlant qu'anglais, exigeant une énième vérification. Excédés par cette nouvelle tracasserie de nos adversaires, nous faisons ceux qui ne comprennent pas un mot de la langue de Shakespeare. Ils insistent. Ils prétendent tout mesurer, même le grand mât. De guerre lasse, nous acceptons, mais j'ai une idée derrière la tête. Grimper au sommet du grand mât, à plus de vingt mètres au-dessus du pont, est un exercice périlleux. L'un des jaugeurs monte sur la chaise, et au winch, à l'aide d'une drisse servant normalement à hisser la misaine, nous l'expédions comme un funambule, tout là-haut sans anicroche. C'est à la descente que je l'attends.

Une fois son travail terminé, il demande à revenir en bas. J'utilise pour cela le frein qui équipe mon winch. Au départ, je lâche tout. Il descend brutalement sur deux bons mètres. Et je bloque d'un seul coup. A nouveau, je largue, il fait trois bons mètres en chute libre ! Je freine à mort. Et ainsi de suite, jusqu'en bas. C'est terrorisant, lorsqu'on n'a pas l'habitude. L'expert est arrivé verdâtre, sur le pont. Il a filé immédiatement avec son acolyte. Nous ne les avons jamais revus. Ni surtout entendu parler du résultat des mesures. J'aurais pu le tuer, en faisant cela. Dans ce cas, c'était le frein qui aurait lâché, je n'étais pas responsable. Il ne fallait pas qu'il vienne nous défier, surtout injustement. On était plutôt brutaux, à l'époque.

Cette violence provenait pour beaucoup d'un manque

Un fastnet pour une victoire

total d'argent pour descendre dans les bas quartiers. Chez les professionnelles spécialisées dans la détente horizontale des matelots en bordées. A Newport, mon copain Dominique Guillet décide de remédier à ça, en m'apprenant à draguer. Ecoute, me dit-il, c'est super simple. Il ne faut pas qu'elles voient que tu ne penses qu'à ça. Parle-leur de tout autre chose, invente n'importe quoi... C'était caricatural, mais après des mois en mer, on était un peu des inadaptés.

Suivant ses conseils, je tente un réel effort, avec une américaine de passage. Toute ma culture anglaise de l'époque y passe. J'attaque très fort. Elle marche, puis s'épouvante, elle était mariée, et n'avait jamais eu d'autres rapports qu'avec son conjoint. Le premier soir, échec relatif. Le lendemain, elle laisse un message au barman du Yacht-Club. « J'ai consulté ma mère et mon psychiatre, ils m'ont dit que ce serait bon pour moi. » Là, je me suis demandé ce qui se passait. Et elle revient à bord, le surlendemain, vers 5 heures. J'étais ravi, je l'emmène dans une cabine. Et comme responsable du french lover export, je lui fais découvrir des choses, que manifestement elle n'avait pas connues auparavant...

Avec Dominique, nous avions convenu d'un code pour se transmettre les jeunes femmes consentantes, basé sur la chanson « Toc, toc, toc, qui qu'est là, qui qui frappe à la porte ? » Il rentre à bord, s'approche de la cabine, et attaque le premier couplet. A bien considérer ma partenaire, je la trouve plutôt intéressée. J'entame le second couplet, et Dominique fait une entrée surprise. Elle se montre un peu réticente, mais cède quand même. Elle nous quitte extasiée.

Le lendemain, j'étais sur le pont en train de travailler, lorsque j'entends « — Olivier, Olivier... » C'était une voix anglaise, de vieille dame. Celle de la mère de notre visiteuse d'hier. « Mary told me how beautiful you were, is that you Olivier ? » me demande-t-elle ! Ses intentions étaient plutôt claires. Nous nous trouvions dans une position impossible Dominique s'excuse, affirmant que nous sommes très occupés. Elle nous invite, chez elle le soir, pour dîner avec sa fille.

Par courtoisie, nous y allons. La maison est assez sordide ; à peine a-t-on sonné, que la mère ouvre la porte et se jette sur Dominique, qui, happé, disparaît en un clin d'œil à l'intérieur ! Moi, je l'avais laissé passer devant, dans ces cas-là on ne sait jamais ce qui peut se produire. Il est préférable d'avoir du recul, j'étais méfiant. Quand je vois ça, je m'enfuis lâchement, laissant Dominique à son terrible destin. Il me retrouve une demi-heure plus tard, essoufflé, hurlant après moi comme un fou, me traitant de tous les noms. « Salaud, c'était le piège, elles étaient comme des folles, complètement avinées... » Nous nous retrouvons assis sur le trottoir dans la nuit américaine et nous pleurons de rire...

IV

MANUREVA...

A Sydney, une Triumph TR 4 rouge se gare sur le quai où est amarré Pen Duick III. Son conducteur s'approche du bateau, l'observant avec des yeux rêveurs. Il se présente : « Alain Colas, enseignant en anglais à l'université. » Professeur, voilà la pire carte de visite pour séduire l'équipage ! Mais l'homme est malgré tout sympathique, nous l'accueillons. D'emblée, il se propose de nous emmener visiter la ville. Dans cette immense cité portuaire australienne, nous ne connaissons personne. Il est adorable, nous rencontrons tous ses copains. Au fil des semaines, Colas pallie à la nullité de nos finances en organisant des dîners. Autant qu'il le peut, ce petit prof se démène pour nous rendre service. Finalement cela crée des liens. Bien qu'il ignore tout de la voile, Eric l'embarque pour une superbe balade dans le Pacifique, jusqu'à Nouméa. Il est déjà allé là-bas, ses nombreuses relations pourront toujours servir, dans un sens on l'exploite un peu.

A bord, l'équipage vit ensemble, soudé dans ses facéties et ses habitudes, depuis un an. Colas, qu'il le veuille ou non, sera un intrus. Mais débordant d'enthousiasme. On s'aperçoit qu'il vit l'aventure comme quelqu'un qui a trop lu de romans, sur la mer il devient le personnage de ses lectures. C'est hilarant. Il a un vocabulaire à la limite du précieux.

Mémoires salées

Nous passons notre temps à nous moquer de lui. Pas toujours gentiment d'ailleurs, car au fond on ne le comprend pas. Il est né à Clamecy dans la Nièvre, c'est un fils de pharmacien, un universitaire, un intellectuel. Il n'est jamais allé en Bretagne, n'a rien à voir avec notre clan. Nous en avons fait un cuisinier, c'est incroyable ce qu'il se donnera du mal. Il a même apporté de l'alcool, et fait tout flamber, croyant que ça fait chic, « yachting », quoi... Les quolibets fusent. Les moqueries redoublent.

Il sent très bien cet espèce de refus de lui. Par moments, il en est même émouvant, si gentil, tellement disponible. Souvent Colas me faisait penser à un scout, toujours sur les nerfs, prêt à rendre service. L'équipage lui apprend à barrer. Quand il reste seul au gouvernail, nous l'observons de l'intérieur, écroulés de rire. Il se prend pour le capitaine Troy, avec son air inspiré, ses yeux perdus sur l'horizon. A croire qu'il tourne dans une superproduction américaine. Il se projette un tel cinéma que cela nous paraît indécent.

Nous avons du mal à nous habituer à lui. Sur Pen Duick III, Colas sera longtemps une pièce rapportée. Suivant la plupart de nos conversations le visage tendu en avant, interloqué, nous interrompant avec des « C'est qui ? », « C'est quoi ? », « C'est où ? » Il n'est pas de ce métier, manifestement. Personne ne l'accepte, en fait. L'homme nous donne tout, son amitié, sa gentillesse, sa générosité. On refuse l'ensemble en bloc. On le met à l'index.

Nous sommes sous le commandement d'un capitaine. Parmi nous, aucun n'a la parité avec Tabarly. Nous la lui refusons aussi, à son tour ce pauvre Colas se retrouve sous nos ordres. Le phénomène est curieux, nous l'aimons bien, mais sans jamais le lui montrer. On ne peut s'empêcher de lui rire au nez, sa fébrilité nous dérange, nous porte sur les nerfs. Il rédige un journal de bord intime, où il raconte tout. Alors là, c'est le comble, on n'arrive même pas à imaginer ce qu'il peut y écrire. Tant le sublime de notre vie est naturel, direct, dans nos têtes. L'incompatibilité semble totale.

A l'approche de la Nouvelle-Calédonie, en guise d'initiation au gros temps, la mer lui réservera le pire. Un cyclone ! Son comportement n'est ni mauvais ni bon. Plutôt correct. Colas n'a jamais connu une tempête, mais il perçoit que les conditions sont difficiles. Ses yeux nous observent, cherchant l'inquiétude dans les nôtres. Réaction habituelle d'un débutant. Tant qu'il ne lit pas la peur sur le visage des professionnels, le béotien reste calme. Dans nos regards, pas de crainte, mais l'étonnement quand même. Aucun d'entre nous, Tabarly inclus, n'a jamais vu ça. Pen Duick III incliné à trente, quarante degrés de gîte sur une mer déchaînée, c'est un peu la routine des tempêtes. Mais là cela atteint cinquante ou quatre-vingts degrés, par à-coups effrayants. Et le bateau est à sec de toile.

Le bruit est terrifiant. Sur le pont et même dans le cockpit, il est impossible de respirer. C'est incroyable, la mer est absolument blanche, solidifiée. J'arrive à faire rire l'équipage, en prétendant que nous sommes aux sports d'hiver. Mais face au vacarme, similaire à celui des bombardements pendant la guerre, personne n'ose une seconde plaisanterie. Sans rien en laisser paraître à Colas, nous éprouvons une crainte latente, pris au piège dans un déchaînement dont le contrôle est exclu. Car ce sont des dimensions dont nul être humain n'a les clefs.

A dix minutes près, nous éviterons un naufrage sur des roches, dissimulées derrière d'immenses brisants turquoise, emportés là à sec de toile par le courant. En renvoyant un peu de voile, en plein cyclone, une manœuvre insensée de dernière chance, nous en sortons vivants, Pen Duick III à peu près indemne. Après avoir vu de nos propres yeux le pire de la mer, au monde, et pu la dominer, nous en reviendrons définitivement invincibles. Et Colas aussi. Plus tard cela lui donnera toutes les audaces. Pour le monde entier, à l'époque, nous sommes morts. En arrivant à Nouméa, il y a des tôles pliées autour des arbres, des bateaux des deux côtés de la route menant à l'intérieur des terres ! Et partout les journaux nous ressuscitent, à la une. C'est à posteriori que nous mesurons ce qui s'est réellement passé.

Nouméa, en dix-neuf cent soixante-sept, était encore une charmante petite ville. Avec une atmosphère surgie tout droit d'un roman de l'époque coloniale. Hangars rouillés, population cosmopolite, avant tout bicolore, nonchalante, presque pas d'automobiles, guère d'argent. Cela ressemblait à ces gravures d'avant-guerre, avec un autochtone paresseux, couché sous les ombrages.

Le meilleur ami d'Alain Colas gérait la plage attenante au « Château Royal », l'hôtel le plus chic de cette partie du Pacifique. Là se croisaient les fonctionnaires en poste, toujours un peu guindés, et quelques aventuriers inclassables ; plus une famille sans cesse changeante de gens des voyages, dont hôtesses de l'air d'UTA, et, jamais très loin d'elles, une poignée de Bretons venus des vagues. L'accueil était délicieux, tout ce petit monde organisait cocktails et réceptions en notre honneur. Et surtout, ils nous initiaient aux secrets de leur île. Je la survolais avec Martinet, héros de la première liaison entre la France et la Nouvelle-Calédonie à bord d'un monomoteur en dix-neuf cent trente-six ! Un as du pilotage, il m'embarquait dans des vols acrobatiques, en rase-mottes au-dessus des paysages sublimes. Lui aussi était un authentique personnage de roman. Dans cette ambiance baroque, Colas était à son affaire, nous régalant de steaks de tortue. Hors de question de lui

Manureva...

préciser que cela avait un goût de veau. Le capitaine Troy ne me l'aurait jamais pardonné.

Avec lui, j'allais à l'île des Pins, presque déserte il y a vingt ans, sans hôtel, sinon une espèce de boui-boui réputé pour sa remarquable cuisson du plat principal du pays, la roussette, une énorme chauve-souris. Là, je rencontrais une religieuse bretonne, vivant dans l'île depuis trente ans, s'occupant des êtres dans le besoin, sachant que sa congrégation ne lui paierait jamais le voyage de retour.

Elle me demanda si j'habitais Brest. Je lui répondis non, mais que je connaissais bien. En fait, je m'en souvenais à peine. Cependant je sentais que si je ne lui racontais pas Brest, elle allait être profondément déçue, même blessée. Elle n'avait plus de famille, et ne recevait aucune lettre. Alors, j'inventais sa ville natale. Je me revois très bien en train de lui mentir. De temps en temps, je m'arrêtais faute d'idées, elle posait une question, et je reconstruisais Brest. Cela m'a ému lorsque je suis retourné là-bas, plusieurs années plus tard. J'avais toute la scène à l'esprit en marchant dans Recouvrance, la chaleur des tropiques, à midi, les ombres denses mais étroites des cocotiers sur le sable. Et cette religieuse, habillée de bleu et blanc, me demandant si le pont de l'arsenal avait été refait, si la nouvelle citadelle était bien comme avant. En fait, elle m'écoutait moins qu'elle ne me racontait ses souvenirs de petite fille. L'escadre dans la rade, les cuirassés, les torpilleurs, la musique qu'elle devait entendre de chez elle, quand au matin, vers 8 heures, résonnait le salut des couleurs.

Je lui répétais, oui, c'est toujours comme cela, sauf que la rue de Siam est toute droite, désormais. Je n'en étais pas si sûr, mais il ne fallait pas qu'elle ait le moindre doute. C'était trop important pour elle, pour son cœur, qu'elle me croie jusqu'au bout. Je lui ai offert une image de Brest la plus belle possible, à peine abîmée, en fait le Brest qu'elle avait connu autrefois. Je crois qu'elle me quitta heureuse.

En Nouvelle-Calédonie, entre toutes mes rencontres, depuis les pêcheurs de requins jusqu'aux chasseurs de trésors, la nostalgie de cette religieuse perdue dans le Pacifique, rêvant de Brest disparu, reste mon souvenir le plus beau, le plus étrange.

Il est important de parler d'Alain aujourd'hui. Car autour de sa disparition règne une espèce de loi du silence, une censure sournoise. Déjà, de son vivant, le milieu nautique se montra injuste envers lui. Et les années passant, bien que le souvenir de Colas soit resté dans toutes les mémoires, le même mutisme a prévalu. Imposé au grand public, sous le couvert d'un mystère un peu malsain.

A son époque, on l'opposa toujours à Tabarly. D'un côté il y avait une star authentique, qui sentait le bahut breton De l'autre une star préfabriquée, flanquée d'une paire de favoris proéminents. Ce genre de cliché sordide m'était odieux. Heureusement, je crois que le temps est un filtre. Si l'homme était vraiment un clown, il resterait le plus important, c'est-à-dire son masque. Au contraire, s'il était valable, demeurera alors le plus beau, l'essence de sa personnalité. En général, les retombées de la seconde sont infiniment moins spectaculaires que les grimaces du premier. Le cas de Colas obéit à cette loi. Tant mieux.

Avec ce recul, naît la réflexion à propos des êtres qui s'en sont allés. Et la sensation de les avoir parfois manqués, sans les aimer assez lorsqu'il fut encore temps. Pour Alain, j'éprouve ce sentiment. L'homme s'était construit un personnage impétueux, difficile, avec des rêves d'enfants projetés en permanence dans l'âge adulte. Mais néanmoins

Manureva...

solide, impeccable moralement, d'une générosité extraordinaire.

J'ai assisté au lancement de son fameux quatre-mâts. Il a d'importants moyens, avec le Club Méditerranée comme sponsor, j'accompagne en avion une équipe entière descendant à Marseille. Au moment d'appareiller il s'écrie « Merci les gars, vous avez été chics ! » Un vocabulaire digne de Fripounet dans les années cinquante, à se tordre de rire. Tous les membres de l'équipage, de Gaston Defferre présent à bord jusqu'aux techniciens, n'en peuvent plus. Moi, j'ai seulement souri, je le connais trop bien. Contre toutes les apparences, il est sincère. Dans son monde, entre le conte de fées et le bouquin d'aventures, c'est vrai, tous ces gens-là sont des « chics types ». L'expression est aussi ridicule que saperlipopette, mais Colas n'a jamais su remercier autrement.

Il vivait dans l'irréel, souhaitant être capitaine avant d'être matelot, et dans le fond il n'a pas eu tort de se dépêcher. Perdu en mer, il n'est vraiment jamais tout à fait mort, puisqu'il n'est que « disparu ». Sans doute a-t-il été grignoté par les crabes depuis, ce qui est notre destin à tous, pas la peine de s'attendrir. Mais je regrette souvent le charme de sa fantaisie, ce désir persistant à communiquer le merveilleux aux autres, de partager un rêve.

Il pleut sur Tahiti, tout est triste, je suis en voiture avec Colas, j'enrage. Juste avant de quitter Papeete pour aller draguer, nous avons pris une giclée de boue à cause d'un camion. Mon unique pantalon propre est fichu, je dis « Merde, quel pays de connards ! » Il me fait arrêter l'auto, me regarde un instant en silence et dit « Mais tu es fou Olivier, on est à TAHITI ! » Il y avait dans sa voix une espèce d'impératif exigeant de cesser de grogner, car nous étions passés dans un autre film, celui du magique. A partir de ce moment, tout, même le plus banal incident, devait être accepté comme partie prenante du merveilleux. Juste devant se trouvait une pancarte, où était écrit : « Grâce à Marie Ayou, couturière, la mode est pour vous ! » C'était drôle, Colas était un magicien, un enchanteur, à sa manière.

Un soir de Noël, nous sommes ensemble à Nouméa, sans Tabarly qui est rentré à Paris. Alain attend des nouvelles de sa famille, avec de l'argent pour son billet. Moi, je n'attends rien de personne, pas question de revenir, mais seulement de survivre sur place.

Nous n'avons pas osé accepter les invitations des amis, malgré leur insistance à ne pas nous laisser seuls. C'est une fête trop intime, réservée aux enfants, on s'y serait sentis superflus, des étrangers. Nous nous retrouvons tous les deux avec notre arbre de Noël flottant, le bateau, dans lequel on se sent bien, même avec un peu de vague à l'âme. Il reste le dernier refuge, la coquille où se retirer en cas de déprime à terre. Colas me dit « Tu sais, Olivier, mon rêve serait d'emmener mes parents visiter tous ces beaux pays ! » Je lui réponds « Mais pourquoi pas... » tout en pensant de par moi « Espèce de paumé sentimental, à la Tintin et Milou, tu vas me faire pleurer. » Je ne crois pas un mot de ce qu'il dit, mais cela se grave dans un coin de ma mémoire, et le temps passe.

Quatre ans plus tard, j'arrive en baie de Sydney, sur Pen Duick VI. A l'extrémité des pontons j'aperçois deux silhouettes, soudain je les reconnais. C'était son père et sa mère ! Les mots d'Alain, la nuit de Noël, me sont revenus en flash-back. Je me suis incliné, en me disant il n'est vraiment pas si mal ce Colas. Car, entre une vague phrase un peu niaise, un soir de fête plutôt triste, et sa réalisation des années plus tard, il y avait une fidélité au rêve que je juge encore émouvante.

Depuis des années il me répétait « Olivier, il nous faut un quatre-mâts, pour bourlinguer dans le Pacifique ! » Le rêve du capitaine Troy, encore. Mais cette fois poussé jusqu'au délire, il dépassait les bornes, voguant en pleine mégalomanie. Pourtant un matin à Papeete, selon ma vieille marotte d'examiner tous les bateaux à quai, j'aperçois « Club Méditerranée ». Je demande à l'un des équipiers si Alain se trouve à bord. Il acquiesce, je monte sur le pont, et Colas s'avance à ma rencontre. Il m'emmène sur la passerelle, me donne une bourrade sur l'épaule, et me dit « Il est chouette hein, on l'a enfin notre quatre-mâts ! » Là, je crois que je l'ai compris. J'étais plus que le témoin d'un sortilège. Dans son esprit, depuis l'origine, j'avais partagé le même fantasme, et donc « nous » avions réussi ! Colas n'était pas de ces individus voulant se faire admirer avec un yacht gigantesque. Il avait rêvé de matérialiser un songe de cinquante mètres de long, pour l'offrir à une poignée de complices. Le plus étonnant fut qu'il y parvint. A travers des problèmes insensés, des défis sans nom, des échecs cuisants. Et un succès bien réel, pour finir...

Son adulation pour Tabarly était telle qu'il commença par décalquer sa vie sur celle de son héros. Au point de lui racheter son propre bateau, Pen Duick IV, afin de gagner la même course qu'Eric, en solitaire à travers l'Atlantique Tout à fait comme un fan de musicien, s'offrant la guitare de son idole, certain dès lors de jouer aussi bien que lui ! Pour cela, il endette toute sa famille, utilise sans vergogne l'ensemble de nos relations, parvenant même à persuader n'importe qui de ses capacités de marin. De notre côté, nous doutons encore qu'il sache même faire du bateau, le prenant pour un escroc, un arriviste. Nous nous trompions. Avec une volonté de fer, s'investissant de tout son être dans sa passion, il prépara la Transat comme personne.

A Papeete déjà, il me surprend, travaillant comme un fou nuit et jour, pour améliorer la machine, y compris sous les plus grandes chaleurs. J'en arrive à le jalouser un peu. Sans aigreur, mais intuitivement, je l'envie de se lancer d'emblée dans l'aventure, même en y allant au bluff, se moquant dès on-dit, des critiques, de l'incrédulité agressive, déjà générale à son sujet Je lui prête le peu d'argent en ma possession, même si j'ai pitié de lui, de son inconscience apparente. Car il rencontre Teura, une ravissante Tahitienne, vit une histoire d'amour, et décide de l'embarquer ! Cela, qui pourrait l'admettre ? On n'emmène pas une fille dans une histoire pareille, mais Colas voulait tout, et tout de suite. Avec celle qu'il appelait son moussaillon — elle deviendra la mère de ses enfants —, il appareille directement pour la France ! Ils en feront des erreurs avec Pen Duick IV, jusqu'aux dernières limites de la peur, de la résistance. Difficile de se promener impunément sur le tout premier trimaran de haute compétition au monde, conçu uniquement pour des traversées de records.

Tabarly avait accepté de le lui vendre, deux ans avant la course, car il croyait que d'ici là sa machine serait dépassée. Moyennant quoi, Eric surestimait les capacités du monde nautique à s'adapter aux techniques nouvelles. Au départ de l'Ostar, Colas fait une double démonstration. Le trimaran est encore hypercompétitif, et son capitaine un peu douteux ressemble de plus en plus à un marin.

A l'arrivée tout le monde attend « Vendredi 13 » de Jean-Yves Terlain, sponsorisé par le cinéaste Claude Lelouch. C'est un ami, nous sommes ensemble en avion lorsque l'on repère « Vendredi 13 » en tête. Par acquit de conscience, nous ratissons la mer vers le sud, et soudain Claude apprend que le bateau n'est que second ! Colas, le bouffon de l'écume, est en tête ! Comme dans une mise en scène, le visage de Claude s'assombrit, celui du frère de Colas, présent aussi, s'illumine. Avant de regarder ailleurs, gêné d'être aussi heureux. Mais Lelouch a une réaction superbe, il s'écrie « Formidable, il faut qu'on y aille ! »

L'avion posé, nous filons en vedette pour voir l'arrivée de Colas. Il y a tout le chromo du genre, soleil bien rouge qui se couche, le voilier vainqueur coupant la ligne, à une

Manureva..

vingtaine de mètres les bateaux des spectateurs, personne n'osant s'approcher de près, comme pour le laisser seul avec sa victoire. Colas est à genoux dans le cockpit, la main sur le cœur. Et il pleure. Il a tant rêvé d'être Tabarly, et il vient de gagner l'Ostar comme Eric l'a fait, c'est fantastique. Enfin il est totalement épanoui, la plénitude de son visage m'émeut lorsque nous venons à couple. A tel point que ce type que je méprisais un peu, je ne peux m'empêcher de lui dire « Si je ne savais pas le prix que tu as payé, je serais jaloux, mais aujourd'hui, je suis content ! » Il sait que je suis sincère. J'ai enfin admis qu'il est des nôtres.

J'ai d'autres fabuleux souvenirs d'Alain, bien avant cette consécration. Le premier concerne Colas le littéraire, au mieux de sa forme dans le style tarabiscoté, une après-midi dans le Pacifique Il est 4 heures, l'océan est superbe, je barre, Eric assis dans le cockpit observe le sillage. Colas jaillit de la cabine, ravi, et nous annonce « Je viens de ciseler une phrase... » Tabarly et moi, nous nous regardons, avec une envie déjà irrésistible de pouffer de rire. Il nous sort : « Le Pacifique gorgé de soleil étire ses molles ondulations au souffle de l'alizé alangui ! » C'était la parfaite phrase de dictée « Mercure de France, Marcel Couillard, Souvenirs des Colonies ! » Alors Eric et moi explosons de rire, la déception se lisait sur le visage de ce malheureux Colas. Il avait tant sculpté sa phrase, jusqu'au pur chef-d'œuvre... Toute ma vie, je m'en souviendrai tellement ce fut tragi-comique.

A Panama, dans l'enclave américaine du canal, le redoutable service de santé prend d'assaut Pen Duick, comme si nous avions la peste à bord ! Il bombarde de DDT l'intérieur du bateau, de fond en comble, c'est tout juste s'il ne nous en vaporise pas dans les oreilles, à la découverte d'innombrables cafards, en liberté dans la coque. Cette opération hygiénique est une caricature, ce sont des cafards aventuriers, ayant déjà pris du DDT dans la moitié des pays du monde, ils résisteraient à tout. D'ailleurs depuis longtemps, nous leur avons octroyé le statut de passagers clandestins, chacun se contentant de vivre de son côté, en bonne intelligence. Juste après le départ du commando de désinfection, je découvre Colas avec une boîte en carton, hilare, il me dit « Il y en a deux cent cinquante dedans, je suis sûr qu'ils ont envie d'émigrer, ça va faire un tel plaisir à nos visiteurs de tout à l'heure, viens sur le pont. » Je nous vois encore ensemble, en train de mettre à l'eau ces nouveaux immigrants du Mayflower. Posant la boîte bien à plat, délicatement, pour que la petite brise les emporte sur la mer idéalement calme. Elle a commencé à dériver assez vite, nous imaginions déjà nos copains les cafards débarquer à la côte, se multipliant immédiatement, semant l'horreur partout, sur ce bout de terre aseptisée jusqu'à l'obsession par les citoyens de la Bannière Etoilée ! Dans la nuit, hilares, nous agitions les bras en guise d'adieu.

Le destin d'Alain Colas se jouera au moment où il pénétrera à la voile dans le berceau même du clan qui l'y avait initié, La Trinité-sur-Mer. Symboliquement, la coïncidence reste étrange. En jetant l'ancre, il oublia de surveiller ses pieds, la chaîne s'enroula autour de sa cheville, il fut cruellement blessé. Je pense que cet accident se produisit un peu par désinvolture, car il se croyait invulnérable, à la suite de ses traversées difficiles et de ses victoires.

Peut-être aussi n'était-il pas assez profondément initié. Mouiller en plage avant est un exercice que, tout gosses, nous avions eu l'occasion de répéter mille fois. Pas Colas, apprenti sur le tard. Très rarement, la chaîne nous pinça une jambe, et sur de petits bateaux, ce n'était qu'un avertissement utile pour l'avenir, sans conséquence physique grave. L'erreur identique de manœuvre, effectuée sur le pont d'un grand voilier, implique une tout autre sanction. Les chirurgiens sauvèrent sa jambe de justesse, mais il fut condamné à boiter. Il ne récupéra jamais le potentiel physique indispensable pour faire face à un coup dur. Surtout en solitaire, sur une exigeante machine de course.

De ce qui se passa réellement, j'en ai parlé une fois, seul à seul avec lui. Pas pour tenter de l'accuser, mais de le comprendre. Il me confia quelque chose de très joli, si révélateur de son personnage. « J'ai été obligé de mouiller en catastrophe, car il y avait des bateaux partout autour de moi, j'avais peur de les abîmer ! » Incroyable, mieux valait rentrer détendu dans n'importe quel bateau du port, en couler un, même deux, plutôt que de perdre un pied ! Mais non, il craignait tellement de casser le rêve flottant des autres, qu'il tomba dans cette folie de jeter l'ancre en aveugle, au mépris de son propre corps.

Par rapport à ma première hypothèse, l'inverse s'était en fait produit. Il était trop intimement respectueux des traditions maritimes que nous lui avions transmises, jusqu'à les suivre sans la moindre transgression, au moment crucial...

Le déclin de Colas, déjà vaincu par Tabarly dans une récente Transat en solitaire, où le quatre-mâts ne tint pas ses promesses de sa victoire de l'Ostar précédente, va désormais s'accélérer.

Pour la dernière fois, nous nous reverrons à Saint-Malo, une semaine avant le départ de la course qui lui sera fatale. Le hasard veut encore que Manureva pénètre dans l'écluse du bassin à flot, au moment ou j'y étrenne Kriter IV, un multicoque dernier cri, plus grand et plus beau. En apercevant mon bateau, Colas comprend que je fais largement le poids contre lui. Il s'approche en traînant la jambe, d'un air entendu il hoche la tête, moi aussi D'amis, nous sommes devenus rivaux. Il mesure que sa propre machine est dépassée, il en souffre. Nous échangeons des banalités, mais il voit bien dans mon regard que je l'aime beaucoup qu'au fond tout ça n'a pas tant d'importance. Nous sommes dans le même bain, avec des voiliers de rêve, comme autrefois l'aventure continue. L'écluse s'ouvre, Manureva va s'amarrer d'un côté du bassin, Kriter IV d'un autre...

Flambant neuve, ma monture exige une activité harassante de préparation, à terre. Sans un instant de libre, la tête dans le sac, je dois en finir afin d'être prêt le mieux possible, au départ. Dans la nuit, tandis que je travaille d'arrache-pied, j'aperçois toujours une petite lumière dans la cabine de Manureva. Le port est vide, tous les concurrents sont au bistrot, je sais qu'Alain se cache à son bord, dînant tout seul, avec une jambe qui le fait souffrir, un engin démodé, lui si bavard, toujours triomphant, est presque désespéré. En réalité, à tout point de vue, c'est un homme blessé.

Une nuit, vers 2 heures du matin, je me dis « Il faudrait y aller... » Juste pour lui montrer que je suis toujours son ami. Il suffit d'aller à son bord pour qu'il le comprenne. Je n'y vais pas. Pas une seconde je n'imagine que je ne le retrouverai jamais, de l'autre côté de l'océan. Je n'ai eu aucun pressentiment, seulement du trouble. Celui de ne pas lui avoir parlé avant le départ. C'est peut-être sa mort, ou plutôt sa « disparition », qui me fait cet effet, à posteriori. Pourtant, à l'époque je me souviens d'en avoir été très gêné. Pris entre les lourdes exigences d'un bateau neuf portant tous mes espoirs, et celles d'une vieille complicité, la seconde me semblant donc pouvoir attendre. A quoi bon épiloguer, ce serait artificiel, un peu lâche.

Au départ, Manureva se traîne par rapport au reste de la flotte. Le trimaran est trop vieux, son capitaine handicapé, je constate que sa manœuvre est difficile. Qu'Alain soit en danger de perdre, c'est l'évidence, mais en danger de

Manureva..

mort, ceci ne m'effleurera même pas. Suite à de sérieux ennuis de radio sur Kriter, je ne l'entends qu'une fois durant la course, sur l'antenne de Radio Monte-Carlo. En verve, il met toute la gomme, du style « Mon bateau est comme le coureur sur la piste cendrée. » Je me dis, là il exagère quand même, il n'a pas changé quel marchand de soupe ! Et puis après, plus rien.

J'arrive quatrième, après avoir barré vingt-deux heures sur vingt-quatre, pendant dix-sept jours. J'ai perdu neuf kilos, j'ai pleuré, vraiment souffert. L'avance technique de ma machine superbe s'est retournée contre moi. Je viens de payer très cher sa mise au point trop hâtive. Malgré tout, je suis heureux, l'esprit bien lavé par la mer, après une traversée réussie coûte que coûte.

Le lendemain, le frère d'Alain se présente à bord, très inquiet, sans aucune nouvelle de Manureva. A cette époque, le système de repérage par satellite n'existe pas, la position des bateaux en course reste encore du domaine du mystère. Le silence radio prolongé du skipper de Manureva, qui trouble tant le frère de Colas, s'inspire selon moi de la tactique déjà légendaire de son maître à naviguer, Tabarly lui-même. Je réponds « Allez, t'en fais pas, nous avons tous des bateaux plus rapides que lui, il a peut-être eu des soucis. Attends au moins que le dixième soit arrivé, et là commence à t'inquiéter. Mais pas au quatrième, ou au cinquième... »

A considérer le rythme de la course, j'étais logique. D'ailleurs, dès que son frère me quitte, je n'y pense même plus.

Mais lorsque le dixième bateau coupe la ligne, Colas n'est toujours pas là. Son frère revient, complètement angoissé cette fois, il veut même déclencher des recherches. Je lui dis « Mais non, s'il a démâté, il arrivera dans les quinze jours... » En fait, j'ai une confiance absolue dans les capacités marines d'Alain, désormais. Sans le placer tout à fait au niveau de Tabarly, sincèrement je trouve injurieux que certains pensent encore à lui comme à un capitaine d'opérette, qu'il faut aller se dépêcher de repêcher à la moindre alerte.

Au nom de la réputation d'Alain, en résistant aux paniqueurs, aux braillards, aux imbéciles, nous perdrons déjà du temps. Lorsque les recherches commencent, je conserve pourtant encore la même assurance. Hélas, au fil des jours, cette confiance s'érode face à l'angoisse. La situation devient dramatique, même les plus solides d'entre nous en arrivent à se raccrocher aux espoirs les plus fous. Un matin, très tôt, le journaliste Jean Noli fait irruption dans ma chambre d'hôtel, en m'apprenant qu'un bateau naufragé est à la côte. Nous fonçons à la voiture, pendant un quart d'heure de route, nous nous répétons c'est Colas, ce ne peut être que lui. Evidemment, c'est faux. Ce sera simplement un brave plaisancier américain malchanceux...

Les parents d'Alain feront tout pour le retrouver, jusqu'à laisser intervenir des radiesthésistes, des voyants. Toujours rien. Alors, sans doute par besoin de compensation, surgit dans nos têtes l'idée la plus sordide qui soit. Celle d'une arnaque ! Se sachant battu, Colas se serait caché quelque part, il est sous contrat avec l'énorme magazine américain « Sport Illustrated », voilà, ce n'est rien d'autre, il nous a monté le coup de presse du siècle ! Pour resurgir bien vivant, à l'instant propice à sa propre publicité...

Le plus grave est que j'en arrive à le penser vraiment. Et je suis loin d'être le seul, parmi ceux qui le connaissent le mieux. Vis-à-vis des médias, il avait tellement pris l'habitude de ne s'embarrasser ni de scrupules ni de complexes... Je finis par rentrer à Paris, mais lorsque j'y rencontre Teura, c'est affreux, je découvre avec certitude qu'il n'y a jamais eu de coup monté. Dès lors, parmi ses

Manureva...

amis, nous devrions nous incliner, mais impossible, ce serait accepter sa mort, de plein fouet ! Au contraire, à ce moment-là je souhaite de toutes mes forces qu'il y ait une arnaque gigantesque, les autres aussi.

Sans limite, on lui pardonne tout, pensant il va réapparaître, il est vivant ! Quelles que soient les circonstances, nous arriverons à inventer une explication, nous mentirons, on le couvrira à n'importe quel prix ! Nous sommes plusieurs ainsi, à nous retrouver dans la position des parents d'un fugueur. Prêts à toutes les compromissions, pour que ce cauchemar cesse. Hélas, l'évidence de sa mort finit par s'imposer à nos esprits, dans toute sa clarté, sa cruauté.

Et juste au même moment, la curée des rumeurs, par presse interposée, s'empare du grand public. Touché avec un temps de retard, par l'hypothèse d'une escroquerie d'un nouveau genre, un naufrage publicitaire ! C'est ignoble. Mais sans surprise. Ses amis même les plus fidèles sont passés par ce triste symptôme. Celui d'accepter n'importe quoi, pour masquer l'inacceptable... Dans ces circonstances, la presse à sensation connaît son métier. Nous nous battons, affirmant qu'il n'est pas caché au Pérou, encore moins au fin fond du Venezuela ! Il a des enfants, une femme, des parents, c'était un homme d'une probité remarquable vis-à-vis de sa famille. Rien n'y fait, les élucubrations continueront à propos de sa « disparition » !

La plupart des gens s'étonnèrent, jusqu'au scepticisme narquois, du fait tristement exact que l'on ne retrouvera jamais rien, ni de Colas ni de Manureva. En pleine mer, c'eût été une chance inouïe de découvrir le moindre indice d'un bateau englouti, mené par un homme seul, et non l'inverse. Plus tard, en naviguant, j'y ai souvent repensé. A la trop fameuse question « Qu'est-il arrivé à Colas ? », celui qui prétend répondre serait un imposteur. Tout, hélas, a pu se produire. Trahi par sa jambe blessée, est-il tombé à l'eau ? En perdant soudain l'équilibre au cours d une manœuvre difficile ? En dérapant sur le pont ? Happé par une vague ? N'avait-il pas crocheté son harnais de sécurité. Pour gagner du temps ? Ou par inadvertance ? A moins que ce fût par dédain du risque, ce qui lui ressemblerait plus encore ? Une avarie de gréement l'a-t-elle contraint à monter dans la mâture ? Fut-il victime de cette ascension périlleuse, dont bien des marins, en possession d'une parfaite condition physique, ne redescendirent jamais ? Et si le handicap de son infirmité n'expliquait rien ?

Manureva a pu partir aussi en survitesse, s'éclater sous l'impact d'une déferlante ! Lorsque j'ai dû abandonner en catastrophe Kriter IV, victime d'une avarie très grave, si comme Colas j'avais été seul à bord, je coulais corps et biens avec mon bateau. Par chance, nous étions quatre, l'un à la barre, l'autre à la radio, les deux hommes restants coordonnant le sauvetage ! Un grand voilier blessé devient immédiatement meurtrier. On dirait qu'il s'acharne à vouloir la peau de l'équipage à bord. C'est alors la panique, et en solitaire l'enfer. S'en sortir dépend plus du hasard que de tout autre facteur.

La fatalité, voilà le plus obscène, sur la mer. Certains jours, elle semble si calme, si douce, si plane. En moi-même, je songe alors, si Alain avait eu ce temps-là, nous ririons encore ensemble, aujourd'hui. A dire vrai la mer n'est pas mauvaise en soi. L'auteur des drames, celui qui cache le mieux son jeu, le criminel auquel on ne pense pas, c'est le vent. Elle, passive, ne fait que lui obéir...

Parfois, en regardant les vagues, je me dis que malgré moi je suis sur la tombe de Colas, avec mon bateau, tout près. C'est émouvant. Je pense à lui, et à Dominique Guillet aussi, le play-boy de Newport que nous surnommions Gaya. Jusqu'à la mort de Dominique, lors de la première course autour du monde, j'ai cru que nous étions invincibles. Depuis l'enfance, nous connaissions la mer, sans

Manureva..

jamais penser qu'elle prendrait l'un des nôtres. Le jour où Gaya a « fait son trou », comme disent les vieux caps horniers, j'ai vécu cela comme une trahison. Dès lors jamais plus je n'ai pu regarder la mer pareil. C'en était fini de la compagne de nos jeux, ce matin-là, dans le Grand Sud, elle devint une affaire d'hommes.

Des années plus tard, mouillé dans un lagon avec un bateau de croisière, en grandes vacances, je vais nager au-dessus des coraux, la vie est merveilleuse, je rêve éveillé, admirant le lointain. Alors, tout là-bas, à contre-jour s'avance lentement le quatre-mâts d'Alain Colas, la symbolique est effrayante, le rêve d'un homme mort, disparu en mer se glisse à n'en plus finir le long de l'horizon, tel le fantôme d'une amitié, avant de disparaître à son tour, juste derrière le soleil...

V

LES TRENTE CHATS
DE BERNARD MOITESSIER

La toute première fois, je découvris la Polynésie à la fin des années soixante, dans une atmosphère pour le moins surprenante. Une variété de Club Méditerranée très privé, où les trois héros océaniques les plus célèbres et caractériels qui soient se trouvèrent réunis sur un même pont. Celui du ketch Mayliss, appartenant à un bourlingueur des atolls, Marc Darnois. Apercevoir côte à côte Eric Tabarly, Alain Colas, Bernard Moitessier, en train de changer tous les trois ensemble un foc, valait le coup d'œil !

Moitessier était le « gentil organisateur » de cette étonnante promenade de stars, destinée à la découverte des charmes ineffables des atolls. A l'approche de chaque lagon, le maître du cap Horn en solitaire nous harcelait d'un discours écologique, du plus haut intérêt. Moitessier reconstituait la Polynésie, en projetant d'y organiser partout une agriculture moderne, basée sur les principes de la révolution agricole anglaise ! Sans aucun complexe, avec un siècle de retard, il se prenait pour Cook. Evidemment tout ce délire d'activité tombait complètement à plat, à chaque fois, dans la moiteur des lagons. Cultiver, c'était travailler. Qui aurait accepté cela, bercé dans la douce langueur polynésienne ? Aucun des habitants ce n'était même pas imaginable.

Le fameux navigateur solitaire était un personnage mi-ascète, mi-rêveur, embarrassé d'une panoplie de chimères écologiques, un autodidacte à messages, avec beaucoup de charme. Tel les hommes qui ont longtemps navigué seuls, et le plus loin possible, l'intensité de son regard suffisait à apprécier sa force.

Ses discussions techniques avec Tabarly étaient inénarrables. Il lui disait « Moi, pour choisir un câble de mon mât, je le " touche " avec la main, je le caresse, je le sens, et alors je sais que c'est le câble que j'attendais, c'est " lui " qui m'était " destiné " »...

« Ah oui ? répondait Eric, abasourdi au début, je te comprends, je ne fais pas tout à fait pareil, mais je vois ce que tu veux dire, je... »

« Si jamais tu ne le " sens " " pas ", insistait Moitessier, c'est très dangereux, car alors tu te trompes de câble, le bateau n'est plus en harmonie, la mer ne l'aime plus, c'est le démâtage, le naufrage, c'est... »

« Ah oui ? s'étonnait Eric, je te comprends, je ne pense pas tout à fait comme ça, mais cela peut arriver, et... »

La confrontation était du dernier comique ! Tout se déroulait au niveau de l'instinct chez Moitessier, il ne supportait pas la moindre analyse logique. J'écrivis un article sur lui à l'époque, en le traitant de hippie ! Il en était réellement un, mais au joli sens du terme. Son schéma mental correspondait à l'éclosion des années soixante-quatre-soixante-cinq, où les gens pensaient « Il faut vivre pour vivre, la technologie nous ennuie, nous éloigne trop de la poésie, l'aventure est ailleurs, le destin de l'homme doit s'accomplir au-delà, dans l'union sacrée avec la nature. Respectons la Terre nourricière, et la Mer qui l'est aussi, avec ses poissons et ses algues, vivons en harmonie avec les forces suprêmes... »

Tabarly, Colas et moi étions à l'antinomie de cela, nous les « bêtes de course », avec une machine de compétition en aluminium, bourrée d'électronique dernier modèle à bord ! Sur Joshua, le voilier de Moitessier, en guise de mâture se trouvaient des poteaux télégraphiques, comme gréement des câbles EDF aussi, l'Electricité de France était le grand armateur de ce navire, Bernard étant l'inventeur du bateau « récupéré » ! Avec Eric, nous avions rêvé un voilier dont l'unique fonction fût la performance. Moitessier naviguait sur la même mer que nous, mais comme au ralenti, selon une approche diamétralement opposée.

Cependant, il reste un grand marin, ayant réussi des traversées de belle qualité. Son premier tour du monde constitue encore un record, à mes yeux. Ne serait-ce que par le simple fait qu'il y parvint à bord de son bateau, une sorte de coffre-fort flottant, qui allait sur la mer, à la vitesse d'un escargot, mauvais par tous les temps, avec des formes et des concepts d'il y a mille ans, appliqués à l'acier.

Comme capitaine, il était gai, amical, presque enfantin parfois, jusqu'à la tendresse. Un peu éclaté aussi, car je pense que l'on paye toujours sa solitude. A long terme, empêchant les échanges extérieurs de pensée, elle ôte toute censure, laissant la porte ouverte aux divagations, aux folies douces. Lorsque Moitessier vivait en Polynésie, il m'apparut comme un marin un peu échoué, entre un retour en Europe dont il ne voulait pas, des souvenirs d'adolescence au Vietnam dont il se détachait encore moins, et surtout un tour de monde à la voile tout au fond de son cœur, dont la nostalgie le troublait toujours. L'ensemble formait un mélange assez spécial, contradictoire, il était ravi d'être connu, et terrorisé d'être un homme public. Pour s'en cacher, par compensation, il affichait une sûreté de jugement et d'idées, jusqu'à devenir un redresseur de torts, un rédempteur !

« Oh, ma mission... » fut le leitmotiv de ses déclarations, il écrivait un livre, et donnait ses droits d'auteur au pape, alors que sa famille en France manquait de tout. Au fond, il avait choisi de fuir, en franchissant ce pas, il fut suivi comme un modèle, par un grand nombre d'individus à bord de bateaux similaires à son célèbre Joshua.

Je fus toujours opposé à son message de la fuite, on ne quitte pas le monde des hommes, en emportant le travail des hommes. « Tout lâcher », en partant avec un voilier en acier, signifiait que d'autres acceptèrent d'abord de ployer les tôles, de souder, d'assembler, de construire. Ceux-là étaient demeurés sur place, cela l'arrangeait de les oublier, en philosophant le long des plages sublimes du Pacifique...

A Papeete, il joua de plus en plus le rôle d'agitateur respecté car il était un marin célèbre, mais aussi agaçant tant ses appels pour sauver la mer et les cocotiers se répétaient. Il s'embarqua si loin dans ce mécanisme que ce qui lui arriva fit crouler de rire la moitié de Tahiti.

C'était exact, très réel, il existait un problème sérieux sur les atolls. Les rats mangeaient les cocotiers. Pour l'éviter, on baguait les troncs des arbres d'une plaque de tôle, à une certaine hauteur. Lorsque les rats rencontraient l'obstacle, ils patinaient sur le métal, et ne pouvaient accéder aux noix de coco. Hélas, ne serait-ce qu'en raison de l'indolence locale, tous les arbres étaient loin d'être protégés ainsi. Moitessier, précurseur de l'écologie tous azimuts, embarqua une trentaine de chats à son bord, appareillant de Papeete en proclamant « S'il y a des rats, moi j'amène des chats, je vais tout révolutionner, les Polynésiens n'ont rien compris à la vraie vie sauvage ! » Il se trouvait plus sauvage et plus polynésien que les Polynésiens eux-mêmes. Dans son esprit, c'était tout juste si un simple clou, déjà métallique, donc trop civilisé, ne devrait pas être interdit, dans ce paradis...

Il partit vers les îles et débarqua, si ma mémoire est exacte, sur l'atoll d'Aë. Les rats n'avaient qu'à bien se tenir, il lâcha d'un seul coup tous ses chats ! En oubliant que ces félins, transplantés d'une ville où ils survivaient en fouillant les poubelles, n'en trouveraient aucune à Aë, assez désertique. Ces malheureux se retrouvèrent en perdition, s'acclimatant péniblement à la sauvagerie régnante. C'est fort connu, les rats font face à n'importe quelles circonstances, en s'adaptant à toute vitesse. De plus, ils avaient vécu là toute leur vie, ils n'étaient pas perdus. En fait ce furent les rats qui mangèrent les chats. Et les cocos. Les rats dévorèrent tout ! Le résultat final fut même pire qu'auparavant, car les rats mangeant de la viande, prirent des protéines, et devinrent énormes, se reproduisant encore plus vite ! D'où une attaque redoublée sur les pauvres cocotiers...

Lorsque Moitessier revint à Papeete, il me déclara « Les Polynésiens n'ont rien compris à ce que j'ai tenté » ! C'était lui qui s'était trompé de bout en bout, il n'y avait jamais rien eu à enseigner aux Tahitiens, dans le domaine de leur mode de vie.

Mais envers et contre tout, il continua, devenu un apôtre agricolo-rupestre ! Moitié Rousseau, moitié marquise de Sévigné... De plus en plus cocasse, par opposition entre l'être maritime exceptionnel, parvenu au bout de son âme, grâce à ses luttes en solo face aux mers les plus dures ? et ses discours utopiques durant des heures entières, prônant le rejet du métro, dénonçant le pourrissement généralisé de notre civilisation ! Je me souviens encore de sa fameuse théorie, envers « notre monde foutu dans tous les cas, sans avenir, infect » dans lequel « il ne faut surtout pas procréer, car tout était condamné à très brève échéance... »

Un jour à Moorea, j'aperçus un bateau au loin, la scène était touchante, évoquant à s'y méprendre le style « promenade d'amoureux en barque, un dimanche après-midi de printemps ensoleillé au bois de Boulogne ». L'homme ramait, et une femme était assise derrière lui, tout à fait sous le charme de sa séduction et de l'évolution du petit canot, sur l'eau. Des rumeurs couraient sur le flirt de Bernard, avec une jeune femme ayant quitté l'Europe, à l'époque du boom calédonien. Non pas pour y chercher fortune, mais simplement un ailleurs, avec de l'oxygène. Dès lors, je savais à quoi m'en tenir.

Et dix mois plus tard, conséquence naturelle de la charmante balade, elle accoucha de deux jumeaux, dont un malheureusement mourut à la naissance. Voilà notre Moitessier le séducteur, se retrouvant le père — reconnaissant, reconnu, et l'ayant admis — d'un nouvel enfant... Alors, commencera l'odyssée de l'écolo et de son bébé, nous assisterons à des scènes fantastiques. Sur les quais, dans les rues de Papeete, nous verrons passer Bernard en paréo, empli d'amour et de tendresse. Il transporte fièrement une boîte en carton, avec son bébé qui gazouille, couché à l'intérieur. Les flancs du « berceau » portent en grosses lettres « Beurre de Nouvelle-Zélande » ! Jusqu'au bout, il adhérera à son adage « Je récupère, c'est pratique et c'est pas cher ! » Pourtant, personne ne se moquera de lui. On le sait au-delà de ces apparences, en dépit de ses prophéties d'apocalypses, le monde ne s'était pas écroulé, il se retrouvait père, dans la contradiction la plus totale avec son « message », comme toujours. Mais non moins digne, avec la stature de ceux qui firent face au cap Horn tout seuls, dont peu importaient les lubies à terre.

Mes vacances polynésiennes, à bord de Mayliss et son équipage de stars de l'écume, s'interrompirent brutalement à l'île de Raiatea. A la suite d'un incident à priori banal une rage de dent. Comme je l'attribuais aux conséquences d'une pratique répétée de la plongée sous-marine, je me rendis chez l'homme médecine local, tout au plus un infirmier, pour lui montrer ma mâchoire. Son diagnostic ne se fit pas attendre, « Faut arracher, il n'y a rien d'autre à faire ! » En Polynésie, dans les endroits un peu reculés, c'était la régression instantanée au Moyen Age. Dès que ça faisait mal, l'arracheur de dents intervenait, rapide, efficace, et... définitif ! J'ignorais tout, quant à moi, du raffinement de cette coutume, et confiant je me laissais faire. Dans les heures qui suivirent, le sang continua de couler après l'extraction, ce qui me parut curieux, car normalement cela doit s'arrêter très vite.

Je refusais de prendre l'incident trop au sérieux, pour ne pas ennuyer tout le monde, j'en avais vu d'autres, isolé en pleine mer. La journée passa, et le sang coulait, coulait encore, sans discontinuer. Je sombrais progressivement dans une espèce de torpeur, qui m'empêcha de plus en plus de réagir. J'espérais toujours que ça allait stopper, mais à la tombée de la nuit, j'étais si affaibli que Didier Millet, un ami qui nous avait rejoints à bord de Mayliss, se douta de quelque chose.

Il trouva un avion, et me ramena à Papeete, direction immédiate l'hôpital, où nous arrivâmes tardivement, dentistes et médecins étant déjà partis. A nouveau, je me retrouvais aux mains des infirmiers, qui se contentèrent de me mettre des compresses. Je continuais à perdre mon sang, complètement isolé dans cet hôpital du genre colonial, oublié à l'intérieur d'une sinistre chambre carrée, aux murs peints en vert glauque, vertigineusement hauts, où résonnaient les bruits étranges des animaux nocturnes. Je sentais que je me vidais, cela ne cicatrisait toujours pas, l'épuisement m'amena au bord de l'hallucination.

J'eus soudain la certitude que j'allais crever. Mais il me restait l'instinct, je me dis « Je ne vais pas y passer dans cette espèce de saleté de piaule lugubre, je veux revoir ce que j'aime par-dessus tout, je veux aller mourir au bord de la mer, face aux vagues. » Cela devint une obsession, le cerveau embrumé, à tâtons, j'arrivai à m'enfuir de l'hôpital. Pendant ce temps, Didier se battait au téléphone avec le gouverneur, pour réveiller un médecin militaire, obtenir d'urgence des chirurgiens, mais je l'ignorais.

En titubant, je me dirigeai vers le port, à une heure et demie du matin dans Tahiti désert, me répétant qu'il n'y avait plus d'espoir, sans en faire un drame d'ailleurs, je désirais simplement choisir l'endroit où je voulais finir... Je n'allai pas bien loin, à cent mètres de l'hôpital, Miller me récupéra avec une ambulance, en me chargeant à l'intérieur, je vomissais ce qu'il me semblait me rester de sang, juste avant de m'évanouir.

Quarante-huit heures après, je me réveillais à l'hôpital militaire, avec des bouteilles partout comme dans les films, c'était le grand jeu, cette fois je trouvais que le corps médical local exagérait ! Pire, je découvris qu'ils m'avaient cousu la mâchoire, afin d'empêcher le sang de couler, en serrant les chairs. J'étais furax, je n'en pouvais plus de ces charlatans. En fait, ces précautions prises étaient nécessaires, car j'avais le scorbut ! C'était pour cette raison que mon sang ne coagulait plus. La cause en était aussi simple qu'idiote, depuis deux ans je n'étais pas rentré en Europe, je n'avais mangé que du riz et du corned-beef, et puis... du corned-beef et du riz ! Jamais de légumes frais ni de fruits, car nous n'avions pas d'argent pour nous en offrir. Insidieusement, mois après mois, même si ma constitution physique restait bonne en apparence, car nous vivions au grand air le scorbut m'avait miné de l'intérieur.

Malgré cet avertissement, je décidais de rester en Polynésie, la seule pensée de revoir Paris m'ennuyait profondément. Sans m'égarer dans le « trip écologique » si cher à Bernard Moitessier, j'étais fasciné par le monde des atolls. Et surtout, je n'avais pas envie de rentrer, contraint alors aux commentaires de mes absences. Je n'éprouvais aucun désir de parler, de jouer au grand voyageur de retour, exotique à souhait, ayant tout vu et tout connu, même le scorbut, cette espèce de Légion d'honneur de l'aventurier professionnel.

Par chance, tout s'enchaîna sur place, grâce à Didier Millet encore, qui montait les Editions du Pacifique. Didier m'embarqua dans ses aventures d'éditeur, avec une poignée de copains. Je connaissais bien la photographie, pour la pratiquer en free-lance dans les revues nautiques françaises. Possédant des Nikon, je fus bombardé grand reporter, un mois à l'île de Pâques, ensuite aux Fidji, le lendemain en Nouvelle-Calédonie, pendant près de deux ans, par étapes de six-sept mois, je me baladais partout pour réaliser des livres de photos. Nous avions des billets d'avion en veux-tu, en voilà, l'histoire avait un côté pieds nickelés du déclic, mais les bouquins connurent le succès, ils se vendent toujours d'ailleurs. Devenu photographe professionnel, je gagnais de l'argent, quoique avant tout il s'agisse d'un « coup » fabuleux, pour visiter de fond en comble le Pacifique.

Et ce fut la belle vie, enfin très loin de tout. Je ne donnais plus de nouvelles à personne, lorsque je reverrai mes parents bien après, ils m'affirmeront qu'ils me croyaient mort, ou caché quelque part, après avoir attrapé la lèpre, enfin que des inepties de ce genre... Moi, je ne me cachais pas. J'étais vraiment parti. J'avais coupé les ponts.

En fait, je fus comme envoûté par la magie de la Polynésie, la magnificence du décor ! Subjugué, et en même temps j'appris à m'en défier. C'était un piège. Nous les Bretons, nous sommes des Celtes, des hommes d'une autre terre, nous n'avons rien à faire en pays tropical. Il nous faut du mauvais temps, un univers salé, où l'on prend des rafales de vent glacé sur nos gueules. On ne peut pas vivre au milieu des fleurs et des filles. Ce n'est pas notre destin, nous avons besoin de combats. Depuis l'aube des temps, nous nous bagarrons contre la nature, nous luttons. Il nous faut des choses à accomplir, à transformer, à surpasser même, pour que ça bouge. Là-bas, à l'ombre des cocotiers, quelque part en moi, je me sentais mal à l'aise.

Pour la première fois de mon existence, je me laissais vivre. Et de mois en mois, je me sentais fautif de m'abandonner à la Polynésie, sans que rien ne me résiste, sans qu'il y ait la moindre chose à chercher, ou à tenter... Les jours passaient en rires, en fêtes, et à boire comme des trous. A la fin, je n'en pouvais plus, j'étais ensuqué, le rythme de ce plaisir à perpétuité me révulsait.

Mais j'étais encore tellement « capté » par la Polynésie ! Je passais des heures à regarder les lagons, la végétation, éprouvant une authentique histoire d'amour avec ce pays, mêlée d'une véritable haine, simultanément... J'étais si furieux contre moi de me voir ainsi hypnotisé, absorbé par ce Pacifique, que je finissais par le détester. Et en même temps, je redoutais d'en partir, car je n'ignorais pas que — où que je me rende ensuite — ce serait toujours moins beau. J'étais piégé.

Cela me rendait mal dans ma peau, j'en garde le souvenir d'une époque aigre-douce. Mais fascinante aussi avec le cœur qui chavire, face à ces éclairages inimaginables, inracontables, des levers du jour jusqu'aux couchers du soleil, toutes les heures étaient si somptueuses, si vibrantes de pure beauté, que je regrettais parfois de ne pas être né là, dans un atoll. A certains moments, j'aurais voulu être tahitien, me fondre dans ce pays. Disparaître.

Lorsqu'il pleuvait, les odeurs devenaient entêtantes comme pendant mon enfance en Bretagne où, petit, j'avais le nez très près encore des herbes et de la terre. Adulte, en Polynésie après l'ondée, il y avait cette même sensation de végétation brusquement éveillée, car les odeurs étaient si violentes qu'elles emportaient la tête. Ces instants là, je devenais plus encore amoureux de ce pays, sous le joug d'une émotion si puissante, si forte, qu'elle me touchait viscéralement. Jusqu'au ventre.

Mais je n'y restais qu'un greffon. Je n'étais pas de là-bas, pas de ces atolls. Et à l'image de la plupart des greffes, un jour après l'autre, je me rejetais, et j'étais rejeté. On ne peut s'abandonner totalement à une culture qui n'est pas la sienne. Ni même se transformer en un hybride de Tahitien breton, ou l'inverse. D'une certaine façon je l'avais tenté, avec dignité, sans préméditation, de la manière la plus naturelle possible. C'était pourquoi, sans doute, cette forme de fusion semi-volontaire fut si forte. Mais elle évolua hélas très vite vers une impasse. Un paradoxe. Plus j'allais profondément vers la Polynésie, plus elle me digérait, plus elle me mangeait le cœur.

Pourtant j'ai gardé des souvenirs de brillances inouïes, une bouteille de rhum à portée de main, en buvant par petits coups, emporté par la magie du spectacle comme je ne le fus plus jamais, sur aucune autre terre au monde. Les nuits de pleine lune, les cocotiers scintillaient, il était presque possible de lire au-dehors, tout en écoutant le bruit du lagon, la mer sur les récifs.

Là-bas, cela me rappelait le bruit d'un train, et je le jugeais parfois grossier, face à cette nature parfaite. Maintenant, en Europe ou ailleurs, c'est l'inverse qui m'arrive toujours. Lorsque j'entends les trains passer, ils me rappellent le bruit du lagon. Et parfois je dois me raisonner pour ne pas foncer vers un aéroport, repartir immédiatement vers les atolls.

Je me suis tellement « défoncé » avec ce pays! Pour moi il devint comme une drogue. Les Polynésiens emploient l'expression « piqué au tiaré » pour désigner cet état-là. Le tiaré est une de leurs fleurs. Il fallait que je me chasse moi-même de ce paradis mais rien à faire, je n'y parvenais pas.

Parfois, je me disais : « Allez, prends une pirogue, va sur le lagon, ce sera la toute dernière nuit, ensuite tu partiras... » Je mouillais à cent mètres du rivage, je mangeais un morceau de pain, et un peu de corned-beef. Puis je m'allongeais, les yeux perdus dans la Voie Lactée. De la musique venait toujours de terre, mais pas celle d'un disque, ni d'un orchestre. Celle des natifs de l'atoll qui jouaient, avec l'ukélélé, les guitares, cela survenait par bribes au-dessus du lagon, comme des boules molles de coton rebondissant sur l'eau diaphane, jusqu'à s'infiltrer, selon une résonance extraordinaire, dans l'oreille.

Avec des voix de femmes surtout, car ce sont elles qui chantent et qui dansent, les hommes ne font que les accompagner, la Polynésie étant une contrée femelle, où le matriarcat domine, tout-puissant.

Au petit matin, je m'éveillais dans un bleu presque indescriptible, si total et tendre, juste avant que la lumière ne commence à manger les couleurs. Face à moi, la montagne absolument verte tombait à pic, jusqu'à ras de l'eau turquoise. Au loin, à l'intérieur des terres, un Polynésien devait faire brûler des feuilles de niaou, la fumée de son feu montait droite, tel un trait d'un noir de jais, incroyablement rectiligne, rayant de part en part le ciel vierge.

Le calme était si absolu, que l'évidence d'être dans le nombril du monde, « pito » en tahitien m'envahissait d'une manière irrémédiable. Si loin, comme balayées étaient mes intentions de fuite, de retour à l'Europe.

Dans ma mémoire, les cinquante images les plus fortes, lorsqu'elles ne sont pas de haute mer, demeurent celles de Polynésie. De l'exubérance de sa végétation qui débordait partout, gorgée de sève, jusqu'à s'abandonner à l'eau, en finissant par tomber à même dans le Pacifique, les verts vifs s'entremêlant à l'émeraude.

A soixante milles de Tahiti, en arrivant du nord, si le

vent soufflait du sud, l'air soudain devenait gras, lourd comme après un orage en été, c'étaient des odeurs sexuées, torpides, le corps bien avant l'esprit savait que l'île d'un paradis s'approchait.

D'innombrables fois, je marchais entre les lagons et les montagnes. En remontant les vallées criblées de rivières transparentes, chantantes, se muant sans cesse en cascades impromptues, où au hasard de leurs désirs les Tahitiennes aux corps superbes, aux épaules larges, aux cheveux merveilleux, se baignaient en s'éclaboussant de rires et de gouttelettes d'écume.

D'innombrables fois encore, durant chacune de ces journées d'errance au cœur de l'éden, je m'asseyais pour me dire : « Là, je vais construire ma maison, c'est fini j'ai trouvé, je vais rester ici pour toujours ! », tellement le sublime était irrésistible, comme nulle part ailleurs. Il m'est arrivé de sentir mes genoux plier devant toute cette beauté, me forçant à m'immobiliser pour la contempler tant j'étais ébloui

Certains matins, je me livrais au seul hasard, à une unique direction, celle de la course du soleil, ne suivant que le miroitement des lumières, et l'écho complice des ombres, j'avançais au gré d'un kaléidoscope fabuleux. Avec une fascination telle que les paysages même les plus admirables passaient au second plan, comme laissés en réserve pour le chemin du retour, optiquement, sensuellement, j'étais déjà comblé.

La Polynésie est le seul pays au monde que je n'ai jamais surpris en train de se laisser aller à la laideur. Je la connus piquetée de crachin, noyée sous la pluie, striée par les orages, énervée par le vent, assouvie par son calme, mais sans cesse sublime. Parfois, en Bretagne, certaines mers de février ont de bien sales gueules, des têtes de pouffes. En Polynésie, si cela vire au gris, c'est seulement afin de changer de couleur, jamais pour faire du mal, c'est encore superbe.

Et les fêtes... Celles données par des amis, et les autres, une quarantaine d'invités par exemple, dont... trente musiciens ! A nouveau la nuit chante, la Voie Lactée semble tomber dans les yeux des Tahitiennes, à moins que ce fût l'inverse, je ne l'ai jamais su. Des torches sont plantées dans le lagon — qui est une mer pour jouer, sans aucune vague —, toute la nuit elles brûleront, leurs reflets ondulant sans fin à l'image des corps des danseuses du rivage. A l'aube, éteintes mais encore enfumées, leurs panaches assombris escaladent l'azur, à nouveau il y a ce noir de jais, rayant toute la hauteur bleutée du ciel, pas un souffle d'air dans l'image, à l'instant même la lumière a comme une odeur. C'est « Pito » encore, le nombril, le centre de tout, de l'univers, de ce monde et de bien d'autres, de soi aussi, tout s'arrête dans les corps et les cœurs, comme stupéfaits de beauté, cognés par l'absolu.

Que signifiait l'Europe alors, avec son cartésianisme, ses jugements, ses combats, ses intellectualisations ? La tête, rien que la tête, encore et toujours... La Polynésie, elle s'insinuait dans la chair, c'était l'essence... Pas de térébenthine... L' « Essence »...

L'Europe, mais ce sera en permanence la lutte d'un homme, pour essayer de rendre un peu moins moche l'entourage. On construit des palaces là-bas, en Polynésie, quatre feuilles, deux troncs de cocotiers, la maison est bâtie, c'est alors un palace aussi, tant dehors est si beau... Le plus magnifique plafond du château de Versailles n'atteindra jamais la splendeur d'un ciel polynésien. Certes, l'Europe est souvent belle, mais par compensation. On y est obligé de « décorer », pour que ça passe !

Pourtant, étant un Européen, un Breton, fait pour se battre, pas pour s'ensuquer, même si mes sens m'y poussaient, ma tête fut la plus forte, et je revins en France. Afin de sauver mon âme, selon l'expression consacrée. Mais pour tout vous avouer, j'avais vraiment eu envie de la perdre. Peut-être ce qui me tira d'affaire fut ma volonté opiniâtre de rester un nomade, quoi qu'il arrive. Je me suis toujours senti de passage sur la Terre, acceptant de ne me fixer nulle part. Persuadé que le seul rôle viable est celui de visiteur de cette réalité, d'être le touriste de sa vie, sans cesse curieux, en mouvement, étonné, cherchant toujours à la comprendre, et parfois aussi, même un peu trop souvent, à l'oublier...

Dans ces atolls, j'avais vécu avec une fiancée tahitienne, il nous fallut nous séparer. Eternel problème des hommes de mer... La première question que se pose une femme à leur sujet sera : « Combien de temps vont-ils rester ? » Eux savent que s'ils s'attardent, ils risquent une fois de plus de perdre leur fameuse « âme ». Mais s'ils s'en vont, rien ne peut s'édifier. Cela me fait songer au superbe vers de Socrate : « Il y a les vivants, les morts, et ceux qui vont sur la mer ! » On part toujours. Il est très difficile pour une femme d'avoir une relation avec un homme qui va sur l'océan. Déjà, il en éprouve une autre source de magie qu'elle. Donc dès le début, les dés sont pipés, elle ne sera pas à tout coup la gagnante. Et si je connais beaucoup d'hommes de mer qui ont réussi à se passer de femmes, je n'en ai rencontré aucun qui soit parvenu à se passer de la mer. La lutte étant trop inégale...

Et puis, je n'ai jamais confondu ma passion pour cette Tahitienne avec celle que je portais aux atolls, qui l'avaient vue naître. Une femme n'est jamais aussi absolue qu'un paysage. Installé là pour toujours. Incontestablement superbe, détaché, passif. Offert à tous les yeux qui l'observent, et en vivent. L'amour pour une femme n'est qu'une projection unique, individuelle. Généralement momentanée, hélas, parvenant à la rendre sublime à notre seul esprit. Sans avoir forcément de rapport avec ce qu'elle est, réellement. Un pays demeure au-delà, bien à l'abri de nos chimères.

S'il est exact, et merveilleux, qu'une femme puisse engendrer des moments d'intensités fulgurantes, incroyablement émouvants, cela n'atteindra jamais la force que peut offrir la mer. On est toujours complice de sa fascination par un autre être. Avec la mer, il n'en sera jamais question. L'homme s'embarque, victime ou pas, elle s'impose. On peut se préparer à être séduit par une femme. L'accepter. Avec la mer, il n'y a rien à accepter, ni à refuser. Elle est là, elle nous emporte, et c'est fini. Où est l'issue ? Il n'y en a aucune !

Pourtant, ensuite, lorsque le marin retourne à la terre, il dépendra de la femme — à nouveau — plus que tout autre homme. Il est l'errant qui aborde une contrée, dont la femme est toujours détentrice des clefs profondes, des rites et des décors. Elle devient pour lui l'initiatrice, la traductrice des choses. Elle seule peut lui faire passer la frontière, après la dernière vague, l'introduire dans ce monde du stable, où il aura si souvent — malgré tout — la sensation de l'étranger, venu y dérober une atmosphère, tel le pirate d'un monde créé par d'autres.

Je rentrais en Europe, par un interminable vol en charter, qui à l'époque ne coûtait pas très cher. J'atterris à Bruxelles en mars, persuadé que le printemps m'attendait. Evidemment, l'hiver sévissait encore. Lorsque j'aperçus ce pays atroce, cette grisaille, j'éprouvai la sensation de quelqu'un qui, prenant son élan pour plonger, s'aperçoit trop tard que sa piscine est vide ! Entre : « Oh mon dieu comment suis-je tombé si bas ! » et « Plus dure sera la chute ! »...

Je suis arrivé à Paris extrêmement mal à l'aise. Sans un sou, sans un job, sans un embarquement, sans une fiancée. Avec une seule chose dans l'esprit : tenir. Je savais qu'il ne fallait pas que je reparte. Dans les rues, j'ai retrouvé les odeurs d'hiver que je déteste, l'espèce de couac appelée lumière du jour ici, insoutenable après l'incandescence polynésienne. Et la pluie, avec son parfum de crotte de chien, qui après avoir vainement tenté de laver la merde du ciel d'où elle tombe déjà sale continue à laver la même merde qui se trouve sur les toits, la même merde qui coule dans les gouttières, la même merde à même les bagnoles, avec un seul but final, salir de la même merde les bottes du marin, qui fait front à la merde. Ah, je me cramponnais, si souvent à Tahiti je m'étais dit que je paierais tôt ou tard ces années de vie où le plaisir aura été la première démarche, dans ce pays où même les gouverneurs, partis autrefois avec des casquettes, en revenaient d'une manière ou d'une autre, en paréo. Dévorés !

Mais j'en avais assez de subir, je voulais attaquer. La beauté en Europe c'était l'action, le « Faire » comme combat gratifiant, intellectuellement, et même esthétiquement. Un homme doit être capable de maltraiter son âme, de temps en temps, voilà la meilleure façon de bien en user. A Papeete, absorbé sans cesse par un absolu d'accès devenu au fil du temps — sinon aussi facile — non moins coutumier que le métro, c'était hors de question ! Par contre, j'y avais compris l'impossibilité de vivre en récepteur d'émotions, uniquement. Sans l'alternance avec l'activité, même le plus enchanteur des contes de fées dérapait dans le cauchemar. Pour la recherche de l'équilibre subtil, entre émotion et action, l'une et l'autre ne devant pas se prolonger trop, ni dans le suicide cardiaque ni dans le végétal contemplatif, l'Europe semblait idéale. Et puis, peu importaient les risques, à tout prix je voulais rentrer dans l'orchestre, même au dernier rang s'il le fallait, même comme joueur de triangle, frappant un seul coup durant le concert, l'essentiel étant d'y être...

Je voulais jouer le jeu, que mes petites cellules cérébrales bougent enfin, qu'elles créent, qu'elles inventent, qu'elles s'amusent, qu'elles s'affolent, qu'elles grandissent, mais les six premiers mois d'un homme en quête du normal, revenant de Polynésie, sont harcelés de nostalgie. Soudain, au coin d'une rue étriquée, l'immensité du Pacifique m'envahissait de plein fouet, le « maramu » se levait dans ma tête, ce vent courant depuis les côtes du Chili, jusqu'à l'Australie, sur des milliers de kilomètres de mer absolument vide, où la terre n'était qu'un accident ponctuel, nommé Micronésie, Polynésie... Au coin de la rue de Seine et du boulevard Saint-Germain, je le revoyais souffler sur cet Empire de l'Eau où la sensation d'éternité se mêlait à la brillance fantastique des vagues en voyage, depuis mille ans... Deux mille ans... Dix mille ans... Plus moyen alors de s'échapper de ce vertige.

Pour me forcer à sourire, je repensais à mon copain Léon, qui occupait là-bas le poste on ne peut plus officiel d' « inspecteur des fournitures de l'enseignement scolaire ». Avec sa goélette, il parcourait ce Pacifique pour aller livrer dans les atolls des crayons et des gommes. Il se vantait un peu trop souvent, mais à juste titre pourtant, de détenir le record mondial absolu du prix de revient d'une plume Sergent-Major ! C'est ce qui le perdit, aux yeux de l'administration. Il dut se reconvertir, comme steward.

C'est avec lui que j'étais allé aux Marquises, à l'époque il n'y avait pas d'aéroport, il fallait cinq ou six jours de mer pour les atteindre. C'était un univers tout entier isolé du reste du monde, avec ses reliefs en forme de pain de sucre — un peu comme à Rio —, une flore trépidante de couleurs, des vallées inouïes, demeurées presque intouchées. Là, les cabrioles des chèvres sauvages suffisaient à combler le regard, à ôter l'esprit un peu solennel de la découverte d'une nature virginale, où d'évidence la main humaine — toujours acharnée à arranger, à transformer — n'était que peu intervenue. En fait, quand il n'y a jamais eu homme quelque part, la végétation y est là comme un peuple. les arbres ont des figures d'habitants, leur matière ressort, ils deviennent des personnages.

Je n'aime pas trop les chanteurs, mais Jacques Brel a toujours été plus que cela pour moi, je comprends très bien qu'il se soit rendu aux Marquises, dans ses derniers moments. Il y est allé revivre pour mieux mourir, et la magie du Pacifique coïncide étrangement avec ce paradoxe. Gauguin l'a précédé, j'ai visité sa tombe aux galets peints de blanc, de là, l'on domine un paysage suprême, et j'ai été ému. Les cimetières sont des scandales à mes yeux, des impostures, les enterrements me paraissent ridicules, une fois que l'esprit a quitté le corps, que l'individu est mort, la viande n'est plus bonne qu'à jeter aux chiens. Pourtant là, on sent que Gauguin fut placé à cet endroit précis avec la connivence des Marquisiens eux-mêmes, le peintre représentant quelque chose pour eux. Ce n'était ni un corps, ni même une âme qu'ils conservaient là, mais un regard, sur leur paysage, que ce voyageur leur avait apporté, et que la nature elle-même leur redonnait. Sans rapport aucun avec le grotesque du panthéonesque, le Panthéon, pour moi qui n'ai jamais rien compris au culte des morts, est un monument infect. Des tonnes de pierres sans fenêtre pour abriter du vide, où même les vers de terre — les seuls intéressés par les protéines des cadavres — ne peuvent acheter de tickets pour visiter.

Le seul accroc que j'ai connu avec le Pacifique se produisit au contact de l'île de Pâques. Je l'abordais comme sujet de photographies, pour les Editions du Pacifique, ayant refusé auparavant de lire aucun livre à son propos, afin de la découvrir d'un œil neuf. Nous avions commencé par chercher longuement cette île célèbre et mystérieuse, notre avion rasant dangereusement les vagues, car les Américains s'affairaient à enlever la balise d'atterrissage. Nous finîmes par la repérer, lorsque nous nous posâmes, cela ressemblait à une Bretagne un peu pelée. Les plus grandes statues ne dépassaient guère cinq-six mètres de haut, sept mètres par exception. En fait, à peu près la taille des grands menhirs, chez nous. D'accord, il y en avait une qui atteignait vingt mètres, mais elle était sculptée dans la montagne, dont elle n'avait jamais été extraite. Un mois entier, je restai à fouiller partout, sans jamais être ému, ni même avoir perçu quoi que ce soit d'original. L'île elle-même s'avéra plutôt moche, avec des chevaux sauvages tout maigrichons, une exploitation agricole banale, et un village où nous logions chez l'habitant, à défaut d'hôtel, encore à l'état de projet.

A l'île de Pâques, je me suis vraiment ennuyé. Il y faisait froid, la population était vilaine, dégénérée, à cause des incursions antérieures des baleiniers en bordée, génétiquement imbibés d'alcool et de tout le reste, personne ne rigolait dans les bistrots de l'île de Pâques, la flottille du pays se résumait à deux bateaux de pêche ringards. Tout de même, ce fut le seul endroit au monde où j'aurai vu un chien faire 800 mètres pour pisser sur la roue d'un Boeing, je crois que ce fut le rare moment ou j'y ai ri !

L'unique rencontre intéressante fut celle d'un mi-Espagnol, mi-Tahitien, qui se nommait Chavez. A l'entendre, il n'avait vécu qu'une aventure dans sa vie, celle de quitter l'île de Pâques en volant — il y avait trente ans de cela — le canot à rame de la « Guardia Civil »... pour aller à Tahiti ! Lorsque je lui demandai pourquoi, il me répondit « Mais pour aller voir l'eau qui court... ». A l'île de Pâques, il n'existe aucune rivière. Et d'après lui Papeete signifiait « Eau plein ton panier » ! Dans son esprit, c'était cette légende de l'eau qui avait bercé toute son enfance, et sous son influence, à dix-huit ans, il s'était enfui avec un comparse, pour réussir une incroyable traversée de plusieurs milliers de milles, afin d'aller voir l'eau qui tombait en cascades !

Quant à moi, dans des conditions malgré tout nettement moins rocambolesques, j'avais fait à l'envers des milliers de kilomètres, pour aller voir dans son île des statues censées être tombées du ciel ! Il m'en donna deux caisses d'ailleurs, qu'il sculptait dans des morceaux de bois. Je revins avec à Tahiti, pour les enterrer, afin de les vieillir. Après, il me semble les avoir vendues, ou bien données, je ne m'en souviens plus. Certaines d'entre elles étaient remarquables, aujourd'hui je regrette de ne pas en avoir gardé une, en souvenir de Chavez, et des quiproquos fabuleux qu'engendrent les légendes, de peuple à peuple...

Ensuite, je découvris le livre de Mazières, sur l'île de Pâques, avec « Ces yeux qui regardent les étoiles, les soucoupes volantes, les forces mystérieuses », en éprouvant un plaisir infini. Grâce à Chavez, qui m'avait offert la clef du mécanisme. L'île de Pâques, c'était moins émouvant que l'Obélisque, mais le jour ou un Papou décidera d'aller jusqu'à la place de la Concorde pour écrire à son sujet aucun doute, ça va faire très mal.

VI

DE BORA BORA A CHEZ « CASTEL »

A Paris, de retour de Polynésie, je ne connais plus personne. Sauf Jacques Martin. Je l'avais rencontré à Bora Bora, en ignorant tout de la célébrité du personnage, n'ayant jamais écouté la radio de ma vie. Nous étions avec Didier Miller, à folâtrer un peu au hasard, dans cette île volcanique, où repose Alain Gerbault, précurseur de toutes les circumnavigations à la voile en solitaire. Le Club Méditerranée venait d'ouvrir là-bas une sorte de poste avancé, une auberge qui n'aurait pas déparé un film de pirates, avec une clientèle insolite d'une douzaine de membres, un groupe électrogène aussi caractériel qu'asthmatique, des douches évanescentes à se partager en vitesse avec des cafards, c'était un haut lieu du tourisme préhistorique, tout à fait charmant.

Une après-midi, nous partons sur une pirogue du Club, vers un îlot un peu isolé, pour une baignade sauvage. En débarquant, nous constatons qu'un hurluberlu à la peau blanchâtre de Parisien, nous a précédés. Didier me dit « Mais c'est Jacques Martin ! » Cela me laisse strictement indifférent, nous échangeons un salut cordial, rien de plus. Une heure plus tard, le comble pour une partie de natation sauvage, sur un minuscule morceau de terre, perdu sur les mille sept cents hectares de l'archipel des îles Sous-le-Vent, arrive le gouverneur de Papeete en personne ! Lui, je le reconnais, nous avions effectué de concert une tournée aux Marquises, à bord d'un bateau de guerre.

Je l'accueille avec un discours extravagant en tahitien, imitant le protocole assez surréaliste, accompagnant habituellement ses visites officielles. Il s'agissait d'un administrateur colonial plutôt sympathique, qui avait vraiment le sens de la Polynésie, de l'attachement et des liens avec ce peuple, lui tenant un discours qui me faisait rire. Etant un Corse, il commençait toujours par : « — Moi aussi, je suis né dans une île... » Pour une fois, je ne trouvais pas cela trop hors de propos, car réellement les îliens ne sont pas les mêmes, ils naissent sur des bateaux immobiles, leur mentalité s'en ressentant profondément.

Ensemble, nous poussons le gag jusqu'au bout, lorsque soudain le Parisien genre cachet d'aspirine enchaîne en s'amusant avec une cadence d'improvisation redoutable, je n'avais jamais entendu quelqu'un manier le sarcasme à cette vitesse-là ! Didier se penche vers moi et me glisse « **Tu comprends maintenant, c'est un professionnel...** » Au beau milieu du lagon, Martin et moi nous nous lançons spontanément, dans un drame paysan en vers :

Mon fils que fais-tu dans les îles
Mon père je suis parti, j'ai quitté le pays
Adieu la charrue, tu sais, je n'en pouvais plus
Maintenant sur les lagons, je retrouve le bonheur
Mais là-bas dans la ferme, il est resté mon cœur
Et je l'entends toujours, battre pour notre terre...

Nous délirons de plus en plus, je suis assez ébloui, son humour est permanent, comme dans un film en accéléré, l'homme est exceptionnellement gai, bon compagnon.

Au fil des jours, je découvre chez lui une personnalité vraiment brillante, attachante. Les conversations dans ces îles sont souvent si prévisibles, autour de l'état du soleil, de

De Bora Bora à chez « Castel »

la disponibilité des dames pour la pêche, et de celle des poissons pour l'amour. Jacques Martin, lui, nous parle de Zola, carrément, non pas par pédantisme, mais par pur plaisir, goût railleur du contraste, on se retrouve soudain à une table parisienne, dans un feu d'artifice d'ironie, mêlée d'une certaine culture ne servant jamais qu'à la surprise du bouquet final. Nous organisons plusieurs fêtes pour lui, il est si gentil, le cœur un peu en bandoulière, fatigué d'une vie de Paris qu'il a fui momentanément.

Dans ce Paris des équipiers, des marins qui n'ont plus que leur sac de matelot, sinistre, pauvre, où je fais la tournée des revues nautiques, en essayant de récupérer un peu d'argent, à l'aide de mes photographies, ce souvenir de Jacques Martin est là, comme un espoir. Mais par appréhension, par timidité, je repousse de jour en jour, de semaine en semaine, ce simple coup de téléphone à donner que je sens comme ma dernière carte.

Je suis vidé, un peu perdu, un homme qui ne guérit que lentement du soleil. Je veux naviguer à nouveau, mais la conjoncture s'avère défavorable, le nouveau bateau d'Eric Tabarly, Pen Duick sixième du nom, va peut-être se construire, mais en tout cas, il n'est pas encore né. De temps en temps, une occasion s'offre, Vendredi 13 à armer, par exemple. Cela me permet de survivre, mais livré aux caprices de la chance, sans programme ni avenir réels. Le sponsoring n'existe pas encore.

Alors, à bout de souffle, j'appelle Jacques Martin. Il m'invite immédiatement chez lui, me reçoit avec amitié, avec chaleur même, nous reparlons de la Polynésie. Ce nouveau contact sera suivi de beaucoup d'autres. Son humour me réanime. J'étais en train de me noyer à terre, le comble pour un marin. A l'époque il vit avec Danielle

Evenou, nous sympathisons très vite. On se crée tous ensemble un peu des liens de famille.

Jacques sent que je suis immergé dans les problèmes, que mes « affaires » ne marchent guère. Mais il se montre extrêmement délicat, jamais il ne me laisse m'apercevoir qu'il s'en doute. Cela me permet de sauver la face. Ce tact de sa part fut la première preuve réelle, profonde, qui scella notre amitié.

Un soir, il me dit « J'ai un ami, Jean Castel, le propriétaire de la boîte de nuit, qui est en train de réarmer son bateau, pourquoi ne t'en occuperais-tu pas ? » Cela sonne tel un conte de fées, pour moi.

Une fois de plus je suis fauché. Et à tout point de vue, nautique, affectif, pratique, philosophique, complètement au bout du rouleau. Il téléphone à l'instant même à Castel, qui lui répond « Tout à fait d'accord, dites-lui de me rejoindre à Nice demain matin, je l'attendrai à l'aéroport. »

J'emprunte de l'argent pour le billet d'avion. J'ai peur de manquer le rendez-vous, je ne me couche pas. Je reste assis dans un fauteuil toute la nuit. A 5 heures du matin, je m'endors sans m'en apercevoir. A 7 heures je ne me réveille pas, je rate l'avion. J'émerge à 9 heures. Lorsque je réalise, un sentiment d'angoisse totale me monte à la gorge.

Je me trouve abject, avec la honte du con — il n'y a pas d'autre mot — auquel les copains ont enfin fait une fleur, se mouillant pour lui, sur un coup dont une fois de plus il se révèle incapable. Je me sens glauque, j'ai définitivement raté ce qui était vital, un bateau à m'occuper, donc des voyages à faire, la sortie du tunnel, avec un peu d'argent au bout, enfin !

Il ne me reste plus que l'humiliation face aux autres, que j'entends déjà dire « Alors Kersauson, vous avez échoué comme d'habitude, hein ! Et vous vous imaginez pouvoir faire quelque chose maintenant, allons allons, ne rêvez plus, vous êtes brûlé mon vieux, n'insistez pas, tout le monde en a assez de votre cirque... »

Lorsque je rappelle Jacques Martin, heureusement ce n'est pas lui qui décroche. J'entends la voix de Danielle Evenou. Je ne téléphone même pas avec l'espoir de sauver la face. J'éprouve une telle honte qu'il me faut la confier à quelqu'un. Au bout du fil, Danielle me répond « C'est pas si grave, c'est la faute du fauteuil, il était trop confortable ! J'appelle Jean à Nice, ne t'inquiète pas... »

Effectivement, j'ignore comment elle y parvient, mais elle arrange tout. Le lendemain, j'atterris enfin sur la Côte d'Azur. A l'aéroport, pour la seconde fois consécutive, Jean Castel est venu accueillir l'olibrius que je suis. Dès lors incapable de prononcer un mot, tellement je me sens mal à l'aise et nul. Pourtant, auprès de lui, je retrouve la même qualité de discrétion et d'intelligence que chez Jacques. A aucun moment, il ne me fait sentir que je suis un grossier personnage, un idiot à bout de souffle. Même pas capable d'avoir été un insomniaque, ayant mis presque deux jours entiers pour parvenir à un rendez-vous dont son avenir dépend...

Ensemble, nous partons voir immédiatement le bateau. C'est un joli ketch de vingt-sept mètres, construit en dix-neuf cent trente-huit, et qui a été refondu à Antibes. Je l'observe longuement. Jean Castel m'explique son histoire, et me demande avec insistance mon point de vue. Je pense que le voilier a besoin d'être revu, je le lui dis. Il y a beaucoup de choses qui ont été commencées, déjà. Mais moderniser un ancien bateau, c'est un peu comme restaurer un château, l'on commence par un bout, sans jamais savoir où, ni surtout quand cela va finir. Malgré tout je m'aperçois que son propriétaire est fort compétent, au point qu'il pourrait facilement se passer de moi et, techniquement, résoudre les problèmes tout seul. C'est un réel homme de mer, il a été sélectionné dans l'équipe de France de voile aux Jeux olympiques de dix-neuf cent quarante-huit.

Plus que d'un conseiller strictement technique, je me doute que c'est d'un complice dans sa passion dont il éprouve le désir. Je m'efforce d'entrer dans ce rôle, plutôt que de chercher à l'impressionner, inutilement, par des références multiples à mes connaissances du matériel, et des fournisseurs dernier cri. Soudain, le courant passe entre nous, à demi-mots nous nous sommes compris, il me charge de prendre en main la transformation du ketch

Jean Castel m'apparut comme un homme infiniment réservé, très secret, au point d'en paraître presque froid. Mais je le découvris un peu plus tard, c'était sa manière personnelle de se montrer attentif aux êtres. Tout au long de sa vie de prince de noctambules il aura vu défiler le pire et le meilleur, mis à nu par la nuit. Tant celle-ci décape inexorablement les caractères, et ôte les masques les mieux assujettis.

Au sujet de son bateau, je le côtoie régulièrement. Et souvent il me propose « Venez ce soir rue Princesse, si vous le désirez.. » Au numéro quinze de cette rue, s'ouvre pour moi son club ultraprivé, où se retrouvent entre eux les personnages les plus connus, du Tout-Paris et du monde entier.

Je n'ai pas un sou, ni devant ni derrière moi. Je suis un inconnu, sans même une chemise digne de ce nom à me mettre sur les épaules. On me reçoit là-bas, comme si j'étais le prince de Galles en personne. C'est à n'y rien comprendre, et... je n'y comprends rien, les hommes les plus célèbres, et les femmes les plus belles dont on puisse rêver m'adressent la parole, s'occupent de l'anonyme, lui versent des coups à boire, lui présentent tout le monde, dans l'univers le plus difficile d'accès qui soit, le plus sélectif. De soir en soir, ils semblent toujours ravis de me revoir, comme si j'avais une personnalité remarquable. Et des choses incroyables à leur raconter. J'ai vingt-huit ans, d'avoir passé neuf ans sur l'eau comme une bête, j'en suis devenu une. Mon vocabulaire doit être réduit à sept mots, et pourtant, dans ce monde hyperhuppé, où le snobisme n'a même plus besoin de s'exhiber, tant il y est tacitement inclus, le solitaire muet et farouche, le barbare que je ne peux qu'être, semble adopté. Par petites touches, avec une habileté exquise, en me vouvoyant toujours, Castel m'explique qu'il ne faut pas que je sois gêné, que je dois me détendre. Ainsi, peu à peu, de complices maritimes, nous deviendrons amis, il m'apprendra la « Nuit »...

Jacques Martin, je le revois de « jour », dans la vie parisienne. Il me propose de travailler avec lui, au moment du « Petit Rapporteur ». J'ai besoin d'argent, mais je me sens incapable de faire de la télévision, je n'ai rien à montrer, à expliquer, ou même à raconter à un public. Il n'insistera pas, mais les vacances s'approchant, il me dit « Olivier, j'ai loué une villa sur la Côte, viens te mettre au vert avec nous ! » Là j'accepte, je me retrouve en cavale un été entier chez Jacques et Danielle, je vis au sein de la famille, avec leurs deux enfants, moi je suis un peu le troisième, nettement plus grand et encore plus débile !

Au début nous sortons parfois, avec Jacques, j'apprendrai l'enfer d'être connu physiquement, par le très grand public. Martin est tellement populaire, que les gens se jettent littéralement sur lui ! A Cogolin, je m'en souviendrai toujours, une famille entière l'aperçoit, avec des yeux agrandis comme des soucoupes, ébahis, en transe. Seule une des petites mômes, un peu moins bête que les autres, détourne son regard. Vlan ! Elle prend une paire de gifles et sa mère qui lui hurle « Mais enfin, regarde, profites-en, c'est lui, c'est Jacques Martin, tu te rends pas compte, ou quoi ? »

Dans le plus petit bistrot, au fond de la plus petite rue, du petit matin jusqu'au bout de la nuit, dès la porte poussée, c'était « Eh les mecs, on s'est gourré, c est pas Collaro ! » et toutes les astuces du même registre, les plus lourdes. la graisse, la connerie. Une star, c'est comme un prisonnier du cœur et des yeux des autres, ça ne peut plus sortir de sa tanière sans que le monde devienne un zoo, dont son visage est la cage, c'est effrayant.

Nous finissons par sortir de moins en moins, et j'en profite pour me refaire une santé, je dors, et me régale surtout, car Jacques Martin est un des plus grands cuisiniers au monde. Nous discutons beaucoup, notamment de son métier, mais ce que j'ai vu « dehors », avec lui, me donne encore moins envie de toucher aux médias qu'auparavant. Envers et contre tout, il insiste à nouveau, m'assurant que tôt ou tard je finirai pas m'y lancer. Dans un sens, c'était prophétique de sa part, mais à l'instant quant à moi je ne soupçonne rien de cet avenir. Je n'ai jamais qu'une seule obsession. Celle des bateaux, et de la mer.

Je continue à mettre au point le grand voilier de Jean Castel, dont nous avons scalpé le romantisme un peu lourdaud des vieux mâts en bois, le remplaçant par l'élégance affinée d'un gréement en alliage léger. La personnalité du bateau s'est alors étrangement transformée, dans le ciel s'élève un certain futurisme, mais sur le pont, on se croirait au musée de la Marine ! Seule la coque, dont l'élégance des lignes et des élancements persiste, selon une beauté, une grâce intemporelle, sauve l'alliance délicate de presque un demi-siècle d'évolution des goûts et du yachting.

La démarche devient passionnante, car juste au moment où j'effectue avec la complicité de son propriétaire de nouveaux choix matériels indispensables à la mutation finale du voilier, l'évolution de la technologie nautique explose, littéralement ! Sans cesse des nouveautés jaillissent, on scrute les catalogues, on visite les salons, complètement assaillis, nous passons des jours entiers à peser le pour et le contre. Partagés entre le désir d'acquérir ce qu'il y a de plus neuf — tels des grands gamins, devant les vitrines d'un magasin de jouets pour adultes — et celui de rester prudents, en marins sagaces, accrochés à des matériaux déjà éprouvés par les vagues.

Au final, lorsque le ketch s'élance enfin sur la mer, son allure et ses performances sont méconnaissables ! Cette cure de jouvence lui a donné — à notre insu — une personnalité surprenante. Dans ses « œuvres mortes », c'est-à-dire tout ce qui est immergé dans la mer, sa mémoire reste intouchée. Mais du côté des « œuvres vives », tout ce qui est au contact du vent frémit comme un enfant. Au fil des milles, l'âme profonde de la vieille coque s'éveille avec une hardiesse qui nous émeut, Jean et moi nous nous sentons brusquement, tels des apprentis sorciers, presque dépassés par la magie du résultat.

Je n'ai rien connu de plus troublant que percevoir vingt-sept mètres de matière issue du passé, commençant soudain à rajeunir, sous nos pieds, s'ébrouant avec une joie merveilleuse, il y avait là comme une gifle donnée au temps, à l'usure des choses, une conquête presque déconcertante. Un tout autre voilier, un inconnu, était en train de naître, de s'expandre, nous avions réussi au-delà de nos espérances. A rebours c'est lui seul qui nous conta de vague en vague l'intérêt de ce que nous venions — après tant de tâtonnements — d'accomplir...

A cette époque, je suis essentiellement costaud physiquement, assez bagarreur, très susceptible. Ma timidité ne s'arrange guère. Mais, coûte que coûte, je persiste dans ce que seront mes humanités nocturnes, mes réelles études, en fait. Je passerais des centaines d'heures chez « Castel » à simplement écouter et observer « La Nuit ». J'apprends beaucoup de ses mœurs, avant tout par osmose. Je me lie d'amitié avec nombre de ses personnages — la gamme est immense, cela va d'Antoine Blondin à Régine Deforges en passant par le père Jaouen —, la plupart sont des êtres de talent, gais et spirituels.

Si l'atmosphère est corrosive, ponctuée de duels verbaux innombrables, oscillant dans les fous rires, entre la provocation la plus insensée et l'absurde le plus fracassant, aucun instinct pervers ne s'y cache. Le jugement de valeur, c'est justement la valeur que ces noctambules exercent, par-dessus tout.

A l'inverse de ce que l'on a pu raconter sur « Castel » comme temple du « M'as-tu vu — L'as-tu connu ! », une fois franchie la porte, on pouvait enfin laisser sa gloire au vestiaire, (ou son caban, en ce qui me concernait). Et jusqu'au fond de la nuit se laisser aller à tous les délices et les délires. A l'abri d'une sorte de nef féerique, appareillant du réel, comme dans un rêve éveillé. Impossible de s'y prendre au sérieux, cela fulgurait d'humour, de dérives cocasses de stars, oubliant enfin qu'elles l'étaient. C'était un enchantement, dont le rouage le plus tragique fut parfois de ne plus pouvoir s'arrêter de rire. Ah, si le « Jour » avait pu être ainsi, aussi...

Le personnage le plus salé, le plus légendaire, qui n'ait jamais sévi chez « Castel » fut Jacky le Marin, toujours habillé en capitaine au très long cours, avec une superbe barbe blanche. D'évidence, il n'avait vraiment jamais navigué, quoiqu'il se fût occupé d'un des bateaux de Jean, il y avait de cela des lustres. Il racontait sans fin ses vingt passages successifs du cap Horn, à faire tanguer la boîte de fond en comble ! Alors que ses propres traversées devaient se limiter à observer, assis sur une chaise, les voiliers voguant sur les bassins des Tuileries et du Luxembourg ! Un beau jour, il partit s'installer en Bretagne, nous apprîmes qu'au bout d'un mois il était devenu, là-bas, cap-hornier officiel !

Il y eut des fêtes tonitruantes chez « Castel ». La plus folle fut celle de Christine Lelouch, pour l'anniversaire de ses trente-cinq ans. Age terrible pour une femme, cap ambigu, car il risque de prendre des allures un peu nostalgiques, d'adieu à une vie de fêtes et de conquêtes.. Face à la gravité des circonstances, elle invite dix-sept de ses copines, rien que des femmes, pas un seul homme n'est admis pour ce cruel dîner.

En grand secret, Jacques Chazot, Jacques Martin, et moi-même, sommes convoqués par Castel. On dit souvent d'une femme, lorsqu'elle a eu beaucoup d'amants (ce n'est pas le cas pour Christine, mais cela n'a aucune importance), que tous ses « ex » sont des anciens combattants ! Les deux Jacques, Jean Castel et moi, nous nous retrouvons dans les sous-sols de la boîte. On s'y habille en médaillés de Verdun, avec des bérets, des brochettes de décorations, des drapeaux, puis nous montons. Il y a une table mystérieusement vide encore, juste à côté de celle des dix-huit filles. Nous nous y installons. Immédiatement cela devient la folie totale, durant le dîner ce n'est qu'injures, quolibets, personne n'arrive même à goûter un seul plat tellement c'est insensé. Jacques Martin est déchaîné. C'est à peine mon tour pour un discours profond et émouvant de commémoration, que Jacques Chazot coupe la parole à tout le monde, avec ses vues sur la sexualité pendant un quart d'heure entier, ça hurle de tous les côtés, c'est invraisemblable, divin, totalement fou, mais ça ne s'arrête pas là !

Dehors, nous attend un car à deux étages vitrés, genre « panorama city », pour étrangers visitant la capitale. C'est la surprise que Castel a préparée, bourrée de bouteilles de champagne, avec un personnel stylé et imperturbable, en veste blanche, qui en voit de toutes les couleurs. Commence alors une visite commentée des principaux monuments aux morts de Paris, cela devient hypersurréaliste, avec Martin, Chazot, et moi, nous relayant au micro dans le style guides en folie. Même un clochard s'invite ! Immédiatement on l'emmène avec nous dans le car, puisque la nuit l'a fait arriver. Personne ne va s'en moquer. S'il est drôle on va rire avec lui. Il peut raconter des histoires formidables, à son rythme.

Il y a un état d'esprit fantastique, au-delà du vulgaire et de la bêtise, c'est le goût du rire qui prédomine, pas l'exhibitionnisme, ni la bête noire des noctambules — je me répète, mais tant pis — l'étiquetage d'autrui !

Ensuite, Castel a prévu une infernale tournée de boîtes de nuit, on en fera au moins une dizaine, à chaque fois magnifiquement reçus, tout Paris est dans le coup, il y a un côté traînée de poudre agissant tel un détonateur, dès que nous arrivons quelque part. A l' « Amiral » aux Champs-Elysées nous débarquons en jouant les Amerloques fin saouls, pour leur première nuit en France. Puis dans les night-clubs de Pigalle la moitié d'entre nous se retrouvent sur la scène avec les strip-teaseuses sans avoir jamais compris comment d'ailleurs. Je m'y vois encore torse nu avec un énorme machin en plumes d'autruche, genre éventail, dansant à un rythme endiablé à sept millimètres d'une créature plantureuse et sublime. Tout est permis, tout devient gai, les gags, les canulars, les jeux de mots les plus éhontés pleuvent. L'hilarité généralisée dépasse toutes les limites, c'est un crescendo démoniaque, on se gondole à gorge déployée, on rit comme des baleines, comme des bossus, on en arrive aux larmes, on en est tordus, on va en crever, mais ça ne s'arrête pas là, on atterrit au « Pied de Cochon » où d'autres copains nous rejoignent, des chœurs assourdissants démarrent de toutes les tables, une Brésilienne chante de façon divine, les cuillères, les verres, les couteaux, les porte-couteaux, les assiettes, les plats, les tables, les pieds sur les planchers, les petites fourchettes, les grandes fourchettes, les rince-doigts, tout ça s'entrechoque en rythme, tout le monde s'égosille, s'époumone, ça repart pire encore qu'avant, incroyable !

Ces nuits-là, et bien d'autres, nous ne dormions que deux heures et demie, trois heures, juste après l'aube, pour nous réveiller ensuite dans une forme fabuleuse, avec une envie de rire nouvelle, inextinguible, comme si le rire était une odeur dont nous étions imprégnés, et qui avait gommé toute trace de fatigue. Et le soir même cela recommençait, avec des fêtes russes, quelque chose de plus fou encore, à hurler de rire, debout sur les tables sans même imaginer par quel miracle, après tout ce que nos gosiers avaient pu engloutir. Le rire, et lui seul, fut toujours le premier moteur de ces nuits folles, le détonateur de leurs fulgurances !

Avec Jean Castel, nous nous étions organisés plutôt sérieusement, lors de nos voyages vers la Côte d'Azur, afin de s'occuper de son voilier. L'itinéraire était redoutable. Premier arrêt chez Bocuse, second chez Vergé, et retour par Troisgros. A chaque fois, attendus par chacun de ces génies du culinaire, comme les fils de la maison, bien au-delà du tapis rouge, puisque ce ne l'était que par amitié pure. Nous fûmes reçus — ah, c'est inexprimable ! — comme nulle fortune de milliardaire, nulle auréole de star, nul pedigree de tsar ne saurait l'obtenir. Ce que nous dégustâmes, dans ces trois hauts lieux, ce fut la plus grande cuisine qui soit, mais rehaussée encore par une connivence d'esprits issus de cette fraternité très rare, très particulière, entre complices de la fête perpétuelle.

Dans cet esprit, un jour, Castel organisa une superbe mise en scène pour aller chez Bocuse. Puisqu'il s'agissait de se rendre « chez le plus grand du monde », il loue des Rolls, un peu comme on s'habille, mais surtout dans l'idée d'une atmosphère de rêve, et en grand appareil, tout le monde arrive devant le restaurant, les luxueuses berlines se parquant juste en face, bien en vue, les chauffeurs restant à bord. Personne ne se doute qu'il y a coup monté, préparé de main de maître, avec des égards exceptionnels chacun prend place autour des tables, dont une, réservée à proximité, demeure vide. Un peu plus tard se présente alors l'ambassadeur d'URSS en personne, que Paul Bocuse conduit avec diligence à cette table voisine. Rapidement, Bocuse glisse au passage, sans qu'il puisse l'entendre, « Ne vous inquiétez pas, j'aurai besoin de vos Rolls tout à l'heure ! » Le repas se déroule, sans qu'aucun incident notoire ne se manifeste, personne n'arrive à imaginer ce qui va se passer... Aux desserts, Bocuse réapparaît, et d'une voix forte s'écrie « C'est fini, le personnel, vous pouvez rentrer chez vous ! » A ce moment, une nuée de marmitons, de chefs, de maîtres d'hôtel, de sommeliers sortent des cuisines, et montent dans les Rolls, qui dans un accord parfait démarrent, et s'en vont ! La tête de l'ambassadeur d'URSS à cet instant est restée légendaire, chez « Bocuse ».

Un jour, Paul Bocuse reçoit la lettre d'un petit couple, venant juste de se marier. Adorant la très bonne cuisine, mais n'ayant pas beaucoup d'argent, ils désiraient savoir combien cela coûtait pour déjeuner chez lui. Bocuse trouve leur lettre touchante, elle n'avait rien de celle de quémandeurs, mais de gens modestes, vraiment passionnés par l'art culinaire ; il leur répond immédiatement en indiquant un prix pas trop élevé, afin de ne pas leur faire peur.

Lorsqu'il les accueille, il leur sert leur cadeau de mariage, réellement quelque chose d'exceptionnel. A la fin du repas, il vient les voir et dit « Mais vous n'allez pas partir comme ça, il faut vous reposer... » Et le lendemain matin, une voiture est prête pour les emmener directement chez Troisgros, qui est prévenu, et les attend de pied ferme !

De Bora Bora à chez « Castel »

Le petit couple va d'éblouissement en éblouissement emporté dans une épopée culinaire unique, extraordinaire. Jamais quiconque, même avec un argent colossal, ne pourra obtenir ce que ces deux amoureux vécurent et dégustèrent, car il manquera toujours la touche d'absolu née de l'émotion de l'aventure, réciproque pour ces artistes dont l'inspiration derrière leurs fourneaux est une alchimie du cœur, et pour leurs deux convives timides, élus en toute simplicité comme invités de marque, dignes de recevoir le summum de leur art !

J'ai toujours été étonné par la fantastique intelligence de Paul Bocuse. Pour moi, c'est un esprit supérieur. Il est devenu « chef » car né dans ce milieu, mais si son père avait été un énarque bien parisien, il serait une figure marquante des affaires, ou de la politique, même un président de la République plausible, pourquoi pas ! Ses capacités mentales sont éblouissantes, il en use pour créer sa fabuleuse gastronomie, mais c'est un génie, avec un succès du même ordre, il aurait pu les appliquer partout ailleurs.

Un soir, nous dînâmes ensemble, en tête à tête. Il me conta son enfance, nous étions installés dans le restaurant où il vécut, étant petit, au sein du même décor. Durant deux heures, il me parla de ce que j'adore, le braconnage. Et je m'aperçus que j'étais en présence d'un grand braconnier un grand piégeur, un grand pêcheur, un homme de ruses un homme de poissons, un homme de lampes électriques cachées la nuit comme appâts, qui connaissait les gibiers, les bêtes, ce fut très surprenant.

D'ailleurs, la spécialité la moins connue, la plus secrète de Bocuse, découle de ce sens du piège, jusqu'à l'extravagance. Il conserve toujours précieusement les adresses de ses visiteurs, et se procure des bouquets de fleurs fanées, ou des vases, qu'il casse lui-même. Il les enveloppe superbement, très soigneusement, et les leur expédie avec sa carte de visite, en savourant la réponse d'avance. Et à chaque fois, ou presque, il reçoit des remerciements dithyrambiques, dignes du canular. « Cher ami, j'ai bien reçu votre admirable vase, dont je suis infiniment honoré... » ou « Je ne saurais comment vous remercier pour votre admirable bouquet, dont les fleurs magnifiques m'ont enchanté le cœur... » Incroyable !

Nous nous vouvoierons fort longtemps, avec Jean Castel. Cela cessera seulement lors de mon second tour du monde, avec Kriter II. A l'époque, il m'avait dit « J'irai vous voir en Australie, lorsque vous y serez, avec votre bateau... » Les amis font sans cesse ce genre de promesses, et évidemment ne les accomplissent jamais. Mais après soixante-dix jours de mer, à l'approche de la baie de Sydney, lorsque Kriter II quitte le large, pour passer au ras des falaises, une vedette l'attend. Et la première personne que j'aperçois sur le pont du bateau à moteur, ce sera Jean Castel ! En voyage d'affaires, à destination du Japon, il s'est détourné spécialement jusqu'ici, pour venir me saluer. Nous nous retrouvons sur le quai, je lui dis « Alors, on peut se tutoyer ! » Au-delà de la sûreté d'amitié que signifie sa présence, ce « tu » est un symbole, pour moi. Contre tous les pronostics, j'ai mené ma propre opération, Kriter II vient de gagner l'étape Londres-Sydney, ma réussite me semble enfin digne de notre amitié, l'olibrius de Nice a fini par prouver quelque chose.

A Sydney, pendant une semaine, la fête recommence, avec Jean et les Australiens, dans ce pays c'est une tradition de boire sans discontinuer, surtout lors d'une victoire. Refuser ne serait pas cordial, mais les quantités d'alcool énormes qu'ils engloutissent sont dorénavant hors de portée, je suis le skipper du bateau. J'ai beaucoup trop de

De Bora Bora à chez « Castel »

travail, il n est pas question de me saouler tous les jours, du matin au soir ! Castel résout le problème d'un tour de main, avec une solution si simple que personne n'y avait songé : Georges ! Il me dit « Envoie-le-leur " opérer " les Australiens à ta place, il sera ravi ! » La descente de Georges Commarmond, notre cuisinier, est mythique, imbattable... Je le nomme d'office « capitaine délégué » pour saouler les Australiens, il accepte immédiatement, avec un plaisir non dissimulé.

Chaque jour, il quitte le bord à 10 heures du matin, avec ses caisses de Kriter, pour rejoindre nos amis les Kangourous ! Aujourd'hui encore, j'ai l'image de Georges dans ma mémoire, vers 7 heures du soir dans le bar du Yacht-Club, triomphant, assis tout seul, bien droit, l'œil un peu brillant quand même, entouré de tous les aussies jonchant le sol, couchés par terre ivres morts, comme dans un tableau de chasse. La table était noire de bouteilles, et Georges me faisait un clin d'œil, en disant « Mission accomplie, le capitaine délégué doit-il continuer, capitaine ? Alors, j'ai besoin de munitions, envoyez quelques caisses supplémentaires ! » Cela finit par faire au moins autant pour notre réputation locale que notre victoire sur l'eau salée...

Avec Jean Castel, il y eut mille histoires plus folles les unes que les autres, qui m'arrivèrent, toujours à cause de son talent d'inventer pour ses amis des aventures impossibles. Une année, il affréta le Bel Espoir, le trois-mâts du père Jaouen, tout simplement... pour se rendre au Tournoi des Cinq Nations qui se déroulait en Angleterre ! C'était à chaque fois une expédition surréaliste, Troisgros arrivait à bord avec ses conserves, Bocuse s'occupait tout spécialement des fromages, Moët et Chandon amenaient les bouteilles, nous partions avec des pique-niques effarants, il fallait traverser la Manche, remonter la Tamise jusqu'à Londres, et tout cela juste pour aller voir un simple match de rugby... Souvent, le mauvais temps était de la partie, durant la traversée ça secouait dur, de tous les bords, mais imperturbablement il restait dix fous qui gueuletonnaient sans interruption, en ce qui concernait notre état en débarquant en Angleterre, mieux vaut éviter tout commentaire. A l'arrivée à Twickenham, la plupart du temps, personne n'arrivait à remettre la main sur les billets, mais comme par miracle — il n'y avait qu'à nous que cela arrivait — l'on se retrouvait pratiquement sur la pelouse à regarder le match, sans jamais avoir compris ni comment ni pourquoi.

Il y eut d'innombrables mystifications montées par Castel, dont l'une des plus belles fut celle de la soirée des cons. C'était un concours où chacun devait inviter le sien dans la boîte de nuit, le gagnant serait celui qui ramènerait le type le plus con de tous ! L'un des participants eut une phrase merveilleuse, « Je ne comprends pas, c'est la quatrième fois qu'on m'appelle pour dîner ce soir ! »

Mais la plus fabuleuse reste celle jouée à Castel lui-même. Dans le quartier de sa boîte errait une guitariste Mme Geneviève, qui sévissait devant toutes les terrasses de café, et poursuivait avec un zèle tout particulier Castel, en jouant de sa guitare, avant de lui demander de l'argent.

Un jour, Jean Castel se trouvait en Polynésie en vacances, avec son voilier, à Moorea exactement, au Club Méditerranée local. Qui tel celui de Bora Bora demeurait encore un avant-poste, aux mains d'une poignée d'aventuriers plutôt que d'organisateurs. Rien à voir avec ce que ce club est devenu, aujourd'hui... Castel ayant navigué longtemps, se sentant assez fatigué, commence à boire des coups, pour se remettre de ses émotions. Soudain il voit apparaître devant lui Mme Geneviève, avec sa guitare arborant un tee-shirt sur lequel était écrit : « Hello Monsieur Castel ! » Il se dit qu'il est vraiment raide bourré ! En fait non, pas du tout, c'était cinquante copains qui s'étaient cotisés à Paris pour payer le billet d'avion de Mme Geneviève, afin qu'elle aille rejoindre Castel jusque là-bas, tellement il appréciait sa musique...

Ce fut toujours le goût du gag, de l'éclat de rire, qui nous animait, même jusqu'à la tendresse. Après avoir démâté lors d'une Transat, malgré l'état préoccupant de Jacques Ribourel, j'emmène Jean dans une navigation plutôt dangereuse, car il n'existe rien de pire que de repartir sur un bateau en lequel on n'a plus confiance. Mais il me fallait descendre le voilier en Méditerranée, pour une tournée des plages, prévue au contrat. Au large de l'Espagne, quatre jours avant Gibraltar, un pigeon se pose à bord. En général, je leur tords le cou assez vite, dans ces cas-là je fais d'abord une photo du pigeon, avec un bol de petits pois à côté, et puis couic!

Mais cette fois, rien de ceci n'arrive, car Castel adopte immédiatement le pigeon, le dorlote, le nourrit, cela devient communicatif, tout le monde finit par s'y attacher. Je suis contraint à une escale technique à Gibraltar, malgré la présence de la terre, le pigeon — très bien nourri, très bien logé — reste avec nous. Puis un beau jour, inexplicablement, il disparaît. Nous le cherchons partout, aucune trace de Nelson — c'était son surnom —, et quand nous quittons Gibraltar, Castel est triste!

Le lendemain matin, il trouve une lettre dans le cockpit, à l'endroit où vivait le pigeon, il l'ouvre, et lit « Mon cher Jean. Merci encore de ton accueil, tout va bien pour moi, j'ai trouvé une copine sur le Rocher, c'est une Anglaise, elle a des plumes pas mal du tout. J'espère te revoir à Paris. Tu auras peut-être du mal à me reconnaître rue Princesse, mais je me débrouillerai, je te ferai un clin d'œil, et j'aurai le Monde sous le bras! Signé : Nelson. »

Et ensuite, durant le reste de la traversée, tous les matins il y aura un mot du pigeon, racontant à Castel ce qui lui arrivait, pour qu'il ne soit plus triste. Même après, d'Amérique ou d'ailleurs, Jean continua de recevoir des nouvelles de Nelson, du genre « J'ai un peu froid ces temps-ci, le cap Horn est pire que ce que je croyais, mais je me suis lié d'amitié avec un albatros qui surveille le coin, même qu'il a vu Moitessier passer récemment avec sa femme, c'est pas croyable ce que ma copine de Gibraltar s'est mise alors à me manquer, mais je me suis rattrapé avec les mouettes ! Depuis, tout va pour le mieux. Signé : Nelson. »

VII

RETOUR À L'ÉCUME

Il n'existe aucun examen pour devenir capitaine de yacht, aucun permis à passer pour « piloter » un voilier, qu'il s'agisse d'un mouille-cul, d'un multicoque transocéanique, ou d'un trois-mâts, aussi ne me suis-je pas éveillé un glorieux matin avec des galons officiels cousus sur mon ciré ! A force d'embarquer de bateau en bateau, de blanchir des étraves au contact de millier et millier de crêtes de vagues, seul ce quotidien salé m'amena au commandement, de façon irrésistible.

Un jour, sur Pen Duick, Tabarly avait réuni l'équipage pour un briefing, et déclaré « Dorénavant, quand Olivier parle, c'est moi qui parle ! » Voilà qui était pratique pour lui, avec son caractère, en tant que ventriloque confirmé, je venais dès lors de recevoir mes galons de second.

Au fil des océans, ce fut avant tout Eric qui me transmit les bases de ce métier, c'est-à-dire l'instinct — primordial, d'après lui —, et l'attention — secondaire — quant à la technologie. Aujourd'hui, les grandes machines de course se font assister depuis la terre, pour choisir leurs routes. Eric, lui, persiste, avec sa fantastique capacité d'endurance dans la solitude, et son flair légendaire, à prendre ses options seul. Lors de la dernière Transatlantique, en examinant attentivement les routes, le jour où la sienne devint mauvaise, ce fut lorsqu'il écouta la météo. Actuellement, à bord d'un bateau de course moderne, il y a deux heures et demie de bureautique par jour, entre les télécom, les réceptions de cartes météorologiques et les analyses par ordinateur. Eric s'y refuse — Tabarly au bureau, JAMAIS, il ne le supporterait pas ! Cet exercice comptable important, il le remplace en épiant le ciel et la mer, il vit « le nez dehors », selon son propre rythme maritime, toujours d'un niveau exceptionnel. Lors de cette dernière transat en solitaire, il termina troisième, en débarquant en pleine forme, athlétique et souriant, à cinquante-deux ans, alors que bien d'autres étaient au bord de la crise de nerfs, consécutive à l'épuisement !

J'ai des souvenirs d'Eric arrivant en bateau, dans un secteur complètement inconnu, se retournant alors vers son équipage avec un sourire de connivence, et nous disant « Je ne crois pas avoir pris la carte marine d'ici, mais trop tard, nous y sommes, alors continuons ! » Evidemment, de temps en temps, on se prenait un sacré morceau de caillou. A l'entrée de Newport, nous faillîmes escalader un rocher, ou pire, à Helsinki, nous cabrâmes Pen Duick III, qui pesait 12 tonnes, de près de quarante-cinq centimètres, en percutant à huit nœuds un obstacle disons... inattendu ! En fait, si Tabarly pratiqua parfois le « lèche-caillasse » ou le « bateau tamponneur », c'était en emmenant ses propres voiliers dans des parages, où personne n'oserait s'approcher, sans passer une demi-journée à étudier auparavant une carte marine. Cela tenait à sa mentalité de fonceur, qui ne manquait pas de panache, et que j'ai toujours admirée.

Si je finis par quitter Pen Duick un jour, ce fut à cause des nouveaux équipages qui ne cessaient de défiler à bord, venus pour apprendre la manœuvre d'un gros bateau. J'étais un second vieillissant, âgé de vingt-huit ans, j'en avais plus qu'assez de m'égosiller à prévenir dix-sept fois d'affilée tous ces éléphants pour leur éviter de cafouiller. De

Retour à l'écume

plus, ces équipiers embarqués sur le bateau arrivaient avec la grosse tête, un peu comme dans un régiment de prestige, où l'uniforme et le nom certifient de la valeur des troupes. Il s'agissait des moins mauvais d'une génération maritime existante, cela ne suffisait pas pour en faire des marins hors série. Et puis surtout, je n'avais plus de compagnon. Les dix années d'écart qui m'isolaient d'Eric, tous ces jeunes, effectuant leur service militaire sur les vagues, les avaient aussi avec moi. Je me trouvais dans la même solitude que le capitaine, dans une position désagréable et sans issue.

Je m'éjectais donc de cette situation, non sans une certaine violence verbale d'ailleurs, sans jamais oublier pourtant qu'au-delà des circonstances humaines, le métier de marin reste celui de la patience, face aux éléments. Le point fort d'Eric a toujours été sa capacité au niveau de l'attente, c'est lui qui m'enseigna à courber le dos, humblement, en acceptant tous les caprices de la mer.

Outre cette démarche, la profession de coureur au grand large implique deux aspects distincts. Le premier est intellectuel, la tactique en course étant très proche du jeu d'échecs. Le second est d'ordre physique, car la manœuvre y ressemble à une mêlée de rugby, pour peu que le vent se mêle de la partie.

L'ensemble forme un mode de vie extrême, très complet, et dans certaines circonstances, le supporter signifie l'aimer jusqu'au bout, sans replis possibles. Nul ne commande au vent, et après trente jours de mer, il n'est pas rare de rester lamentablement immobilisé une nuit entière, sans un souffle d'air pour avancer. Avec, en face, les lumières narquoises d'une ville, dont la musique des boîtes de nuit surgit par bouffées sonores qui portent sur les nerfs, en évoquant les femmes. Il y a de quoi enrager, mais l'on ne peut strictement rien y faire, sinon attendre, et espérer la brise. Pour ma part, j'apprécie infiniment les aléas de ce genre, mais plus encore que dans les coups durs, certains craquent, pris dans une avalanche de fantasmes allant du steak frites au lubrique, c'est pour le moins désagréable, car cela détériore l'ambiance à bord, jusqu'au ridicule.

On a toujours exagéré le désir des marins pour les femmes, s'il est certain qu'il revient souvent à l'approche de la côte, en haute mer, un coureur qui se donne réellement à son métier, n'en éprouve guère. Au large, ces créatures sont trop lointaines déjà, au grand large, elles n'appartiennent plus qu'au domaine des rêves. Dans les grandes rues de n'importe quelle ville du monde, impossible de ne pas apercevoir une fille toutes les cinq minutes. En mer, l'absence de signaux incendiaires de ce genre élimine les pulsions, rien ne force à les imaginer, l'on finit par s'en passer (en tout cas on essaie...) et peu ou prou, c'est plus que supportable.

Et puis, à partir sur la mer, nul ne sait s'il va en revenir. Là, il y a équivoque. Est-ce à cause de cela, que les êtres qui la pratiquent, entretiennent des rapports passionnels avec elle ? Je le crois. Ils se demandent toujours si le voyage ne sera pas définitif. Un peu comme dans les histoires d'amour très fortes, où l'extrême du sentiment rend les conditions de la « traversée » future improbables. Réellement alors, en mer ou en amour, l'avenir se dérobe, ne nous appartient plus. Inch'Allah, songe-t-on, et nul ne peut certifier de la suite des événements...

En fait, à terre l'on peut affirmer à quelqu'un « Cher ami, je vous revois dans quinze jours, à 14 heures pile, à la terrasse de chez Jules, pour le pousse-café ! » Commencer à prononcer, ne serait-ce que le début de cette phrase, au moment de s'embarquer à la voile en haute mer, devient inimaginable. « Alors donc, cher ami, je vous revois dans quinze jours à... » Mais il suffit que le vent ne daigne pas souffler, pour que cela soit complètement ridicule. Cela ne joue même pas au niveau de l'angoisse, du naufrage éventuel. Non, il s'agit d'un tout autre rapport à l'écoulement du temps. Il n'y a plus de futur définitif, programmable, tout simplement. Et même, dans l'esprit d'un marin, il n'y a guère plus de différence entre trente ou soixante-dix jours de mer. Sauf pour ceux qui n'en sont pas vraiment, qui s'ennuient, et commencent à les compter. Dans combien de jours arrivera-t-on ? Oh, je ne sais pas, disons... nous serons « là-bas » dans trente jours ! Et un mois après, il reste un quart de la route à accomplir, et pour combien de semaines encore, personne n'ose plus répondre... J'aime cette incertitude, cette sensation d'humilité qui s'en dégage. Nul ne peut dire « Dans douze jours, on touchera tel port », car à chaque fois — ou presque — cela ne coïncide pas. A la limite, il faut mieux ne pas parler du temps, sur la mer. Cela évite ce que l'on nomme à terre le jugement téméraire. Qui est, comme personne ne l'ignore, la porte ouverte à la stupidité...

J'ai traversé l'Atlantique avec Jacques Ribourel, nous avions mis trente-quatre jours pour y parvenir, une fois de plus trahis par la paresse d'Eole, et il ne restait plus rien à manger vers la fin, sauf du riz. Nous étions à dix cuillerées par jour, avec des pensées émues pour les hommes qui crèvent de faim. Nous nous disions « Déjà, avec dix cuillerées par vingt-quatre heures, on souffre, mais il y a des gens qui n'ont même pas ça, ce doit être terrible... » Pourtant, même là, je n'ai jamais été en mal de terre, avec des visions insupportables de tables de restaurant m'envahissant l'esprit. Quoi qu'il me soit arrivé sur un bateau, j'ai toujours été profondément satisfait, faisant face aux circonstances comme appartenant exclusivement au domaine maritime excluant toute nostalgie de la terre.

D'ailleurs, cela va beaucoup plus loin pour moi, infiniment. Sans bateau, je me considère comme un infirme Dieu sait s'il y a pourtant un revers à l'aventure, l'aspect « capitaine esclave », tant un voilier de course est prenant pour son possesseur, exclusif, éliminant toute vie qui ne serait pas entièrement dédiée à son service, mais quelle importance... C'est l'accès à de tels bonheurs insensés, à des voyages sans fin, à des combats qui, gagnés ou perdus restent des rêves, que nul ne pourra ternir, de toute beauté, sertis de vagues. Oui, ceci appartient au domaine du cercle du songe, le plus pur, sans bateau, que me reste-t-il ? Rien, dès lors j'ai la sensation de ne plus exister. Je vis, certes, mais tel un fantôme. Je m'agite, certes, mais ce sera toujours pour repartir.

Pourtant, je n'ai aucune photographie de mes bateaux sur les murs, ou dans les tiroirs, de ma maison de terre. Je n'éprouve aucun besoin de ce culte du souvenir, je n'ai jamais conservé quoi que ce soit de mes voiliers. A la différence de Tabarly qui, découvrant une belle photo de bateau dans une revue nautique, la découpe et monte dans son grenier, pour l'ajouter soigneusement à une collection personnelle qui en compte plusieurs dizaines de milliers, vingt-cinq mille, selon les rumeurs les plus raisonnables !

Je n'ai jamais éprouvé d'attachement romantique, de liens abstraits, envers mes propres voiliers. Seuls les réels moments d'activité à leurs bords ont compté pour moi. Ensuite, ce que devinrent ces bateaux m'importa peu. L'unique exception à cela se produisit par hasard dans un port, où je revis Kriter II, avec le regard que poserait un homme sur une femme qu'il se souvient avoir beaucoup aimée.

J'ai donc vécu essentiellement dans l'instant, avec mes machines de course, en les percevant sans cesse en action, même au mouillage, les voiles carguées, où leur potentiel de vitesse — fait de puissance et de violence contenues — les faisait ressembler à des félins faussement assoupis, prêts à bondir. Il m'est arrivé alors de leur parler, comme à des créatures particulières, plutôt proches du règne animal, n'ayant plus rien d'objets inanimés. « Toi, tu as été en Amérique, et toi, tu as mouillé ton nez dans les eaux du

Retour à l'écume

Pacifique, tu as même traîné aux Antilles... » Je les regardais comme des entités, m'ayant accompagné partout.

Si par hasard à terre, dans les rues d'une ville portuaire, l'ennui soudainement me prenait, je filais à mon bord. Là, s'évanouissait la tristesse, toujours. Un simple œuf sur le plat, une cigarette au bec, et hop, je me sentais mieux. Très souvent, je ne retournais que très rarement chez les terriens, le bateau me suffisait, je n'avais pas la moindre envie d'aller dans les bistrots. A bord, profitant du calme du mouillage, je pouvais terminer ce que la mer ne donne jamais le loisir d'accomplir, en course. Epissser les cordages, ranger les endroits les plus difficiles d'accès, entretenir « la bête »... Voilà des moments d'une sérénité formidable, où, de détails en détails, on cherche à atteindre la perfection de la préparation, avec une sensation de complicité rare pour la machine, au point que chaque amélioration — à priori froidement technique — devient, en l'effectuant sur elle, une manière de tendresse. Avant la course, je passe ainsi un mois souvent à l'abri d'un bassin, et puis un jour enfin, c'est la veille du départ.

La cohue des visiteurs défile alors sur le quai, devant le bateau, mais c'est comme si je ne les voyais pas, dans ma tête, je suis ailleurs, presque déjà parti. Certains viennent me parler, parce qu'ils m'aiment bien, et que surtout ils rêvent — plus ou moins consciemment — de courir à ma place, tant ils ont la même passion. Ce sont alors d'étonnants dialogues de sourds. Celui qui va partir n'arrive jamais à dire à celui qui reste ce qu'il aimerait entendre, et réciproquement. Même avec toute la délicatesse possible, ils sont chacun dans un monde trop différent pour se rejoindre, même à l'aide des mots. Il n'y a que dans les yeux des skippers qui s'apprêtent à prendre le départ, que les regards sont les mêmes, et entre eux tout commentaire d'ailleurs est superflu.

J'ai souvent aperçu des capitaines courant habituellement, mais qui savaient que pour une fois, faute de bateau, ils n'allaient pas pouvoir partir. Ceux-là se tiennent toujours légèrement en retrait, comme s'ils avaient peur qu'on les voie en train d'avoir mal. Ils sont sept-huit mètres derrière tous les spectateurs, ce sont des exclus. Il est toujours délicat dès lors de savoir s'il faut leur adresser un salut ou, au contraire, respecter leur distance. En fait, ils ne restent jamais longtemps, c'est trop dur pour eux, ils s'en vont vite, comme pour oublier. Parfois la nuit, ils reviennent, et souvent lorsque je reste au bassin, je les vois s'approcher. Ce sont des voyages qu'ils font seuls, emmenant rarement des témoins avec eux. A nouveau, ils ne se tiennent pas trop près, de crainte d'être remarqués, afin que personne ne puisse deviner le manque qu'ils ressentent. Ils ont les épaules rentrées, les pieds presque joints, comme s'ils avaient froid... Ils s'attardent un peu. Et là, le hasard fait mal les choses, car un concurrent rentrant d'une tournée dans les bistrots, ou d'un dîner au restaurant, les surprend, au détour du ponton. On entend alors une conversation qui sonne faux, très froide d'abord, puis presque trop chaleureuse ensuite, avec des phrases un peu vagues, un peu nulles, comme « Oh, j'aurais bien aimé courir, mais tu vois, mon sponsor et moi nous avons pris trop de retard, je n'ai pas eu le temps, et... »

Personnellement, j'évite les départs de course quand je ne les dispute pas, c'est un spectacle trop frustrant, trop cruel, quelque part. Malgré tout, j'y suis allé parfois, car il faut certes observer l'évolution du métier, être de ces concentrations afin de se rendre compte — au moins techniquement — de ce qui s'y déroule. Dans ces cas-là, j'utilise l'alibi de la presse, en m'y rendant comme envoyé spécial pour un journal. Ceci offre une raison d'approcher les machines, de parler avec les « confrères », même si au bout du compte, il s'agit de faussement partager un rêve dont — de toute façon, hélas ! — l'accès final sera refusé.

A la barre pendant la Route du Rhum : Saint-Malo-les Antilles. La première course océanique pour les grands multicoques organisée par Michel Étévènon. *(Photo C. Février-Gamma.)*

Kriter II avec lequel j'ai passé le cap Horn pour la seconde fois et affronté les Quarantièmes rugissants. *(Photo Kersauson-Sygma.)*

Jacques Ribourel au départ de la Transat en double. *(Photo J. Guichard - Sygma.)*

Kriter IV s'envole des gratte-ciel de New York. *(Photo J. Catlan - Sygma.)*

Kriter VI : une des plus belles bêtes de gros temps parmi les monocoques.
(Photo C. Février - Gamma.)

Fleury-Michon de Philippe Poupon : un catamaran éblouissant.
(Photo C. Février-Sea and Sea.)

Pen Duick IV, **le premier trimaran de course au monde. Éric Tabarly (à la barre) et son équipage.** *(Photo Kersauson - Neptune Nautisme.)*
←

Bernard Moitessier se préparant à appareiller. Au fond, Éric Tabarly. *(Photo Kersauson - Neptune Nautisme.)*
→

Calme trompeur face au cap Horn.
Photo B. Deguy-Neptune Nautisme.)

Bouvard, Yanne, Martin et moi. *(Photo L. Sola - Gamma.)*

La soirée des amiraux. De Martin à Mourousi, tous les amiraux du plaisir sont là.
Jean Dutourd, sous son bicorne. Il refuse toujours la gravité des cons.
(Photos Vandeville et Ponomareff - Gamma.)

Gérard Jugnot.
(Photo Bourguet - Télé-Star.)

Sim.
(Photo Bourguet - Télé-Star.)

Jane Birkin : une île de rire dans le fond de l'œil.
(Photo Ponomareff - Gamma.)

Jean Castel, le Grand Timonier de la nuit Princesse, est aussi un homme de mer.
(Photo D.R.)

Carlos le Polynésien. Il se montre tel qu'il voudrait voir le monde.
(Photo C. Durocher - Sygma.)

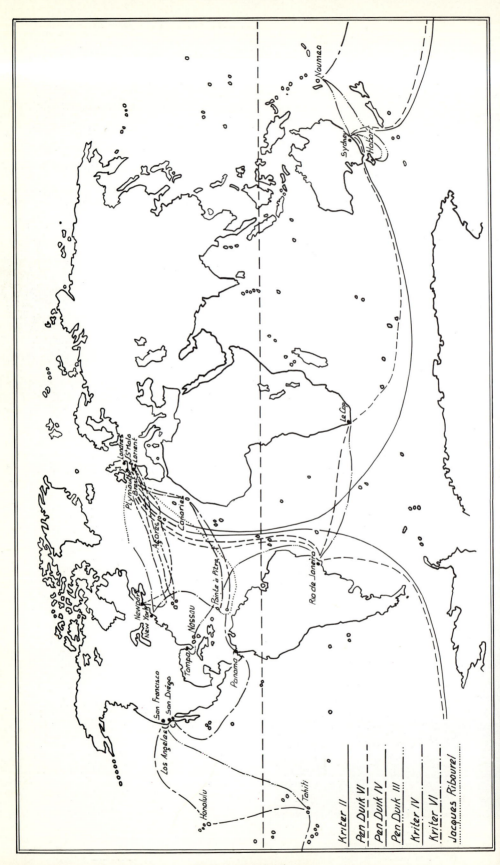

Quelques navigations.

Retour à l'écume

A l'inverse, lorsque je me suis retrouvé de l'autre côté, non pas sur les pontons ou les quais, mais dans un cockpit, je me suis dit fréquemment, lors des départs « Il faudrait vingt-quatre heures de plus, pour mieux savourer, pour mieux se regarder rêver... » tant l'impression de vivre quelque chose de fabuleux était belle, importante, malgré les tensions causées par l'ultime préparation du bateau.

Ces instants étaient à la fois féeriques et dramatiques ; afin de les vivre jusqu'au bout, je n'allais même pas dormir à l'hôtel, pour une dernière nuit la plus confortable possible, comme beaucoup de mes rivaux. Je restais à mon bord, seul, avec la sensation de prendre ainsi de l'avance sur le temps, de ruser avec le futur, de m'offrir l'illusion d'être déjà « parti » ! La dernière nuit avant une course, la tension est considérable, dormir étant le plus souvent impossible, on essaye avant tout de se reposer, en récupérant au gré du hasard, grâce à de brèves périodes d'un sommeil agité d'espoirs.

Puis vient l'aube, le vrai départ enfin, précédé de la sortie du bassin, du remorquage jusqu'à la ligne, où la peur d'être abordé, comme de torpiller un concurrent, ne cesse plus. Surtout avec les grands multicoques, dont nul n'est tout à fait maître de la manœuvre, lorsque ces monstres conçus à l'échelle océanique naviguent entre des bouées, dans un « mouchoir de poche ». L'énergie dépensée alors, autant pour la tactique pure, que dans le but d'anticiper des collisions, est énorme. Il n'y a pas encore de joie à naviguer ainsi, tant l'attention extrême imposée exclut tout ce qui n'a pas trait à la vigilance.

Le plaisir pur, il surgira longtemps après le départ, lorsqu'il n'y a plus de témoin à l'horizon, et que la machine commence à monter en régime, à atteindre sa vitesse maximale, à déchirer la mer tandis que tout l'intérieur entre en vibrations, dans un vacarme où se mêlent les stridences du gréement sous les à-coups des rafales du vent, le ronflement sourd des flancs de la coque et des flotteurs, les percussions comme des gifles d'aigus, des paquets d'écume arrachés par les étraves. L'atmosphère sonore est délicate à évoquer, car elle associe d'une manière spectaculaire des sons très disparates, certains sifflements entendus dans la carlingue d'un avion de chasse, certains tintamarres propres à un train de marchandises lancé à forte vitesse, ainsi que de soudaines apparitions de bruits impressionnants, de succions ou d'avalanches liquides, dont la résonnance est presque sous-marine, au point qu'il faut être habitué, pour savoir une fois dans sa couchette, que l'on n'est pas sur le point de couler !

Le tout, enfin, est ponctué de dizaines d'autres résonnances, telle la pétarade cocasse d'un cordage se lançant dans un solo de batterie digne d'un final de rock and roll, le hululement des haubans qui, sous l'effet d'une accélération, monte en crescendo jusqu'au contre-ut, le bourdonnement majestueux des centaines de mètres carrés de lourdes toiles des voiles, les craquements toujours angoissants de la structure des bras et des coques au travail, et une infinité de cascades de petits sons anecdotiques, souvent domestiques, venus de la cuisine par exemple. Où une ridicule petite cuiller oubliée dans une tasse de café vide produit à elle seule une sarabande si bizarre et endiablée, qu'elle finit par vous énerver au plus haut point, en vous forçant de bouger pour lui clouer le bec !

C'est au moment où je descends du pont, pour ouvrir le livre de bord, commençant à écrire le soir même du départ « Il est 20 heures... », que je prends conscience réellement d'avoir enfin du temps devant moi, d'être en possession de mon engin, et que, dorénavant, c'est à nous de jouer. Là, le cheval est lancé, tout se passe comme si nous avions

Retour à l'écume

ensemble les muscles chauds, cet instant est d'une grande intensité, devant il y a des milliers de kilomètres de mer à courir, tout peut arriver, la vraie aventure vient de débuter. Souvent, une exaltation m'empoigne. Alors l'homme que je suis — absolument seul — est comme grisé par l'incroyable liberté qui se dégage de la situation. Mais il ne faut pas se laisser prendre à ce piège. La tension est encore là, la fatigue est loin d'être lavée par la mer, les côtes sont toujours trop proches, il faut maintenir la veille en permanence, coûte que coûte garder du recul.

La véritable acclimatation se produit seulement le troisième jour d'océan, quand le stress des premières vingt-quatre heures sans sommeil s'est évanoui, lavé par le grand large, compensé par quelques brèves heures de sommeil. Alors, l'accord entre le bateau et moi est devenu plus naturel, c'est là que je commence à donner ma réelle mesure, je suis à nouveau un homme de mer, mon corps vit au rythme des vagues, je me sens puissant, fort, lavé, en attaque complète. Au fond, le processus a ressemblé depuis le début à l'histoire de deux amants qui se retrouvent. Les premiers regards sont toujours hésitants. Tant que l'on n'a pas senti la peau de l'autre, il ne se passe encore rien. Et puis, au bout d'un ou deux jours, on a dormi, mangé, vécu ensemble. Avec le bateau, ce qui se déroule est similaire, le calendrier des bonheurs s'est établi, le plaisir s'est organisé, l'harmonie s'est installée. Moi, c'est ainsi que je le vis, et cela devient voluptueux. Il se produit un déclic soudain dans mon cœur, je deviens le bateau et le bateau est moi. Par cette alliance, j'entre alors enfin, définitivement, en Solitude.

Certes pourtant, j'entends la radio, je reçois les positions, j'appelle les autres concurrents. Mais comme un homme seul et comblé de l'être, sans la moindre demande d'autrui. Et à la table à cartes, le jeu démarre déjà, je commence à mettre des petites croix — c'est un peu la bataille navale, A2 B7, crac, touché ! — car une course de bateaux, c'est d'abord une effarante élimination. L'on part à cinquante et vingt-cinq finissent. C'est assez infect, et en même temps, il s'agit de la dure loi de la mer et du sport. Parfois, je m'attendris sur le mât d'Untel qui vient de tomber, sans cause apparente. Car je sais ce que cette avarie brutale signifie comme cauchemar, après des années de négociations de sponsoring, des mois et des mois de préparation. Mais, en même temps, puisque mon voilier, lui, tient encore, j'éprouve un certain sentiment de chance, de plénitude, de puissance.

C'est pour cela que je fais du bateau finalement, pour me sentir un peu plus qu'un homme, c'est-à-dire un homme heureux. Avec les épaules et le cœur qui semblent avoir doublé de volume, tant l'investissement précédant à terre, les mois de chantier naval, les innombrables sorties de mise au point, trouvent leur raison d'être alors. La mer et ma vie se rejoignent, le cerveau commence à basculer, du cartésien je passe à l'instinctif, je réagis avec mes muscles, je pense avec mon ventre. Je n'ai plus le regard des autres à mes côtés, je ne vis que par moi, et pour moi, que par le bateau, pour lui, et avec lui. C'est le voilier d'abord qui imprime le rythme, et le changement de vent qui va me faire bouger. A cause de « x » heures de manœuvres, je ne vais pas avoir le temps de manger quoi que ce soit. A cause d'un peu de calme, je vais ensuite pouvoir me goinfrer tout mon saoul ! C'est un monde où la complaisance est exclue, tout obéit à une stricte nécessité. Aucun de mes actes ne sera autre chose que les résultats directs de leur préméditation. Si je veux faire un café, il faut que dans ma tête, j'en désire un. Plus personne, nul stimulus extérieur, me suggérera d'en prendre. Encore moins quelqu'un ira mettre de l'eau à ma place, pour la faire bouillir. Désormais, de la source de la pulsion — même la plus banale — jusqu'à sa satisfaction je ne dépends plus que de moi-même. Phénomène infiniment rare, n'importe où ailleurs, et surtout à terre, n'est-ce pas..

Si je n'ai pas faim, je ne vais pas manger, si j'ai faim je vais me retrouver à engloutir des quantités de nourriture telles que je n'oserais jamais avaler à terre, devant les autres ! Il n'y a plus de proportions, ni d'heures dites « civilisées ». Dans ces moments-là, je me demande toujours d'ailleurs, si c'est l'animal, ou l'anima, qui émerge ! Quoi qu'il en soit, il ne s'agit que de moi, c'est peut-être monstrueusement égoïste, mais tout se passe enfin à mon rythme. C'est justement là que cela devient fantastique. Si j'ai envie de chanter, je chante. Si j'ai envie de rire, je ris. Si j'ai envie de pisser, je pisse, je n'ai besoin de parler à personne, pour susurrer « Excusez-moi, je reviens dans une minute ! »

Je me souviens d'être resté le sourire aux lèvres des journées entières, rien qu'en manœuvrant, stimulé par l'adresse et le plaisir du corps à corps avec le bateau, dont les caprices et les astuces dans ce jeu entre moi et lui s'enchaînaient sans interruption, d'une manière inénarrable.

Souvent, vers le soir je me surprends moi-même, en me rendant compte que j'ai couru toute la journée d'un bout à l'autre du pont, sans même avoir songé à avaler un morceau, sans avoir rien fait d'autre. En fait, j'ai tellement agi, que je n'ai jamais eu le temps de penser à m'arrêter

Je m'allonge alors, en me disant, je vais dormir une heure. Je m'installe dans le cockpit, car dans la cabine j'aurais peur de ne pas me réveiller. A la limite je dors mieux dehors, car je sais que dès qu'il se produira une anomalie, je serai prévenu plus vite. Je m'endors. Et lorsque je me réveille, je m'aperçois que j'ai sombré durant trois ou quatre heures. Brutalement, j'ai l'impression que mon cœur va éclater de rage. Je me précipite aux instruments, pour découvrir que la route est restée la bonne, car le vent n'a pas changé. Là, c'est le fou rire immédiat, énorme, j'ai volé quatre heures de sommeil !

Mais parfois, cela finit tout autrement. Je me souviens un jour m'être endormi sous pilotage automatique, avec le réveil prévu pour me réveiller une heure après. Cet idiot n'a pas sonné, j'ai émergé seulement deux heures plus tard. Le vent avait tourné de cent quatre-vingts degrés, je faisais route dans le sens opposé. Mon cœur s'arrêta, avec la sensation de la maison qui brûle alors que l'on dort, c'était vraiment l'angoisse. Combien de distance perdue exactement, il fallait attendre le point, pour le savoir. Mais d'ores et déjà, j'avais perdu le chemin d'abord effectué, plus celui fait à l'envers, sans oublier la même route qu'il me fallait refaire, c'était trois fois le temps à rattraper, une catastrophe... Elle m'est arrivée avec Kriter VI.

Par contre, réussir la prouesse d'avoir dormi trois heures d'affilée, sans que rien n'ait changé pendant « l'absence », c'est fabuleux. Au réveil, cela donne la vraie frite, on a récupéré, on se sent le roi du pétrole. Commence ce que j'appelle un « petit déjeuner de minuit », puisque de toute façon, il y a longtemps que les horaires sont bouleversés, café, bacon, œufs sur le plat, confitures, la fatigue — ce problème sournois qui empêche de vraiment jouir — s'est envolée. Je me sens tout frais, je chante, je m'éclate, elles sont fréquentes ces joies en mer, où l'on fait souvent l'idiot pour le seul plaisir de se faire rire soi-même, la voile de course en solitaire étant tout sauf la tristesse, la neurasthénie !

Les grands bateaux sont lourds à mener, ils en font voir de toutes les couleurs physiquement, donc retrouver des forces exige de dormir un minimum, tout en se réveillant un maximum. Le moment du sommeil est un stress terrible, dont la sonnerie du réveil est la seule garantie, pour le coureur en solitaire, afin de tenir le rythme. Si jamais celle-ci fait défaut, commence l'horreur. Car l'on ne peut plus jamais s'abandonner, même le subconscient fait que l'on part un peu, que l'on finit par fermer les yeux. Quelques heures d'inconscience de trop, et la course est perdue.

Sur Jacques Ribourel durant la Route du Rhum, je n'avais pas de réveil, et j'ai durement souffert. Je n'osais pas aller dormir, quand l'épuisement me forçait à m'allonger, c'était dans le cockpit, presque en déséquilibre, pour me casser la figure de mon perchoir, dès le moindre changement de rythme ou d'allure du bateau. Et je m'arrangeais pour placer au-dessus de moi une manivelle de winch en position non moins instable, pour qu'elle me tombe dessus pour les mêmes raisons. De préférence sur la gueule, afin que je la sente. Ça ne fait pas trop mal, et ça réveille au moins, avec certitude !

La manœuvre en solitaire, lorsque plusieurs centaines de mètres carrés de voiles montent dans le ciel sans accroc, pour se gonfler en un clin d'œil, en libérant une énergie démesurée, c'est pour l'ego une satisfaction hors du commun. Les tractions et les pressions engendrées par ces masses de voilures sont telles, dès que le vent souffle, qu'il n'est pas question pour un homme seul de les dompter, comme le ferait un équipage au complet. Il se pose alors un problème de stratégie. Pour rythmer et enchaîner les gestes, l'adresse et l'harmonie plus que la force physique pure jouent à fond. Quand je réussis avec élégance, il m'arrive de rester debout sur la plage avant, tandis que la machine accélère, décollant sous l'énorme traction, et soudain... d'applaudir ! Ceci à la fois pour remercier le bateau, mais aussi mon corps, d'avoir si bien joué, de bout en bout. Le spectacle grandiose de cette cathédrale de toiles semble hors de proportion, il n'a eu comme simple auteur, qu'une seule tête, qu'une paire de bras et de jambes, et pourtant... il y a une griserie certaine, à se sentir devenu homme-orchestre !

Mais si ça cafouille, la moindre erreur prend vite des proportions de panique, j'ai brusquement la gorge sèche, avec la sensation du type qui vient d'appuyer sur un détonateur, sans pouvoir s'éloigner du lieu de l'explosion. Je me dis « Nom de nom ! dans quelle combine suis-je, et qu'est-ce que je vais bien pouvoir inventer, pour en sortir... » Je n'ai que de brèves secondes pour trouver la solution, et intervenir avant que tout se déchaîne ! Là, j'agis très vite, il faut ruser plein pot, avant que le vent n'impose sa loi, qui se chiffre par dizaines de tonnes. La tension est telle que le cerveau ainsi stimulé fait agir mes bras, avant que je comprenne moi-même ce que déjà je suis en train de tenter. Tout dépend du bateau aussi, il y en a qui ont bon caractère, qui pardonnent. Et d'autres qui sont vicieux, dont il faut se méfier. Ils auraient plutôt tendance à aggraver les choses, comme par un malin plaisir. L'échec le plus classique en manœuvrant se traduit par un spinnaker perdu, dont les lambeaux serviront pour faire des petits rideaux, ou des mouchoirs pour l'hiver !

Une fois le pire passé, la machine à nouveau sous contrôle, bien réglée, le pilote automatique prend la relève, et non moins soudainement, je me retrouve les bras ballants, sans rien à faire. J'ai tellement tourné de manivelles, établi, renvoyé, rangé, manipulé, déplacé en vingt minutes six cents mètres carrés de toile de tous les côtés, avec des efforts longs et intenses, que j'éprouve l'impression de faire un métier de fainéant, l'après-effort devient du luxe. Le contraste est magique, je me laisse complètement aller, jusqu'à brancher la radio pour écouter n'importe quels flonflons de musique captée au hasard ; dehors le bateau file comme sur des rails, je m'installe les pieds sous la table, avec une fourchette, tel un banal plouc pleinement satisfait de sa condition, entamant un petit festin, devant le plus beau décor au monde, la mer.

Mais il existe aussi des circonstances où plus rien ne marche, où le vent ne cesse de tourner, où tout m'arrive dans la gueule, où je m'agite comme un forcené, à la limite du sang-froid, avec de la hargne, de la rage, condamné à courir d'un bout à l'autre du pont, sans pouvoir penser à autre chose qu'à manœuvrer, et manœuvrer encore, jusqu'à l'épuisement. Dix heures peuvent passer, et ça continue, je me rappelle avoir fait soixante-deux virements de bord durant une seule nuit, les ayant comptés comme un défi. Car à l'aube, il faut avoir gagné du terrain, coûte que coûte. C'est alors le délire, l'attaque, je me répète que je dois vaincre, c'est une obsession. Virement de bord sur virement de bord, je vais à l'avant, je reviens à l'arrière, je vérifie le cap au compas, je constate que le pilote automatique gouverne bien, et ça repart — encore — de l'autre côté, j'éclaire le répétiteur de girouette d'un coup de lampe. A cet instant, il y a toujours le sale petit grain vicieux qui arrive, je suis trempé, je n'y vois plus rien, le vent tourne à nouveau, force, il faut — encore — virer, et la houle se lève, il faut — encore — changer de voiles. Ce sont les périodes d'orages les pires, avec leurs nuits d'engeances, à se défoncer au travail, en sachant que tout sommeil est interdit, pour une dizaine d'heures au mieux, une vingtaine au pire !

Vis-à-vis des concurrents, je sais que le plus tenace d'entre nous va en profiter pour passer devant, il se déclenche un phénomène de surenchère, à la fois maudit et fabuleux, il faut donner, donner ! Mais comme il s'agit d'une continuité d'efforts sur vingt jours, une discipline est nécessaire, exigeant aussi de s'arrêter, de faire la pause, pour continuer à pouvoir donner, donner encore, tout du long. J'adore ces rythmes, où le mental et le physique se heurtent et s'allient tour à tour à l'instinct.

***

L'éveil de l'instinct sur la mer, voilà le plus étrange phénomène qui soit. Enfant, j'avais lu dans les récits des navigateurs solitaires des phrases du genre « A trois heures vingt-deux GMT, je suis monté sur le pont, il était temps un paquebot venait vers moi à toute vapeur, s'apprêtant à me couper en deux ! » Et le capitaine miraculé de se féliciter durant trois pages entières pour avoir échappé au drame de couler à pic, grâce à Dieu, et au hasard d'une chance incroyable. Personnellement, je crois aujourd'hui que chance et hasard n'avaient rien à voir avec cela.

C'est l'instinct qui avertit le marin, et le fait grimper sur son pont, car en très haute mer, on retrouve des capacités de perception complètement occultées chez l'homme. Je me souviens d'un soir, à la tombée du soleil, en route vers la Guadeloupe, où assis à mon bord devant la table à cartes, j'ai senti la présence de quelqu'un dans mon dos, physiquement. Je n'avais vu personne depuis dix-sept jours. J'ai décroché alors la radio, et appelé « Allô, Philip Weld ? » Il m'a répondu « It's you Olivier ? » On a comparé immédiatement nos positions, nous étions à soixante milles l'un de l'autre ! Il m'avait « piqué », senti sur l'eau comme moi aussi je l'avais perçu !

Ceci est loin d'être un cas unique, ainsi en Polynésie, les vieux sur les atolls annoncent soudain « La goélette arrive demain ! » Elle n'a envoyé aucun message, nul ne sait où elle s'est arrêtée, car sa bourlingue l'a emmenée paresseusement, selon les aléas du fret et des vents, d'île en île. Mais les vieux ne se trompent pas, le lendemain, elle est à quai !

Jean-François Deniau traite de cela fort bien dans son livre La Mer est ronde. Il parle de cette espèce de magie du cercle maritime, en lequel, quand un bateau et un homme y pénètrent, le cercle se referme, à la fois prison et liberté. Cela ne correspond pas à un raisonnement, mais à une sensation. Tous les marins sont dès lors interreliés, pa quelque chose d'inexplicable, très puissant, très étonnant mais qui finit par devenir admis, naturel.

J'apprécie pour ma part d'osciller de cette existence marine, archaïque et primaire, à une vie parisienne, superficielle, mais drôle. Je ne pense pas que la première contienne les « Vraies Valeurs », pas plus que la futile allégresse plus ou moins enjouée de la seconde, ne les nie. La seule opportunité est peut-être la bascule entre les deux mondes, c'est elle que je trouve fascinante, et grâce à son mouvement, j'ai souvent l'impression de recevoir le meilleur de chacun d'entre eux.

Toutefois, je me suis beaucoup plus fréquemment découvert en manque de vagues, qu'en désir effréné de goûter « l'esprit parisien », qui attire ou répulse des millions de Français, tant il émane d'une ville dont la personnalité est marquante. En comparaison je précise que j'ai horreur des villes de province, sauf celles du littoral, qui sont comme des observatoires pour moi, dont je peux contempler la mer.

Je n'ai jamais été en manque de terre, de toute façon, en bateau. L'univers maritime s'empare tant de l'esprit du marin, qu'il y devient un ange (quelque part), qu'il le veuille ou pas. On y abandonne ce que l'on considère comme nos démons. C'est une certaine forme d'ascétisme comblé, lié à quelque chose d'extrêmement pur, très fortifiant, très exaltant, très riche, pour l'âme. Quand je dis pur, ce n'est pas en opposant la pureté par rapport à l'impureté. Il n'y a pas de possibilité de flétrissure. C'est un monde privilégié, car celui de la solitude et de l'oubli. La mer n'a pas de mémoire. Entre trente et soixante-dix jours au grand large, si l'on n'a pas écrit au jour le jour ce qui s'est passé, à l'occasion de la comptabilité des distances sur le livre de bord, des souvenirs, il n'en reste guère... La mémoire s'est effilochée. La pureté vient de cet oubli. Il n'y a plus d'heures, plus d'horaires, mais seulement des lumières qui changent, sombres la nuit, bleues le jour. Tout se chevauche, s'interpénètre, le rythme biologique est relié enfin à l'originel.

Car tout ce spectacle offert est strictement le même que celui observé par les membres de notre espèce à l'origine, des millénaires auparavant. Alors parfois, au fil des vagues, on redevient ce premier homme, jusqu'à retrouver son regard, sa naïveté primordiale, son inconscience, et en recevant comme un cadeau colossal, quelque chose qui n'a pas de nom, pas de limite, que malhabilement j'appelle le souffle du Monde. L'histoire humaine devient un pet, celle de la France un ragot d'une vanité effrayante, il est rare et prodigieux pour un être humain de dépasser ainsi les bornes rassurantes du décor de toute sa petite vie, pour s' « expandre » dans toute son ampleur face à l'origine de l'univers, aux continents à la dérive, aux volcans qui explosent, aux océans qui n'ont cessé de battre, de revivre l'histoire gigantesque qui le concerne, la vraie, celle de millions d'années, son voyage prend alors une autre dimension, et je préfère appartenir à cela, qu'à un parti, un Etat ou à un pays.

VIII

L'AUBE DU SPONSORING

Afin de parler des premiers balbutiements du sponsoring, il me faut remonter en arrière, à la première course autour du Monde, au début des années Soixante-Dix. A l'époque, pour monter cette opération, nous étions quatre pionniers. Eric Tabarly, qui désirait faire construire un très gros bateau. Gérard Petitpas, venant de quitter la Marine Marchande, pour se consacrer entièrement à l'aventure. Michael Lebert, qui avait trouvé des bureaux à Havas, où en tant que quatrième mousquetaire, je fus nommé « Media Planner ». Titre ronflant, ne signifiant rien, sauf de recevoir tous les mois un salaire, durant la chasse aux commanditaires, qui en dura huit.

Je n'avais jamais connu une telle aubaine financière, payé rubis sur ongle, sous contrat. C'était la fin des années d'expédients, des tentatives au coup par coup, nous nous lancions avec préméditation dans l'aventure, avec un vrai bureau, une batterie de téléphones, une équipe solide. Au final, la DCTN (Direction Technique de la Construction navale) finança le projet.

Mes premières bottes qui ne prenaient pas l'eau, je les ai eues avec Pen Duick VI, et pourtant, j'en avais parcouru des milles et des milles, auparavant ! Cette fois nous partions avec des cirés flambant neufs, des duvets au confort dernier cri, les premiers sous-vêtements Equinoxe conçus spécialement pour la traversée, les premières parkas. Le fait d'être ainsi équipés de pied en cap, par des entreprises intéressées par les retombées de cette course, était un phénomène si nouveau à l'époque, que nous avions surtout la sensation d'être des pirates partant avec un superbe butin d'abordage, en leur ayant joué un bon tour !

Pen Duick VI s'avéra une machine de course fantastique, à une exception près. Elle n'arrêtait pas de perdre ses mâts ! Après le premier démâtage, nous réparâmes à Rio, et fîmes route sur Captown. En descendant vers le Sud, le rythme du bateau était une splendeur, après avoir rattrapé les concurrents, du dernier au premier, nous prîmes quatre cents milles d'avance sur toute la flottille ! Ce fut un véritable tour du globe en accéléré, une course terrible, avec des accidents, des morts.

Nous perdîmes un mât encore une fois, après l'étape australienne, ce qui sonna la fin définitive de nos espoirs. Malgré tous ces avatars, dus à des erreurs dans la structure du pont, qui en s'affaissant insidieusement, sapait à chaque fois l'espar à sa base — phénomène délicat à déceler, diagnostiqué trop tard — je demandai à Eric s'il accepterait de me louer Pen Duick VI pour le commander à mon tour, par la suite. Il me donna son accord verbal. Je projetais de disputer Londres-Sydney-Londres, cette fois en tant que maître à bord. Le problème du pont résolu en le renforçant, vu les qualités intrinsèques de la machine, j'estimais pouvoir gagner cette nouvelle épreuve, haut la main. A condition de trouver un financement. C'était à priori le plus difficile.

Pourtant, lors de l'étape de Sydney qui précéda notre second démâtage, deux faits avaient attiré mon attention. D'abord, pour la première fois dans le milieu de la voile, un bateau disputait le tour du monde, avec sur son tableau arrière une marque publicitaire. Il s'agissait de Kriter,

L'aube du sponsoring

armé par cette marque de vin de Beaune, premier sponsor historique du yachting de compétition en haute mer. Je « humais » là sinon une solution pour un marin perpétuellement désargenté, du moins une possibilité à méditer pour le futur. Ensuite, les commanditaires de Kriter — complètement inconnus du milieu nautique — avaient organisé un dîner pour tous les équipages, dans un hôtel ultra-chic de Sydney, dans de grandes salles blanches, avec des nappes et des fleurs. Ce fut la toute première belle réception du yachting, que j'ai pu voir dans ma vie. Elle faisait tellement plaisir à nous tous, affamés et isolés au bord des quais d'un port désert, que l'atmosphère devint très vite gaie, la boisson coulait en abondance, chacun se sentait « reçu » avec l'impression rare qu'elle n'était presque offerte que pour lui.

L'homme qui était à l'origine de tout cela s'appelait Michel Etevenon. En le rencontrant pour la première fois, je lui trouvais plutôt une sale gueule, du genre business-business. Nous, les équipages, venions d'un monde très primitif, et nous ne mâchions pas nos mots ! Je me suis dit, méfions-nous, ce type-là ne doit pas être très clair. Lorsque nous lui posions des questions, il ne répondait jamais directement, mais par ellipses. Les marins sont primaires, ils disent très vite ce qu'ils pensent. Cela n'arrangeait pas nos rapports, ni mes soupçons personnels. Visiblement, ce personnage n'était pas de notre race.

De retour à Paris, Gérard Petitpas me dit « Puisque tu veux faire la course des clippers, va voir Etevenon, peut-être que Kriter veut se relancer dans cette aventure-là ! » Je pris contact avec le requin qui savait si bien recevoir, avec beaucoup de méfiance. Et quasiment débarqué de la veille, d'un pont recouvert d'écume, je me retrouvais à arpenter la rue de la Paix, me frayant un passage en tanguant, entre des créatures engoncées de visons, des banquiers sortant de leurs limousines, et des hommes d'affaires à mallettes en croco, comme un goéland échoué, pris d'un certain vertige.

Cette sensation ubuesque du marin dans les quartiers chics, lancé à la chasse au sponsor, a été partagée depuis par nombre de confrères, mais à l'époque elle n'était pas du tout entrée dans les mœurs. A vrai dire, je n'avais aucune idée de l'art et la manière de convaincre un homme d'affaires d'investir cent millions de centimes sur un marin voulant partir autour du monde, pour gagner une course.

Je suis entré dans son bureau, sans grand espoir. Je lui ai dit « Voilà, je dispose de Pen Duick VI pour courir Londres-Sydney-Londres ! Afin que je puisse le louer à Eric Tabarly, l'entretenir, payer l'équipage, il me faut un million de francs nouveaux ! » C'était un coup direct, un tout ou rien, de toute façon l'idée d'un préliminaire onctueux m'écœurait. A ma plus grande surprise, Etevenon répondit, tout aussi abrupt : « Ça m'intéresse ! » Alors commencèrent les négociations proprement dites. Ah, la rue de la Paix... Je l'ai sillonnée des mois durant, faisant le siège du bureau de Michel, pour d'interminables discussions. Peu à peu j'appris à le connaître, derrière ses fameuses « ellipses », se cachait un homme qui gagnait ainsi un temps précieux, face à ses interlocuteurs, pour réfléchir. C'était un calme, un doux, en fait, avec une intelligence créatrice, des idées fortes sur l'avenir de la voile, et surtout une éthique irréprochable de celle-ci.

Et un matin, il m'appela pour me dire « C'est d'accord avec Kriter, passez à mon bureau avec Tabarly à quatorze heures, pour signer... »

A quatorze heures, pas de Tabarly. A quinze heures, toujours personne. A seize heures, toujours aucun signe d'Eric. A dix-sept heures, encore rien. A dix-huit heures, je l'appelle chez lui. Juste en face de moi, Michel Etevenon est derrière son bureau. Au téléphone Tabarly me répond « Je ne suis plus d'accord pour louer mon bateau ! » D'un seul coup, brutalement, sans préambule, ni excuses. Et il ajoute « D'ailleurs, tu n'as pas d'équipage ! » C'était l'horreur.

Eric m'avait donné sa parole de me confier le Pen Duick VI, je n'avais même pas songé à signer des papiers entre nous, tant ma confiance en lui était totale. Comme un idiot, je me retrouvais face à Etevenon à qui j'avais fait perdre son temps depuis cinq mois, l'argent était sur la table, et je n'avais plus de bateau ! Je m'apprêtais à sortir du bureau en m'excusant, complètement humilié. A ce moment Michel Etevenon fut royal. Il m'a dit « Eh bien, Olivier, il va falloir que nous trouvions un nouveau bateau ! »

Sur le coup, je ne l'ai pas cru, j'ai reçu cela comme un mensonge habile, un propos de circonstance, de la part d'un interlocuteur, cherchant à atténuer la déception de son vis-à-vis. Au moment où je passais la porte, il me lança « En tout cas, revenez demain... »

Demain... Je suis sorti dans cette maudite rue de la Paix, entre la colère et les larmes. J'avais tant rêvé de Pen Duick VI, j'avais l'expérience d'un tour du monde à son bord, l'âge pour le commander, et tout s'était écroulé. Et ce type là-haut, qui m'avait dit « Il nous faut un autre bateau ! » Mais il allait falloir des années encore, pour lui expliquer qu'il n'existait rien de comparable à Pen Duick VI, disponible sur le marché actuel. Pour moi, c'était fini, je venais de passer des mois à Paris, à négocier une affaire dont je n'avais même jamais détenu la clef de voûte depuis le début, encore une illusion de plus. Le cœur broyé, je rentrais chez moi, je n'ai plus aucun souvenir de cette nuit-là, sinon que ce fut à moi-même que j'en voulus à mort, pour m'être trompé. Je me suis détesté, de ne pas avoir prévu une embrouille de ce genre. En fait, la raison mystérieuse du désaccord brutal de Tabarly me semble liée, avec le recul du temps, à sa hantise de revivre tous les problèmes de Pen Duick IV quand il s'en sépara, au profit d'Alain Colas.

Le lendemain, je retournais voir Etevenon, qui m'accueillit avec une extrême gentillesse. Je n'osais plus rien dire. J'avais l'impression d'avoir cassé un vase en porcelaine, d'avoir mis le feu à la maison, mon cafard était terrible. Jusque-là, vivre seul, sans un rond comme d'habitude ou presque, c'était tenable avec le rêve de Pen Duick dans la tête, même dans les rues de Paris je naviguais encore, par anticipation. Avec un bateau en projet, un marin peut déjà se projeter sur la mer. Mais même mes fantasmes avaient fait naufrage, je venais d'atterrir sur le béton.

Michel Etevenon, avec beaucoup de finesse, me montra des dossiers de bateaux potentiellement disponibles. C'est lui qui me redonna courage, car je m'aperçus que cet homme, que je trouvais un peu mou, était un vrai partenaire. Ce sont sur les coups durs que l'on juge les gens. Là, j'ai vu quelqu'un qui ne me lâcha pas une seconde, en se mouillant tous azimuts, jusqu'à découvrir une piste de voilier qui me fit prendre l'avion, avec Pierre English, pour la Grèce.

A notre arrivée, nous allions tomber de haut, encore une fois. Le bateau en question était grand certes, en aluminium, mais mal structuré. Il s'agissait d'une énorme caravane flottante, prévue pour le charter avec des douches dans tous les coins, je n'avais jamais vu autant de chiottes dans une coque de voilier, partout régnait un faux luxe de Formica et de moquettes synthétiques. Envisager Londres-Sydney-Londres avec un tel engin, c'était un peu comme prendre le départ d'une épreuve de formule, à bord d'un camping-car !

Sur l'eau, cet hôtel flottant allait vite, et encore... ce n'était qu'à cause de sa taille. Nous naviguâmes une journée complète, pour des essais, et j'étais près de m'arracher les cheveux, lorsque son capitaine, un Anglais prénommé Julian me dit « Ne le jugez pas trop vite, c'est pas un bateau de course pure, mais c'est une bonne barque, il a de la puissance, et même un petit quelque chose en plus dans certaines conditions de mer et de vent ! »

Soudain, j'ai confiance dans ses propos. Julian a huit ans de moins que moi, cela fait trois mois qu'il navigue sur ce bateau dont il s'apprête à prendre officiellement le commandement, à l'âge de vingt-trois ans, pour faire du charter en Grèce. Donc du point de vue professionnel, il a tout sauf intérêt à me l'abandonner. Et puis, dans le ton de sa voix, je perçois que sa passion de la course est plus forte que son appétit de carrière. Il est fier de son voilier, il le considère comme digne de passer le cap Horn, il est prêt à tout, y compris à sacrifier son propre intérêt, au nom de cet enjeu ! De plus, il m'assure connaître mon futur rival dans l'épreuve, Great Britain, et que son « hôtel flottant », une fois débarrassé de sa collection de salles de bains, sera susceptible de l'égaler.

Pierre English, lors de la discussion finale, me fait signe que c'est de la folie douce, et me lâche le soir même, pour rentrer par le premier avion, à Paris. Une fois de plus, je me retrouve seul. Là-bas, les rumeurs vont vite, déjà le milieu nautique fait des gorges chaudes, à propos de mon option.

A mon tour, je reviens à Paris, Etevenon me dit « Ne vous dégonflez pas Olivier, je prends les risques avec vous, on y va ! » La seule chose dont je ne veux pas, c'est d'embarquer des hommes dans une aventure que je ne contrôle pas techniquement. Je rejoins le voilier à Palma pour le remonter jusqu'en Angleterre, avec Julian. Je découvre ses vices, qui proviennent d'un accastillage déplorable. A certains moments, il n'avance pas, mais à d'autres ce n'est pas si mal que ça. En tout cas, c'est un bon gros pantouflard sous-équipé, mais sain. Le plus frappant est sa vélocité à cinquante-cinq, soixante degrés du vent. Mais en dehors de cette allure, comparé aux performances de Pen Duick VI, c'est une machine très inférieure.

Arrivé en Angleterre, je sais que ce bateau sera digne d'un tour du monde. Les accords sont passés, il est immédiatement hissé sur la terre ferme, dans un chantier de Limington. Au téléphone, Michel Etevenon me dit « Maintenant Olivier, équipez-moi ça pour la course, et d'ailleurs combien vous faut-il d'argent ? » Depuis le début de cette opération démente, il m'a fait une confiance absolue, et incroyable, ça continue. Pourtant, mis à part son appui, et celui de Julian resté à mes côtés, je suis seul. Les « pros » de la voile ricanent, ils n'envisagent pas une seconde de me rejoindre, ils trouvent le voilier indigne d'eux. Sans aucun équipier en vue, sans un instant pour aller en chercher, au charbon jour et nuit, pour jeter dehors tout l'ameublement, le Formica, les cuvettes de w.-c. et les pommes de douches, ça commence plutôt mal.

Et puis, peu à peu, un par un les hommes arrivèrent. Les uns de la part d'Etevenon, les autres grâce au bouche à oreille. Je me souviens, le premier était un costaud, l'air d'un voyou, avec des cheveux longs d'Indien, récemment poussés depuis sa sortie d'un régiment de parachutistes. Il en voulait. C'était Jacques Arrestan. Ensuite, ce fut un marin-pêcheur anglais, qui m'apportait toutes ses économies, pour courir avec moi. Lui, je n'ai pu l'accepter, car il me fallait un équipage le plus français possible, à cause du règlement. Après Arrestan, il y eut La Sablière. C'était un barbu, et la première chose que je lui ai dite c'était « Coupe ta barbe d'abord, après je verrai si je t'embarque ! » Je ne voulais pas de barbu, la barbe cache toujours quelque chose, pas obligatoirement du mauvais, d'ailleurs. Mais je n'avais pas le loisir de prendre des risques. Ensuite vint François Boucher, puis Labbé, le beau-frère de Michel Joubert. Et Gilard un expert maritime de Nantes, un peu bon chic bon genre de province...

L'aube du sponsoring

Ils débarquèrent comme ça, d'un peu partout, sans que je sache qui ils étaient vraiment. Il me restait moins de quarante jours avant le départ, et je n'avais pratiquement pas le temps de leur parler. La seule chose à déceler immédiatement, c'était une réelle inaptitude. Elle commençait au niveau de ceux qui ne seraient pas capables de se tuer au travail, nuit et jour, sur le chantier. Aucun de ces hommes n'avait « vraiment » fait de courses océaniques, parfois même peu de bateau. Mais ils « voulaient » le cap Horn, et c'était le plus important. J'étais le seul à avoir déjà couru autour du monde, à savoir réellement par quels enfers nous allions passer. Ce qui compterait dans ces parages, selon mon expérience, c'était la volonté. Quarante nuits, quarante jours de travail sans interruption, par quarts qui se relayaient, c'était un test implacable. Pour suivre, il leur fallait une sacrée motivation.

Michel Etevenon reste formidable durant cette folle période, jamais il ne mettra en doute mes décisions, dont pourtant — isolé dans ses bureaux parisiens — il n'a aucune idée précise, et encore moins un quelconque contrôle. Tout repose sur mes épaules, lui n'assume que l'aspect financier des problèmes, tout se passe entre nous sans rien signer, juste sur la parole donnée, dans la noblesse d'une confiance digne du xviie siècle...

Le vingt juillet, jour de mon anniversaire, le hasard est parfois cruel, Pen Duick VI s'amarre au ponton, et moi, debout sur le pont de mon propre bateau à peine transformé, j'éprouve un profond sentiment de lassitude. Ç'aurait été si simple si... Mais qu'importe, derrière moi j'ai des hommes qui ont la foi, eux me font vraiment confiance. Je ne vis plus qu'au niveau de la lutte de chaque jour. Ce ne sont que bagarres sordides en permanence, avec la direction des chantiers. Mais les ouvriers sont de notre côté, malgré qu'ainsi, ils favorisent un bateau étranger, un concurrent de Great Britain.

Ils partent le soir, et lorsqu'ils reviennent le lendemain matin, le bateau est peint. Ils apprécient, ils savent ce que cela signifie, chacun des membres du futur équipage travaille vingt heures par jour ! A tour de rôle nous mangeons et dormons dans une péniche dortoir, où officie déjà le fameux Georges Commarmont, derrière ses fourneaux. On est en guerre contre le temps, et les ouvriers du chantier anglais nous prennent de plus en plus en estime. Ils sentent qu'on aime le métier du bateau, que nous ne sommes pas des « yachtmen » à casquette et blazer. Ils deviennent très coopératifs, et sans eux nous n'aurions jamais pu réussir.

Moi, j'ai une énergie fantastique, mon engagement est total, je suis prêt à crever d'épuisement pour qu'on coure, donc plus rien ne peut m'arrêter. J'ai régulièrement Etevenon au téléphone qui me pousse à fond, lui et les dirigeants de Kriter, qu'il représente, me disent « Tant que vous jugez que c'est faisable, on vous suit ! » Donc je m'arrange pour que tout soit « faisable ». Cela voudra dire que la veille du départ, on n'a jamais encore hissé une des nouvelles voiles arrivées de justesse. Qu'à la fin de l'après-midi même, à la suite d'une erreur, le tank de fuel se videra dans le tank d'eau, et réciproquement ! Et qu'à 2 heures du matin, Etevenon surgira en catastrophe de sa voiture avec une liasse de papiers et de contrats. Il me demandera de signer à l'aveuglette, en me confiant « C'est pour vous protéger, il vaut mieux que vous le fassiez ! » Je sais qu'il est loyal, je paraphe tout, j'ai une confiance totale, je suis certain qu'il n'est pas en train de m'avoir. J'apprends juste que mon équipage a réussi à réparer les réservoirs d'eau et de fuel, juste au moment où j'appose ma dernière signature. Dans huit heures, nous partons pour Sydney. Pour soixante-dix jours de mer. J'y crois ! Quand Kriter II s'élance sur la ligne, le milieu nautique s'incline. A Sydney, je gagnerai l'étape avec vingt heures d'avance, au temps compensé.

L'aube du sponsoring

Mais Londres-Sydney-Londres, ce fut aussi le retour au Horn !

Le cap Horn en soi, cela n'existe pas. Sinon ponctuellement, comme quelques rochers, à la pointe extrême de la corne de l'Amérique du Sud. Il s'agit avant tout d'un parage symbolique, qui dans un monde maritime peu bavard, et guère enclin à la surenchère, fut toujours considéré comme dangereux, voire meurtrier. Plus que le Horn lui-même, c'est de son accès dont provient sa légende. La descente par le « Grand Sud », au ras des glaces, par des mers effrayantes, où toute possibilité de secours est une utopie. Là-bas domine l'isolement total, celui d'un insensé désert de vagues géantes, d'une sauvagerie d'aube du monde.

Une fois passé sous l'Afrique, il ne reste que le Horn, comme dernière présence de la terre. En haut, dans le nord de notre planète, les continents abondent encore. Mais en bas, rien de tel, c'est fini, l'élément liquide se déchaîne en maître absolu.

Autrefois, avant que le canal de Panamá soit creusé, le cap Horn fut le passage obligé de tous les navires, et les marins s'y embarquaient comme on part à la guerre pour livrer un combat dont l'issue pouvait être mortelle Certains grands voiliers tentèrent de franchir ces parages pendant des semaines et des semaines, et durent renoncer, en repartant dans l'autre sens. Aujourd'hui un individu a prétendu « passer » le cap Horn en planche à voile. C'est parfaitement grossier, comme de se faire déposer à cent mètres du sommet de l'Everest en hélicoptère, et grimper alors jusqu'en haut, en affirmant avoir accompli l'ascencion. Franchir le cap Horn n'est rien, arriver jusqu'à lui voilà ce qui a fait son renom, avec le sang et les larmes versés maintes fois, pour y parvenir

Cela ressemble à une frénétique glissade dans un enfer liquide, et de nos jours encore, aucun des navires de commerce qui se risquent en dessous du Quarantième Sud n'est plus couvert par les compagnies d'assurances maritimes !

Naviguer là, c'est un peu retrouver la préhistoire de l'élément eau, sa violence vierge, impitoyable. Et puis, renouer avec une tradition de la marine à voile disparue. Pour cette raison, j'ai conservé un souvenir particulier de cette course des clippers Londres-Sydney-Londres, car elle reprenait l'ancienne route commerciale des grands voiliers, en leur rendant hommage. Elle fut plus qu'une simple prouesse sportive, elle s'enrichissait d'un passé maritime prestigieux, celui des cap-horniers. Dans le monde de la mer, qui n'est pas un milieu de faiseurs, car elle laisse assez peu de place aux tartarinades, ce titre a toujours été magique. Ceux qui le portaient, savaient de quels efforts, de quelles peurs, ils l'avaient payé. L'obtenir à mon tour, cette fois comme capitaine — sur Pen Duick, j'avais déjà franchi le Horn, mais comme second — fut pour moi extrêmement émouvant.

Je me rappelle qu'à bord de Kriter II, un copain nous envoyait des messages radio depuis Tahiti, dont l'insolite était phénoménal. Alors qu'il ne restait plus que vingt petits degrés de latitude entre le bateau et le centre du pôle, que le froid terrible nous déguisait en pingouins, s'élevait soudain de la musique tahitienne avec des voix de vahinés, au beau milieu de cet univers glacé, magnifique, du « Grand Sud », avec sa visibilité énorme, sous des cieux tourmentés, où les lumières étaient celles de la montagne à haute altitude !

L'extrême sud de la Terre ne ressemble à rien d'autre, sur la planète. Dans le ciel passent les albatros, qu'on ne retrouve nulle part ailleurs. Le Pacifique sud, l'océan Indien, ce n'est pas un endroit où il est conseillé de s'attarder, en tout j'ai dû y séjourner quatre mois, parmi les plus intenses de ma vie. C'est une zone à risques, mais au vrai sens du terme. Il est préférable là-bas de ne pas se tromper. En cas de naufrage, pas la peine de songer au canot de sauvetage. S'y embarquer ne ferait que prolonger le supplice. Le froid ne laisse aucune possibilité de survie.

Dans ces régions, il faut en plus avoir la chance de son côté, car la plupart du temps, vent et mer « ordinaires » correspondent déjà aux conditions considérées n'importe où ailleurs comme vraiment difficiles. Pour peu que cela se fâche, c'est à la grâce de Dieu.

L'enjeu n'a plus rien à voir avec le yachting, avec la plaisance. L'on paye toujours lorsque hommes et bateaux s'aventurent dans ces régions. Il s'agit d'un engagement. Cela chante rarement à bord, les hommes vivent tendus, les quarts sont difficiles, le froid ronge, la fatigue à la fois physique et nerveuse mine. Il y a peu de documents, très peu d'informations météorologiques, de la glace, de la brume. Dans ces eaux, il m'est arrivé de ne pas enlever mes bottes pendant une semaine. Certains jours la mer a une gueule tellement effarante, que l'on préférerait oublier sa présence, ne plus la regarder.

Lorsque le baromètre « dégouline », que les sommets des lames déferlent sans interruption, à bord on a l'impression de naviguer entre des collines ! A tout prix, il faut prendre de la vitesse, pour ne pas être roulé, l'art de gouverner est redoutable, une erreur, et c'est la fin.

Soumis à cette atmosphère, les équipages sont superbes. Il y a une tension grave, venue d'hommes qui ont pris conscience du risque, très concentrés, sans nervosité, et qui font face. C'est remarquable de commander dans ces conditions, puisque chacun est prêt à tout, parfaitement éveillé. Ce sont des moments puissants, des soucis aussi, car avec mes hommes sur le pont, difficile d'aller à la couchette, au moindre problème je dois être présent, pour décider. Ceci est l'idée que je me fais du combat, du sommet de l'action, où j'ai vu chaque être donner le meilleur de ce qu'il a, car les âmes sont hautes, lavées par le danger. Exit la moindre mesquinerie, les équipiers sont prévenants les uns avec les autres. Ils savent tous qu'il est dur de rester dehors sur le pont glacé, qu'offrir un thé brûlant est un cadeau fantastique, jamais on ne les voit autant partager leurs cigarettes. Cela crée une microsociété fascinante, dans laquelle tout le monde sait ce qu'endure l'autre, faite de respect réciproque, d'humilité. L'équipier sachant bien réussir le thé acquiert autant d'importance que le meilleur barreur.

Les hommes se succèdent dans le cockpit par quart de quatre heures, mais pas le capitaine, nuit et jour il doit savoir ce qui se passe, il est la mémoire, la conscience du bateau. Entre ceux qui montent mal réveillés de leurs couchettes, et les autres descendant du monde extérieur qui en ont assez vu, du froid et des vagues énormes, l'osmose s'effectue parfois mal. C'est à moi de veiller au grain, tant psychologique que météorologique, ce sera d'après les observations des « descendants » que je saurais si j'ai la possibilité d'aller dormir un peu, ou non. « Si ça bouge, vous me réveillez », dis-je aux « montants ». Je n'ai guère d'illusions, peu de temps après une main me secoue.

A l'instant, je saute dans mes bottes, j'ai déjà un œil dehors, même sans apercevoir la mer, au visage du barreur, je présume de quoi il s'agit.

S'il n'y a pas urgence, je redescends, j'enfile le ciré, de l'eau est toujours en train de bouillir pour faire un café. Je remonte. Ils sont contents lorsque j'arrive, nous discutons sur les options à prendre, et je fais le choix final du cap à tenir, des voiles à choisir. Il s'agit d'un travail d'équipe, une belle amitié se noue à ce moment-là. Les hommes ont le visage bleu de froid mais ils sont contents. Ils ne parviennent même plus à bouger, engoncés dans leurs vestes de quart, ils savent que s'ils tombent à l'eau, bien peu de chances existent de les récupérer Ils s'en moquent, tous blaguent en évoquant leurs petite misères, plus ou moins volontaires.

Comme j'ai été équipier moi-même, je sais ce que c'est d'être dehors quatre heures d'affilée dans ces latitudes, c'est dur, très dur. En tant que skipper, c'est différent, l'on vit avec le bateau dans la tête, sans cesser d'aller et venir, de la cabine au pont, il faut veiller partout. Pourtant cela n'exclut pas de participer aux manœuvres. Hors de question de demander à mes hommes d'aller brasser de la toile sur l'avant, sans les accompagner. Les capitaines qui envoient leurs équipages prendre des risques seuls, sont mauvais. Personne ne peut juger de ce qu'il ne fait pas. A l'avant, dans la mêlée, je vois à quel rythme ça marche. Il faut toujours aller au poste où il y a le plus de travail, un skipper est fait pour ça, sinon comment va-t-il y entraîner ses hommes ? Un jour, ils vont lui dire « Tu n'as qu'à y aller toi-même, pauvre con ! » et ils n'auront pas tort ! C'est à l'image des patrons ignorant comment taper à la machine, et qui engueulent leurs secrétaires parce qu'elles tapent mal. Ils ne devraient pas. Pour élever la voix à propos du travail de quelqu'un, il faut savoir le faire. Partager les difficultés, même les moindres, voilà comment mener un équipage. Ce n'est pas parce qu'il y a écrit « Capitaine » sur la casquette, que cela donne tout pouvoir, c'est aux épaules qu'elle existe, la casquette en question !

Certains jours j'ai fait jusqu'à dix-douze heures de manœuvres presque ininterrompues. Mais le plus délicat reste d'évaluer la fatigue des autres. Si les conditions sont extrêmes, dès qu'un quart montre des signes d'épuisement, il faut faire monter l'autre, le fatiguer, faire venir le troisième, et ainsi de suite. Pas un d'entre eux ne va dire « On n'en peut plus, on veut descendre » en risquant de perdre la face. C'est mon rôle d'ordonner les rotations. Si le rythme est bon, l'équipage est heureux de naviguer, il s'installe une forme de courtoisie, de politesse adaptée à l'exiguïté du bord, et à l'effort. C'est un monde excessivement réglé. Quand quelqu'un accroche son ciré, non seulement il évitera de faire tomber celui d'un autre, mais même de le mouiller. Chacun range ses bottes, car tout ce qui doit rester sec est précieux.

Sur Kriter II, j'avais fait en sorte que chaque individu choisisse sa couchette, et soit responsable de toute l'étanchéité des environs. Afin qu'il ne vienne pas pleurer auprès du capitaine qu'il pleut sur sa bannette. Ce fut un moyen de me débarrasser à tout jamais des revendications et des jérémiades. Moyennant quoi, tous s'en occupèrent très bien, et dormirent dans un endroit sec. Sauf moi, car pour ce genre de choses, je suis absolument nul. J'étais toujours mouillé, et je me rappellerai longtemps la tête de Daniel Gilard, qui, en me réveillant, constata que tout était trempé, autour de mon antre !

J'ai commandé un équipage « valeureux », au sens maritime de l'expression, où personne ne contestait quiconque, car le « Grand Sud » imprégna de sa majesté les comportements, unissant les esprits, excluant les heurts des caractères et les bassesses. A l'arrivée de la première étape les familles les attendaient, mais passé les retrouvailles, se produisit un phénomène étrange. Malgré la fête, la foule la présence des proches, des fiancées, des amis, peu à peu j'observais que des petits groupes se formaient, constitués précisément des hommes de chaque quart, serrant les coudes instinctivement, ils ne pouvaient s'empêcher de se retrouver entre eux, pour continuer à vivre l'aventure, les ex « montants » d'un côté, et de l'autre les ex « descendants »... Quant à moi, j'étais seul Commander, c'est aller vers la solitude.

Parler du « Sud » me donne soudain la nostalgie des aubes là-bas, après une nuit si courte qu'elle peut, en été

L'aube du sponsoring

durer à peine quelques heures. A bord, la tasse de café dans les mains, à l'abri du ciré, le visage juste en dehors du capot de la descente, l'on discerne à peine les couleurs, il y a juste les formes des vagues démesurées, car déformées, telles des montagnes d'ombres d'un gris métallique, sinistres. Mais de l'intérieur du bateau monte une odeur bien humaine d'œufs et de bacon, que se partagent les équipiers avec des gueules ravies, encore trempés, ébouriffés, ils dévorent comme des gorets, ils sont heureux. Bien peu de paroles sont échangées, la fatigue domine, l'habitude de communiquer s'est perdue, c'est un monde de plus en plus silencieux ultra-simple, la bordée descendante sait que le sommeil les attend, physiquement ils sont à bout, et se réchauffent peu à peu, les cols des vêtements ouverts, la flotte commence à sécher, à peine. Malgré la lassitude, des blagues fusent, ils se moquent du quart qui est en haut, déjà. Toujours les mêmes plaisanteries, peut-être parce qu'il s'agit des mêmes bonheurs. La rivalité est une tradition, entre les quarts. Le quart des mauvais, c'est toujours celui où l'on n'est pas ! Les uns sont sortis à peine des bannettes, les autres viennent de la nuit glaciale. C'est presque « métro, bateau, dodo », ils ne font que se croiser entre eux, ils ne se connaissent pas vraiment, toute la traversée ce chassé-croisé se maintiendra.

Ceux qui viennent de « tenir » le bateau pendant quatre heures sentent immédiatement si « les autres » viennent de commettre un impair. Depuis l'intérieur, bien au chaud, ils injurient copieusement le nouveau barreur qui n'a pas encore pris le rythme, et bourre un peu l'étrave dans une vague. Ils savent bien que la prochaine fois, ce seront eux qui émergeront du sommeil, à leur tour devenant les cibles des railleries. C'est le jeu, c'est bon enfant, jamais vraiment agressif. Parfois, un des équipiers descendants délaisse sa fourchette, va près de l'échelle, et prévient qu'il a vu telle déferlante se former plusieurs fois, et utilisé avec succès — forcément, puisque nous sommes encore intacts — une tactique particulière, pour la négocier. C'est une précision importante, là-haut les autres l'écoutent avec une attention sans équivoque, à propos de cette mer-là, on ne plaisante plus.

Moi, je vais et je viens, je reste un peu sur le pont, je barre quelques minutes pour « sentir » le bateau, et puis je me force à réintégrer l'intérieur, afin d'accumuler un peu de chaleur, économiser de l'énergie, en prévision d'un éventuel coup dur, toujours possible. Je n'ai jamais ce bonheur très brutal de pouvoir mettre la gomme quatre heures sans interruption, puis d'aller dormir comme un bébé. Cela m'a manqué souvent. J'ai toujours dit depuis, que si je naviguais à nouveau avec un équipage lourd, ce sera avec des hommes qui pourront être co-skippers. L'idéal étant de pouvoir se reposer sur des seconds, pour délaisser le rôle lassant, car préventif du capitaine en veille permanente. Et de faire du quart tel n'importe quel équipier, avec la joie d'être à la barre pendant des heures, de positionner le bateau sur cette mer démontée, pour partir dans des surfs effrénés. J'ai vu des hommes gueuler de bonheur quand la machine de plusieurs dizaines de tonnes partait au surf, en soulevant des gerbes d'écumes incroyables, à couper le souffle. Aller sur la mer, ce peut être un jeu, un flirt, une aventure. Agréable ou difficile. Paisible ou dangereuse. Surfer sur les monstruosités liquides du « Grand Sud » est tout autre. C'est une épopée. Dense. Singulière. Qui emmène au bout des choses, jusqu'à l'ultime limite. Quarante jours d'absolu, et des points de non-retour. Si un homme est blessé, rien ne pourra être tenté pour lui, avant vingt, vingt-cinq jours de mer.

Le souvenir des manœuvres délicates qui se déroulèrent, les regards que les hommes échangeaient alors, et celui que — comme capitaine — je posais sur eux, sur leurs vies dont j'étais responsable, aujourd'hui encore, j'en garde

L'aube du sponsoring

l'esprit au cœur. Ce fut la fin des artifices, l'accès à l'essentiel, la beauté de la chose « faite », impeccable.

Au retour d'un tour du Monde les hommes sont tellement lavés par la mer, que cela se voit dans leur regard, ils ont une force particulière, physiquement et moralement, et cette alliance est rare, complète, puissante. J'apprécie les yeux des marins à l'arrivée d'une course longue et leur attitude, aussi. Il n'y a plus de prétentions, seulement une reconnaissance des faits. Il y a des réussites et des échecs, sans équivoque. Même les spectateurs deviennent convenables, par osmose, les connards du style « T'as gagné Marcel, c'est toi le meilleur » la bouclent définitivement. Ce n'est pas un monde de faux-semblants. Aucun coureur ne tiendra le raisonnement du « J'aurais pu gagner », cela est impensable, l'épreuve a été trop longue, trop majestueuse, trop dure. Les visages des équipages qui débarquent, ce sont ceux d'hommes qui ont tout donné. C'est digne, très fort. L'on voit rarement des arrivants mal placés réellement humiliés, et des vainqueurs vraiment fanfarons. J'ai aperçu des gens peinés, qui avaient tout donné pour ne rien prendre. D'autres qui pleuraient, parce qu'on les avaient soutenus, aidés, et leur résultat obtenu paraissait dérisoire, en échange. J'ai toujours vu des gens authentiques.

Je sais ce que pense celui qui est arrivé cinquième, et qui aurait voulu être premier. On lui dit « bravo », ça lui fait autant de mal que si on l'insultait. Il est presque au bord des larmes.

Quelqu'un dans le public insiste « Bravo belle course ! » Il n'a pas tort, c'est vrai — belle course — mais ce n'est pas celle que le skipper voulait. Pourtant ce n'est pas pervers, même si la détresse est totale, quand il entend « Bravo ». Bravo de quoi ? J'ai connu cette blessure, ce désarroi, ce choc. C'est un moment où l'âme est à nue, au maximum. Ce n'est pas pervers pourtant c'est peut-être l'homme au meilleur de lui-même, touché au fond, jusqu'à l'humilité.

***

Après ces aventures de Kriter II, je suis retourné souvent rue de la Paix, revoir Michel Etevenon. Avec lui, j'avais appris une chose essentielle. Il est possible de tout faire dans la vie, absolument n'importe quoi, mais jamais avec n'importe qui. Et pour moi, Michel fut tout sauf n'importe qui. Il reste l'un des deux ou trois hommes vraiment solides, courageux, que j'ai rencontrés.

C'est un cas. Il ne fait pas de bateau lui-même, et pourtant il a une passion totale pour eux. Outre qu'il fut avec l'appui des dirigeants de Kriter, le père du sponsoring de la voile, il inventa la première course open de multicoques, avec la Route du Rhum. A l'époque, l'ensemble du yachting français ricana du projet. On connaît la suite. Et tout ça pour le « cocorico », le pavillon national, pour damer le pion aux Anglais, c'était à la fois désuet, et formidablement en avance.

C'est un homme très critiqué, envié, jalousé, comme tous ceux qui plus que réussir, ont inventé quelque chose. Il ne s'est pas enrichi sur le dos des marins, surtout. Toutes les idées sur les grands multicoques ultra-modernes, la course open, le panache, le risque, l'aventure sponsorisée et répandue dans le très grand public, c'est une ligne d'action qu'il a définie il y a huit-dix ans, dans son bureau, avec moi. Mais ce fut son invention propre, je n'eus à dire mon mot que techniquement.

Dès la première course autour du Monde, à la fameuse étape de Sydney, il avait compris notre milieu, bien que personne ne lui ait beaucoup adressé la parole. Il avait perçu force, vie, folie, engagement, passion, et par-dessus tout l'éthique, qui présidaient à la qualité de ce sport. Dès lors, sa vision de l'évolution du yachting océanique était simple : « Nous sommes Français, me disait-il, donc nous allons créer des courses françaises ! Nous n'écrirons pas le nom du sponsor en trop grosses lettres, car un bateau doit rester un bateau. Et vous porterez des tee-shirts publicitaires, seulement si vous le désirez. Parce que le sponsoring, c'est mettre une certaine somme d'argent au service du vrai sport. Et non l'inverse, la voile au service de l'argent... »

Avant lui, il n'y avait de course de bateaux digne de ce nom, qu'anglaise. Aujourd'hui quatre-vingt-dix pour cent de la flotte des multicoques de haut niveau est française. Et ceci est dû à Michel. Il y a toujours une pléthore d'individus qui le nient et expliquent que c'est leur œuvre. Mais j'ai vu personnellement naître la Route du Rhum dans son bureau. Les Anglais l'énervaient au plus haut point. Il voulait créer une course nationale, rejoindre un point de France à un autre point de France. Je me revois encore rue de la Paix avec lui, devant son atlas ouvert au hasard. Il me disait « Qu'est-ce que vous pensez Olivier, si on allait là, aux Antilles, Saint-Malo-Pointe-à-Pitre, ce serait pas mal comme parcours, non ? »

Il rencontra les rhumiers, ceux de la Martinique et de la Guadeloupe. Finalement, après des mois de bagarres homériques, ce furent ceux de la Guadeloupe qui dirent oui les premiers.

Un jour, Yvan Levaï l'interviewait sur Europe N° 1 un matin. Il lui dit « Enfin Etevenon, c'est un peu le cirque de la voile que vous faites ! » Michel a répondu « Vous avez quelque chose contre les gens du cirque ? »

Jamais son attitude ne s'est démentie, je l'ai vu se battre contre vents et marées, contre tous les publicitaires à la gomme. Toutes les courses qu'il a organisées ont été des succès, c'est cela qui le rend insupportable, pour les jaloux. Québec-Saint-Malo — entre autres — c'est encore lui... Pourquoi, pour prendre un simple détail révélateur, en guise d'exemple, les baraques foraines sont interdites sur le port de Saint-Malo ? Parce que Etevenon veut qu'un départ de course à la voile en reste un, et pas une kermesse de mauvais goût, au pied de remparts classés monuments historiques. Car cela ne donnerait pas une jolie image de la France, sur les écrans de la télévision étrangère. C'est ainsi qu'il raisonne, il ferait un brillant ministre du tourisme, et il n'aurait pas de mal.

Il fallait le voir se battre lors des négociations des règles de Québec-Saint-Malo, avec ses partenaires canadiens, afin de leur faire comprendre de ne pas défigurer les bateaux avec des slogans de sponsor de deux mètres de haut, car la publicité et la mer sont incompatibles, sans une extrême rigueur esthétique. J'affirme que c'est lui qui a écrit tout un pan de l'histoire de l'évolution de la voile de ces dix dernières années, et que grâce à Michel, la France détient une forte avance dans le domaine des très grandes courses spectaculaires, très loin devant les Anglais et les Américains.

IX

PROMENADE SUR LA PEAU DU DIABLE

Les signes annonciateurs du mauvais temps, en mer, viennent de la nébulosité accrue du ciel. Le baromètre dégringole. Les vagues commencent à grossir. Là-haut, les nuages filent de plus en plus vite. A bord, l'on sent que cela va nous tomber sur le nez, que le bateau s'apprête à souffrir.

On ne sait jamais quelle sera la force du mauvais temps. Parfois, les prévisions météo l'annoncent à l'avance, mais ce n'est pas toujours le cas. Le plus difficile est de présager du degré d'une tempête. A terre, on peut partir escalader les rochers de Fontainebleau en toute sérénité. En mer, on appareille pour l'équivalent d'une excursion à Fontainebleau, et brutalement surgissent les Drus. Il faut toujours être paré pour une certaine forme de pire. Impossible de choisir à coup sûr son programme.

Il y a des secteurs où la mer peut être très dangereuse, et à deux milles de là, relativement praticable. Je me souviens d'avoir discuté de tels cas avec des officiers de la Jeanne d'Arc et ceux d'un escorteur d'escadre. Les deux navires de guerre faisaient route un jour, à deux milles et demi d'écart. Pour la Jeanne c'était la tempête, et à moins de quatre kilomètres de là, l'escorteur passait sans heurts. Le gros temps peut donc être relativement localisé. Le tout est de ne pas avoir la malchance de naviguer juste à l'endroit où l'horreur règne !

Il y a des moments où l'on passe du commandement d'un bateau à celui où l'on se réfugie à l'intérieur, sans pouvoir rien faire, à la merci des éléments. C'est un bon cheminement, une certaine forme d'humilité. Un schéma d'impuissance fort. Une tempête, ce n'est pas que de très grosses vagues, mais aussi des conditions où le bateau n'est plus apte à faire ce que l'homme voudrait de lui. Il arrive un seuil où l'on a perdu le mode d'emploi. Cela passe de la technique à la grâce de Dieu. C'est impressionnant, entre la peur et l'acceptation.

A l'approche d'un coup de chien, à bord tout un système de vérification se met en branle. On s'apprête à partir au combat. Tout est amarré, inspecté, plutôt deux fois qu'une. On prépare la toile la plus solide, la plus réduite. En sachant très bien qu'à un moment donné, il n'y aura plus de surface de voile adaptée. Qu'il faudra arrêter la machine, et attendre que le pire passe. A terre, même dans les heures les plus noires, la vie recommence toujours, le lendemain. Dans une tempête, il y a un sentiment de piège, pour l'éternité. On ne peut plus s'en aller, il faut croire à un futur qui ne dépend plus de l'homme. On surveille, la tension monte au maximum. Sur les grandes machines de course, la moindre avarie en amène une autre. Toutes les « merdes » arrivent en série. Une écoute casse, il faut ramper jusqu'à l'avant, tandis que la voile se déchire, en arrachant tout. En l'affalant, les drisses font des tours, le risque monte, l'anxiété aussi. L'avarie, dans le mauvais temps, c'est le pire. Le bateau est blessé, dans des conditions où il faudrait qu'il fonctionne à la perfection. Psychologiquement, physiquement ce sont des passages difficiles, durs à vivre.

J'ai des souvenirs d'angoisse. De tension, de fatigue, de peur. Me disant « Pourvu que ça s'arrête, pourvu que la réparation que j'ai faite hier tienne ! » C'est l'épreuve de force. Il ne faut pas se tromper. Avoir de la chance et de la patience. La mer apprend bien cette attente. Mais une erreur de commise, et la sanction surgit, immédiatement. Une faute de choix de voilure, de route, et les conséquences peuvent être extrêmement graves. Cela affine le jugement.

Il n'est guère question de manger dans ces circonstances, d'ailleurs on n'a pas particulièrement faim. Quand la mer attaque de tous côtés, cela ôte l'envie de saliver. J'avale en vitesse une barre vitaminée, j'ouvre une conserve autochauffante. Mais uniquement à cause de l'effort à fournir. Par nécessité, certainement pas par plaisir. Il faut avaler de l'énergie. Nul ne sait combien de temps il va falloir durer. L'ennemi, c'est l'épuisement. Il faut garder le contrôle le plus longtemps possible. C'est-à-dire une maîtrise — relative — du bateau. Doublée d'une maîtrise — totale — de soi. Sinon, l'on va mourir.

C'est une question de raisonnement, de calme, de jugement. Apprécier à ses justes proportions ce qu'il y a en face. Surestimer l'adversité d'une tempête, c'est perdre la course. Sous-estimer son évolution, c'est la mort. Entre ces deux extrêmes, il faut rester un capitaine jusqu'au bout. C'est la différence entre le gros temps, où l'homme domine, et le mauvais temps, où il s'incline.

Avec un trimaran ou un catamaran de course océanique, la tempête commence très tôt. A bord d'un monocoque, il faut que ce soit l'enfer pour que cela devienne dangereux. Une fois la toile réduite, on peut aller dormir ; sous pilotage automatique. En cas de chavirage, de toute façon le bateau sera remis debout par le poids de la quille. Un multicoque KO sur le dos, dans le mauvais temps, c'est fini, cela ne se redresse plus, c'est cassé et coulé par la mer en quelques minutes.

En course, ce n'est pas le tout de « bourrer la mule » dans le mauvais temps, il faut conserver des forces pour la suite. Inutile de gagner quelques milles d'avance contre les concurrents, durant une journée infernale, pour se retrouver épuisé lorsque la mer sera à nouveau négociable. C'est d'un commerce assez subtil. Une question d'option, ne pas casser le matériel ni l'homme, en avançant quand même. Le dosage est délicat, en fonction des conditions météorologiques. Il faut prendre des risques. Mais rester à la limite du tolérable, de ce qui peut être fatal. Tant que l'on contrôle, c'est correct. Le réel problème est que le risque soit pris par la mer, malgré nous. Il ne faut pas se retrouver en train de se faire dominer. Et cela, hélas, peut se produire assez vite.

L'océan est entre le noir, le vert, et le gris. C'est dantesque. Malgré l'écume blanche, l'hostilité est déclarée. Tout est noirâtre, sombre, triste. Lugubre. Le vent hurle, les nuages cavalent, les grains éclatent, c'est maudit. Autrefois, les marins disaient « On va se promener sur la peau du diable ! » Où que se tourne le regard, c'est infect. C'est un monde hostile, ça bouillonne. Je suis là, encerclé, à me demander si la cuisson va se faire ou pas, en espérant m'en sortir. Pris au piège. Dans une marmite infernale...

Parfois surgissent des lames beaucoup plus énormes que les autres. On les aperçoit arriver de loin. Ce n'est pas une question de hauteur, mais d'écart entre elles, et de pente. J'ai connu des creux de dix-huit-dix-neuf mètres. A se demander vraiment ce que l'on est venu faire là. Ça ne sert à rien, alors, de regretter le coin du feu, ou le café du port. Lorsque le mauvais temps arrive, la nostalgie d'un milieu charmant et délicieux n'est plus de mise.

De l'hostile, cela évolue au moche, et peut approcher l'immonde. L'immonde atteint, il faut que cela stoppe. Il ne faut pas que l'aspect terrifiant ne le devienne réellement. Que cela bascule dans la violence ultime. Car la force de la mer et du vent peut devenir illimitée. On dit que c'est la troisième lame qui tue. La première charge, la seconde met le bateau à mal, la troisième vous coule. Puisque je suis encore en vie, je n'ignore pas que je n'ai eu affaire qu'à un échantillon de cette puissance.

Dans une tempête, partout ça cogne, avec une ampleur effarante, il n'y a plus que de l'eau et du vent, rien d'autre. On survit dans une cataracte. Cela pilonne le bateau qui en change presque de route. Cela dégouline. Comme des seaux d'eau jetés en permanence sur quelqu'un. Mais ce ne sont plus des seaux, ce sont des tonnes de mer qui dégringolent. Le voilier tape comme un pilon, se relève, et retombe encore. On a peur qu'il se casse en deux, on espère alors que l'architecte n'a pas fait d'erreur, et que le chantier a tout très bien construit. La mer est capable de tordre une tourelle de cuirassé comme une petite cuillère, si elle le veut.

Alors, mieux vaut prendre la fuite, pour diminuer l'impact de la lame qui charge. Ainsi, au lieu d'éperonner le bateau à vingt nœuds, elle s'abat dessus avec le minimum d'écart de vitesse entre lui et elle. On évite le piège.

Et puis, dans de telles conditions, l'on reste à la merci du moindre défaut du matériel. Un capot pas tout à fait étanche, et subrepticement l'eau va rentrer à l'intérieur. Pour peu que je sois en train de travailler sur le pont, je vais m'en rendre compte une heure plus tard. Entre-temps, les batteries sont noyées, les pompes électriques ne fonctionnent plus. Il faut pomper à la main. Ce sera autant d'énergie perdue, de fatigue La lutte devient un cauchemar.

Il y a pire. L'irrémédiable, c'est le mât qui tombe. La responsabilité de cette catastrophe n'est pas forcément due à une faute de navigation. J'ai démâté en plein milieu de l'Atlantique, à cause d'une malfaçon dans le sertissage d'un câble, pourtant garanti par le fabricant ; si je l'avais eu sous la main à ce moment-là, il aurait passé un mauvais quart d'heure. Une erreur de fabrication, une chape vicieuse, une pièce qui glisse, cela suffit pour qu'un mât de vingt-cinq mètres s'abatte d'un seul coup.

Un mât qui s'effondre, c'est un grand bruit, puis plus rien. Un silence total. Il n'y a plus un sifflement, le bateau s'est arrêté net. La chute du gréement est relativement lente, comme une gigantesque feuille de contre-plaqué qui dégringole. Ce n'est pas joli. Ça fait désordre. Et c'est très dangereux. Dans la mer, le mât et la voilure flottent encore. Chaque lame pousse la coque contre le mât abattu, qui tel un bélier menace de l'empaler, car il est toujours relié au bateau par des câbles qui n'ont pas cassé. Si, par malheur, il y parvient, cela fait un tel trou dans le flanc du voilier, au niveau de la flottaison, qu'il va au fond dans le quart d'heure qui suit.

Dès que le démâtage s'est produit, il faut se précipiter avec d'énormes cisailles, pour couper tous les câbles encore indemnes à toute vitesse. Et en finir du reste des cordages, au poignard. C'est à pleurer, de voir tout le beau matériel partir à la dérive, avant de finir par couler. On ne peut rien récupérer. C'est horrible. C'est une amputation. De toute façon on sait que si l'on n'agit pas assez vite, c'est le bateau qui va mourir. Le spectacle est effrayant. C'est un avortement. La course est finie, tout ce qui créait la joie de vivre, s'en est allé. Le gâchis est total. C'est la fin du rêve, du bonheur. Et pas question de s'attarder à pleurnicher, il faut continuer à trancher dans le vif, comme une bête.

Sur le coup, la violence de l'action occupe encore l'esprit. Mais une fois que tout est nettoyé, apercevoir le pont rasé provoque un sentiment de déprime insupportable. Il ne vous reste plus rien. Il faut se raisonner, cela ne sert à rien de gueuler, de balancer des coups de pied de rage dans le vide. C'est une souffrance presque physique. On finit par se dominer. Par se taire.

Désormais, il faut ramener l'épave à la maison. Un bateau démâté n'a plus aucune vie. Il se trouve souvent à deux mille kilomètres du port le plus proche, et évidemment, pour tout arranger, à contre-courant. Sans mât, on ne peut rentrer qu'avec des vents portants. Vers un endroit où ils risquent de vous pousser...

Le retour va être très lent. Quinze, vingt jours, à se traîner sur l'eau. Sans espoir. Les séquelles de l'avarie vont être longues, avec tout le temps pour digérer l'échec, en le mâchant, et le remâchant. Ce sont des moments de désespoir.

Avec un bout de tangon, un morceau de voile, un gréement de fortune est établi, permettant un minimum de propulsion. Ce n'est pas dramatique, car il reste en général des vivres, et des possibilités de se diriger. Ce n'est pas un naufrage, un démâtage. A la radio, on entend que les autres sont arrivés. Pendant ce temps, vous faites route en sens inverse. Vaincu. Dans la marine, d'un homme de mer qui ne va pas bien, on dit qu'il est « démâté ».

Cela m'est arrivé avec J. Ribourel. J'ai ramené deux blessés, le bateau d'abord, et moi, ayant fait table rase de mes rêves. Lui n'avait plus de mât, et moi, plus de cœur. Ça n'en finissait plus de se prolonger, avec de belles soirées de cafard. J'ai mis douze jours, avant de toucher terre. Je n'avais plus de pilote automatique, plus de fuel, plus de bateau. Et surtout le regret de ne pas avoir de gnôle à bord, pour me saouler la gueule...

Ce n'est pas un plaisir de se bagarrer dans le vrai mauvais temps. Le rapport de forces est **trop** inégal. Par contre, j'adore le très gros temps, même quand ça bouillonne dur, lorsque la mer est bien formée. L'air crépite d'écume, je vois la lame arriver, je me dis « elle est grosse quand même », mais le bateau pique dans la plume, monte, absorbe, il est léger, aérien. C'est formidable. Quand le bateau tient bien, ce sont des moments de bonheur fantastiques. Je m'y sens invulnérable. Plus l'orchestre se déchaîne plus je suis ravi. Ça peut hurler de tous les côtés, plus c'est wagnérien, plus je m'amuse. On vole, le voilier et moi. C'est grandiose.

Dans une mer difficile, vraiment énorme, si j'ai réussi à trouver le bon équilibre de voilure, la jouissance est totale. Même dans la tempête, quand la machine reste encore assez puissante, l'effort est superbe. Je me dis que ma technique de navigation est intelligente, et que j'ai un bon bateau comme allié.

Au départ de la Route du Rhum, nous avions eu cinquante nœuds de vent établi, et j'étais sur Kriter IV. Un avion de l'aéronavale m'avait survolé en prenant des photos. Du ciel, on ne voyait même plus le bateau, seulement un déchaînement de panaches d'écume. Je marchais à douze-treize nœuds, à quarante degrés du vent, les pilotes devaient penser que je n'en menais pas large. En fait, j'étais tranquillement à l'intérieur, en train de casser la croûte ! Kriter fonçait tout seul. C'était un sacré plaisir, je me suis dit que ce bateau était une réussite, pour les conditions difficiles.

Le vrai mauvais temps commence lorsqu'il est impossible de trouver l'harmonie entre les possibilités d'un voilier et l'état de la mer. Il attaque, mais il passe mal, il bute, il a « le nez dedans ». La lame est trop courte pour lui, la mer trop hachée. Ça n'avance pas, il souffre. La notion de tempête dépend avant tout des caractéristiques de l'embarcation qui lui fait face. Pour Pen Duick VI ou Kriter II, cela débutait à soixante nœuds de vent. Kriter VI reste pour moi le voilier magique par excellence, dans les pires conditions, il tapait beaucoup moins que tous les autres, et se stabilisait comme sur des rails, à trente degrés de gîte. Dans le mauvais temps, les monocoques sont de loin les meilleurs.

Avec Kriter VI, j'ai disputé l'Ostar. Je suis resté très

bien placé jusqu'à la moitié de la course. Au cul de Pajot, qui était sur Paul Ricard, un multicoque beaucoup plus rapide, pendant une semaine. Hélas, ensuite le gouvernail automatique m'a lâché et je ne pouvais plus barrer jour et nuit, pendant le reste du temps, sans dormir. Car le problème avec ce genre de bateau, c'est que forcé à quitter la barre, on perd un quart de nœud, donc tout espoir de enir le rythme en tête.

Au retour d'une course, à terre, j'ai l'impression de débarquer dans une gigantesque salle de cinéma, où est projeté un film en trois dimensions, de toutes les couleurs.

Sur la mer, mes yeux n'ont perçu, durant vingt à soixante-dix jours, avant tout que la gamme des quatre cents bleus. Si, à bord, je n'avais pas emmené un ciré rouge, cette couleur, je ne l'aurais vue qu'au coucher du soleil. En rentrant dans une pièce, je vois du jaune, du vert, du bleu, du rouge, du marron, du noir, et dans la rue les femmes ont l'air d'être habillées comme des arcs-en-ciel.

J'arrive d'une seule odeur, celle de la mer, où dominent celles de l'iode et du sel, pour réintégrer un pot-pourri de fumées d'échappements, d'odeurs de feuillage, de sueur, de croissants chauds, de merde, de parfums de gonzesses variant selon la classe sociale, de brillantine, d'encaustique, de champs labourés, de cuir, de plastique, c'est infernal.

C'est un million de perceptions qui me sautent à la gorge d'un seul coup. Avec, en plus, la nécessité de l'usage de la parole, à nouveau. Je pénètre dans un bistrot, je m'entends dire « Un café, s'il vous plaît » et c'est toujours avec une certaine surprise que je vois la tasse arriver. Après un mois de solitude totale, ce mécanisme banal prend les proportions d'un phénomène insolite. Quelqu'un d'autre m'a entendu, m'a compris, et surtout j'ai reçu sans agir, ma parole a remplacé l'action, c'est troublant. J'ai souvent alors des problèmes avec l'argent. Je paye au moment où j'ordonne, sinon j'oublie de régler, et le garçon de café me court après !

En mer, j'ai vécu à un rythme égocentrique, sans aucune intervention humaine extérieure, selon un nombre de stress limités, ou chaque sensation, chaque perception deviennent très aiguës, selon un code simple et sauvage. Même les contacts avec les autres, dans le premier bistrot du port, sont alors difficiles. En solitaire, je n'ai pas parlé depuis vingt jours, échanger quelques mots avec n'importe qui est tout sauf évident. C'est comme demander à quelqu'un, resté assis depuis vingt jours, de courir subitement un mille mètres. Forcément, aucun marin n'est bavard, à l'arrivée...

Pourtant, la vie à terre passe obligatoirement par le dialogue avec les autres. C'est sans doute pour cette raison que je me suis intéressé aux métiers de la communication. J'ai tout d'abord fait du journalisme à France-Soir, à Paris Match, non pas pour la vanité de signer des articles, mais simplement pour réapprendre à parler, à écrire, pour réintégrer le groupe, rétablir le contact avec la société de terre.

Le décalage mental et affectif pris par un homme de mer ayant passé, de vingt à trente-trois ans, presque toute sa vie en permanence sur les voiliers, ou dans les ports, est considérable. Avec les bateaux, il n'a connu que des vagues, dans les ports, que des bateaux, une pute de temps en temps, quant aux belles gonzesses elles sont déjà prises par d'autres. Lorsque le marin débarque, le marché a déjà été fait. Donc il ne lui reste rien.

S'il monte à Paris, il y arrive avec dix ans de retard, complètement éloigné des mœurs, des gens, des choses de la vie. Comme la mer et la voile lui ont donné une certaine

Promenade sur la peau du diable

forme de force intérieure, il sera à même d'observer le spectacle, en faisant face. Mais en y étant comme au « cinoche », sans jamais réellement s'intégrer. Même après des années de bourlingues terrestres, j'ai encore ce sentiment du regard d'un étranger qui se pose sur les gens, je suis toujours au guignol, en les voyant s'agiter. Je ne partage ni leurs ambitions et croyances ni leurs conquêtes et même leurs rêves. Je reste mal à l'aise à terre. Car j'estime que l'osmose avec les êtres ne se produit que par passion, et nous n'avons pas la même.

J'ai eu de la chance pourtant, des guides hors pair pour m'acclimater, initié à « la Nuit » et à la grande cuisine par Jean Castel, aux soirées parisiennes par Eddy Barclay. J'ai aussi appris à traverser dans les clous, mais cependant je suis resté, trop imprégné par le sel et l'écume, un goéland de l'asphalte...

Je me souviens du premier bon bistrot où je suis allé à Paris. C'était chez Lipp, invité par Paul Guimard, heureusement d'ailleurs, je n'avais pas un rond. Je me suis retrouvé immergé dans un monde inconnu, Paul me présentait à ses amis qui passaient à côté de notre table. De temps en temps je me disais « Tiens, je connais ce nom-là, ce mec ce doit être une pointure ! » mais c'était tout. J'étais en voyage, en visite guidée chez les Papous !

J'ai passé beaucoup de temps à errer dans Paris, de rue en rue, de terrasse en terrasse de café, avec Paul Guimard. A cause de son œil d'écrivain, il avait lui aussi une démarche de spectateur. Nous échangions nos impressions sur le film qui se déroulait devant nous. Telles des pipelettes, tandis que les gens défilaient, on faisait des commentaires, pour rire, en buvant des coups. Cela n'avait rien à voir avec une communion d'ivrognes, ou une conversation à relents littéraires. Nous étions de parfaits badauds, face à la magie de Paris, où il arrive toujours quelque chose de drôle, sans que l'on ait à intervenir. La plupart du temps nous épiloguions sur les beautés de la navigation, celles des dames, et plus encore de l'inanité de l'ensemble des choses. Nous allions aussi voir les défilés de mannequins, pour les collections. Comme journaliste, Paul y avait accès. C'était notre alibi pour aller regarder les gonzesses, et draguer. La mode, nous nous en moquions éperdument. C'était une vie très gaie, très agréable.

J'ai toujours été un touriste à Paris. Un oiseau de passage. Un été, j'étais rentré du Tour du Monde, j'habitais chez une copine, et faute d'argent nous ne pouvions partir en vacances. Avec une voiture d'emprunt, nous allions place du Tertre, dans tous les bistrots pièges à cons pour voyages organisés, afin de se donner l'illusion d'être des visiteurs en goguette à Paname. Plus c'était le faux truc Montmartre, avec Poulbots en laiton chromé, plus nous nous précipitions ! Certains du dépaysement, en n'entendant parler qu'anglais, allemand, japonais, tandis que le poète ringard de service, en col roulé noir existentialiste, chantait « Petite Mendigotte, je sens ta menotte... » On commandait à boire en espagnol, un castillan de Mickey d'ailleurs, mais ça passait très bien dans l'ambiance. Avec Christine Lelouch et Pierre English, nous avons vécu un mois et demi ainsi, ravis, moi cela me paraissait délirant, à peine quelques mois auparavant, je venais de franchir le cap Horn !

J'aime la Seine comme les amateurs de café apprécient le Nescafé. Mais je suis allé dessus parfois, faute de mieux. Il m'est arrivé dans les périodes de déprime, en attendant le bon vouloir des sponsors pour repartir vers le grand large de prendre des tickets de bateau-mouche, juste pour être en bateau. J'avais un copain qui en commandait un, j'allais le voir de temps en temps. Je me faisais un petit voyage, cela me changeait la tête, m'aidait à tenir. Au départ, j'avais vraiment l'impression d'appareiller. Hélas, au bout d'une dizaine de ponts, le bateau-mouche faisait demi-tour, et l'illusion prenait fin, tristement. La Seine ne représente rien d'autre pour moi. Tout le folklore des chansons du genre « Sous les ponts de Paris... » me fait horreur, à cause de l'accordéon. C'est un instrument que je déteste. Je trouve toute cette musique très laide.

Je ne peux pas aller à Notre-Dame sans me souvenir de Quasimodo. Je pense toujours qu'elle va s'écrouler. C'est la faute du film que j'ai vu, avant de la visiter. J'y ai pénétré un jour quand même, j'ai jeté un coup d'œil à droite à gauche en hâte, en sortant j'étais soulagé d'être indemne.

L'homme qui m'a peut-être le mieux transmis Paris fut Druon, à travers son livre « Les Rois Maudits ». Après l'avoir lu, j'ai descendu assez souvent l'un des deux escaliers très raides, qui du Pont-Neuf mènent au petit jardin à la pointe de l'île de la Cité. Juste en bas, c'est là que fut brûlé le dernier des Templiers, Jacques de Molay. C'est un endroit étonnant, une sorte de « trou », toujours très sombre, pourtant orienté plein ouest, or il n'y règne jamais une lumière normale. Sur la muraille, il y a une petite plaque noire, que presque personne ne remarque. Evoquant le mystère des Templiers. C'est un des rares endroits précis de Paris dont je me souvienne avec émotion.

Il y a très peu de quartiers de Paris dans lesquels je me sente bien. J'apprécie la place Saint-Sulpice, qui ressemble à une plaza italienne, le théâtre de l'Odéon, la partie nord des jardins du Luxembourg, côté Sénat et bassin. Pour des raisons qui me restent inexplicables, dans ce seul secteur précis, où j'ai choisi d'habiter, la ville me convient parfaitement. Mais à cinquante mètres près, par exemple plus au sud du bassin du Luxembourg, le charme s'arrête !

Je suis allé une fois à Beaubourg. J'ai eu peur.

Je suis allé une fois au Louvre. J'ai trouvé ça hideux, en dehors ce que l'on peut y voir, à l'intérieur.

Je suis allé à la tour Eiffel deux fois. Un jour avec de la

brume, cela avait de la gueule. Une autre fois sans, c'était une caricature.

Je suis allé une fois au Marais. Je n'y remettrai jamais les pieds. Les rues ressemblent à celles d'une ville de province, j'ai exécré.

Je suis allé cent trois fois sur les quais, depuis l'île Saint-Louis jusqu'au Trocadéro. On y voit tout de suite d'où vient le vent, à cause des drapeaux bleu-blanc-rouge flottant sur divers édifices, c'est pratique. Les perspectives sont jolies, le ciel y étant largement à découvert. Dès que l'on débouche sur les quais, on sait le temps qu'il va faire pour la journée, c'est utile.

Il faudrait que Paris soit au bord de la mer. Alors, ce serait le plus bel endroit au monde. Nous aurions la plage, au bout de l'avenue de la Grande-Armée. C'est logique, puisqu'elle serait à l'ouest. La Défense deviendrait un port autonome. Avec du vent d'ouest, ça déferlerait à marée haute, jusqu'à chez Peugeot, mais pas plus loin. Les Champs-Elysées ne seraient pas envahis, sinon par un peu d'embruns, les jours de tempête. Cela ferait de belles lumières. On irait voir le coucher de soleil sur la mer, derrière l'arc de triomphe, ce serait sublime.

Alors peut-être, grâce à l'air salé, les Parisiens deviendraient moins grognons. Même dès l'aéroport de Roissy, en montant dans un taxi en direction de leur capitale, à la gueule du chauffeur je sais que je viens de débarquer à « grognonville », et pour peu qu'il ouvre la bouche, c'est encore pire. Les Parisiens n'arrêtent plus de ronchonner, et surtout, ils semblent avoir perdu leur fameuse gouaille. Même à Bercy, ça ne s'engueule plus entre bagnoles, où autrefois on n'arrêtait pas d'entendre des « connards, péquenots, va te faire foutre ! » Aujourd'hui il n'y a plus rien, tout le monde a la radio dans sa voiture, et fonce plein pot, les vitres fermées.

Pour apercevoir les jolies femmes, il faut être agent de

la circulation, avec une chance alors de les faire ralentir, pour découvrir la couleur de leurs yeux. Elles roulent trop vite, depuis qu'elles se sont lancées dans les affaires, elles sillonnent « Grognonville » à une cadence infernale. Pour tomber amoureux, il faut bénéficier d'un accrochage. Ou d'un ravitaillement autour d'une pompe à essence. L'amour parisien est devenu un rallye automobile. Je rêve d'un jour sans gazoline, où les gonzesses seraient enfin abordables, sur les trottoirs. Encore qu'elles se mettraient immédiatement à faire du jogging, avec une paire de walkwoman sur les oreilles. Seuls les coureurs de fond auraient une chance d'obtenir un contact, moyennant un walkie-talkie...

Parler des femmes, c'est extrêmement intéressant, mais cela peut aussi devenir vite ennuyeux. D'abord, je n'aime guère ce pluriel, déjà. Je le trouve grossier, vulgaire. Il n'y a pas « des femmes », mais un certain nombre de profils féminins qu'un homme a eu la chance de rencontrer, et de connaître. Chacune étant une île, dans laquelle il a débarqué. La porte d'un rêve. D'un paradis aussi. C'est dans l'amour que se trouve la seule probabilité de se débarrasser du péché originel. C'est par lui que l'on s'approche le plus de l'absolu, à terre, en tout cas. Je n'aime pas « les » femmes, je crois que j'ai aimé certaines femmes. Ces rapports-là sont toujours difficiles.

Je pense qu'il y a folie totale dans ces thèmes développés actuellement, autour de l'égalité des sexes. C'est parfaitement débile, et surtout pervers. Les femmes sont complètement différentes, elles ne sont que différences. Il serait beaucoup plus intelligent de s'appliquer à vivre ce décalage, le reconnaître, le chérir, lui donner la place importante. Leur différence est égale à la nôtre, voilà le point de vue correct, nous sommes à égalité de différences ! Rien de leur schéma mental ne ressemble au nôtre. Leurs sexes, leurs ventres, leurs propos, leurs rêves sont autres. C'est justement pour cette raison qu'elles sont magiques. Génératrices d'émotions. Leur compagnie est fantastique, car tellement divergentes, et cela seul peut créer l'écart, nous sortir du monde masculin. C'est par elles que se fait le passage par la douceur et la tendresse. C'est la richesse du contraste qui donne à vivre, et ainsi provoque le sentiment.

Je crois que lorsqu'on leur parle, il ne faut jamais oublier que c'est une femme qui est en face. Les femmes qui nous aiment n'oublient jamais qu'elles parlent à un homme. Sous l'effet de cette campagne d'égalité inepte, à force de s'entendre répéter qu'elles sont l'équivalent des hommes, certaines commencent déjà à parler comme l'on se parle entre mecs. Le résultat est que nous sommes en train de perdre tout ce que l'on peut apprendre d'elles. J'ai senti des différences tellement fortes entre ce que je suis moi et les natures des femmes que j'ai approchées que cette tentative d'uniformisation, d'équivalence, me choque, me répulse. Si elles sont nos égales, on va se priver d'elles, et elles vont se priver de nous. Ce sera la fin du plus joli voyage que nous apporte la vie. Le voyage dans l'autre sexe.

L'égalité de l'homme et de la femme, on la présente désormais comme un match de boxe. A ma gauche, Mauricette, quarante kilos, à ma droite Marcel, soixante-dix kilos ! Ça veut dire quoi ? Ce n'est pas un combat, l'amour, c'est un voyage.

Il n'y a nul idéalisme dans mon point de vue. Pour moi, une femme et un homme sont deux choses « viscéralement différentes » ! Et je répète, cette expression « viscéralement différent » s'applique dans le sens le plus profond des termes. Chaque femme que j'ai eu l'occasion de bien connaître m'a fait faire des voyages incroyables. Parfois, je me suis demandé si c'était elle que j'aimais, ou le voyage que nous étions en train de faire. Souvent, il y eut les deux, simultanément. Il n'y a aucune rencontre dont je me souvienne avec une femme, qui ne m'ait pas rendu moins con. J'ai toujours appris. Je me suis toujours enrichi à leur contact, même si celui-ci n'est pas simple. Il n'est pas aisé, car il est grave, émouvant, troublant. L'émotion que peut me créer certaines femmes va jusqu'à changer ma nature. A mon tour alors, je ne suis plus qu'émotion. J'ai toujours été sensible à leur magie. Parfois, il m'est arrivé de les aimer autant que la mer. Le monde qu'elles laissent entrevoir est fort, attirant. On peut s'y noyer, là aussi. C'est la fusion. La navigation dans l'amour est non moins périlleuse que sur la mer.

Tout le monde évoque les psychologies masculines et féminines, je pense qu'elles sont foncièrement en dissimilitude, que jusqu'ici on y a pas intégré la vraie différence. Je dis que nous ne sommes pas pareils, pour rien. Souvent l'on parle de complémentarité. Je ne sais pas si nous le sommes vraiment. Il ne faut pas se tromper sur les rapports entre les hommes et les femmes. Ils ne sont pas obligatoirement complémentaires. Nos différences s'attirent. C'est supplémentaire, pas complémentaire. Nous sommes nos suppléments, réciproquement. La femme donne accès à une sensibilité, une autre vision des choses. Ceci n'a rien à voir avec la guerre et la paix entre les sexes, il s'agit d'une ouverture vers un voyage. Il peut se dérouler mal, mais c'est un autre problème.

L'aspect extérieur d'une femme compte beaucoup pour moi, mais c'est en fonction de ma propre perception. Les plus belles ne sont pas les plus jolies. Je m'intéresse plus aux femmes belles qu'aux jolies femmes. J'aime beaucoup les femmes et les ports. Un port, c'est l'ouverture vers autre chose. C'est l'arrivée de la mer sur la terre, celle aussi du marin et de la femme. Ces deux rencontres sont troublantes, c'est ainsi que je le vis. Une femme dans un port, c'est bouleversant. L'on voyage en mer comme l'on voyage en femme. Le vocabulaire ne trompe pas. Toute femme est une aventure, tout port est le départ ou l'arrivée d'une aventure, aussi. Un port, c'est une brèche dans la terre. Une femme est une brèche dans le monde sordide. Je ne les perçois pas du tout comme un monde où l'on se réfugie. Ce ne serait pas pensable. Mais je les perçois quand même comme des abris où l'on s'arrête, pour prendre autre chose que des coups dans la gueule. Un jour ou l'autre, l'on regrette toujours d'avoir quitté un port.

Les femmes et les bateaux, voilà mon imaginaire. Entrer dans un port inconnu, c'est comme aborder une femme pour la première fois. Il y a aussi des ports que l'on fuit. Des ports où l'on pourrit. Des ports où l'on s'endort. Des ports où l'on répare, où l'on fait la fête. Des ports où l'on décharge. Un bateau sans port, c'est un errant, un fantôme. Un homme sans femme, aussi.

Les fonctions sociales de la femme ne m'intéressent pas. Je respecte leurs conquêtes dans le monde du travail, elles y apportent souvent beaucoup de brio et d'intelligence. Elles y font la démonstration d'un nouveau pouvoir, né justement de leur « différence ». Mais ce n'est pas sur ce plan que j'éprouve le besoin de les approcher. J'ai envie de les rencontrer sur le terrain du ventre, du cœur, de la tête.

Je ne pense pas que l'on puisse jamais posséder une femme. La notion de possession est de l'ordre de la débilité mentale. Par contre, comment pourrait-on obtenir de vrais rapports avec une femme sans avoir une « place gardée » auprès d'elle, au minimum ? Difficile. Cet équilibre est périlleux. La fascination est telle qu'elle induit toujours la tentative de l'exclusive. C'est vrai que l'exclusivité a son importance. C'est à son niveau que tout se joue, d'ailleurs La jalousie, frénésie minable. La possessivité, tare majeure Ce sont les imperfections totales de nos rencontres, avec elles. La continuité semble une gageure, alors. Et pourtant, à mes yeux c'est la seule attitude qui soit intéressante. C'est antinomique, à priori. La continuité demande plus d'effort, mais personne ne m'enlèvera de l'esprit qu'elle vaut l'investissement. Sa richesse est somptueuse. Quoi qu'il en soit, l'amour est un domaine dont les clefs profondes m'échappent totalement. Comme à nous tous, on dirait. Il me semble y déceler cependant deux démarches. Celle de la chasse, d'une part. Et de l'agriculture, de l'autre. Moi, je serais plutôt agriculteur avec les femmes. Leur chasse ne m'intéresse pas. Je trouve même l'attitude en question perverse. Chasser, cela signifie que l'on devient le gibier de l'autre. Une fois de plus, c'est antinomique des rapports que je désire connaître avec les femmes. L'agriculture, c'est prendre soin. C'est différent. C'est quelque chose que je tente, en tout cas. Quant à savoir si ça pousse dans ma terre, c'est un autre problème. De toute manière, depuis le temps que les êtres humains se tuent à réfléchir sur l'amour, ce n'est pas moi qui risque de vous révéler aujourd'hui du nouveau à son sujet ! Il n'est que moments à vivre. Des moments à jouir, des moments à souffrir, qu'en est-il d'autre de l'amour ?

Ce que je pense de la sexualité correspond à mon sentiment pour la mer. Il m'est impossible de m'exprimer vraiment, à propos de ce qui touche à l'essentiel, pour moi. Il s'agit du domaine indispensable vers la compréhension, vers l'ouverture de l'intelligence. Le sexe est tout, sauf un abrutissement. C'est par là que circule le non-dit. C'est là que réside l'expression de ce qui n'est pas perceptible, autrement. Seulement par le sexe, il est possible de percevoir en totalité une femme. Le sublime du sexe « casse la tête » ! C'est notre seule probabilité d'une plénitude. L'amour physique est une des rares activités humaines qui peut se prendre — enfin — au premier degré. Il était temps.

Aimer, c'est le degré zéro. Chercher l'émotion, tous les sens hissés à bloc. Les « histoires d'amour » ce sont des succédanés d'émotions, déjà, en fait seule celle-ci compte, car elle est vraiment l'essence de tout. Moi, je n'ai jamais cherché à aimer, j'aurais même plutôt hésité, à priori. Cela se déroule au niveau du choc. L'amour est une drogue, qui s'appelle l'émotion. J'ai lu un article très brillant à ce sujet, dans le magazine Le Point, concernant les recherches des physiologistes et biochimistes américains. Ils affirment que la présence amoureuse nous fait sécréter glandulairement une substance particulière, qui hélas disparaît au moindre caprice de cœur... Ainsi l'on se retrouve le plus souvent en état de manque qu'autrement. La clef du mécanisme serait donc « intimement » chimique ! En amour, comme avec toutes les drogues, il y a danger d'habituation, si l'on en use trop régulièrement. Alors, faudrait-il augmenter la dose, pour accélérer le processus ? Mais si la partenaire a déjà atteint son seuil maximum, les problèmes dès lors, ne font que commencer. C'est la quadrature du sexe au long cours, tenter de surfer le plus longtemps possible, sur la vague la plus ravissante trouvable, en ayant la « tête cassée » sans se lasser, ni s'user, en plus. Alléluia !

C'est toujours l'écume de l'émotion que nous cherchons. C'est elle qui fait prendre à la vie une dimension autre. Pour cela, je connais le bateau, le sexe, et l'alcool. Je n'ai pris que des « cames » propres, jusqu'ici. J'ai adoré boire. Je ne bois plus car je crois avoir fait le voyage de l'alcool. Ceux du bateau et du sexe sont encore en cours. Quant aux autres « voyages », ils me paraissent si caricaturaux, dérisoires, brutalement chimiques, je n'en veux pas. Tous les êtres que j'ai vu toucher sérieusement à la drogue, je ne les ai jamais vu s'améliorer. Alors que le bateau peut transformer les hommes. L'amour de même. Je crois qu'il n'y a qu'un camé à mort qui pourra pleurer de joie devant une seringue. La systématique de sa perception me choque. La valeur parfaitement troublante de quelque chose provient pour moi de la poésie du hasard.

Un homme qui aime une femme peut être ému jusqu'au fond de lui-même, rien qu'à l'évocation de son image. En dehors de toute activité sexuelle, la plénitude peut être atteinte par le regard. La subtilité va infiniment au-delà de la maxime « Un seul être vous manque, et tout est dépeuplé ». Il suffit que l'autre soit là pour que le monde n'existe plus. Que le voyage commence, avec des formes, des couleurs, des forces incroyablement différentes. Sa présence est si forte que tous les décors changent, et même finissent par disparaître. A la fin, le monde est une femme Voilà la drogue que je pratique !

Je ne « crois pas » à l'amour fou, c'est une chose que j'ai toujours vécu. Sans doute y a-t-il autant de formes d'amour que de conditions de climats et de variétés de papillons sur cette planète. Parmi elles s'y trouve, en tout cas, cette forme de relation amoureuse puissante, forte, magique dans sa musique, insupportable dans son manque. Formidable. Même parfois intolérable, à l'échelle de notre propre existence.

Si l'amour fou mène à la fusion, c'est terrifiant. C'est un échec, au même titre que la séparation, qui se situe à l'autre extrémité des manifestations spasmodiques de cette redoutable activité cardiaque ! Je ne crois pas que l'on « trouve » l'amour fou. Cela ne se situe pas du tout au niveau du coup de foudre. Je n'ai jamais abordé une femme dans ce but. J'ai vu passer un être, et j'ai su. Un peu comme — soudainement — devant un lieu précis, l'on se dit « Là, je vais vivre ! » C'est très profond, rare, fragile, aussi. Juste un éclair, lors d'un passage, d'un contact.

De même qu'il existe plusieurs endroits sur terre dans lesquels on aurait pu vivre, je crois toujours qu'il y a plusieurs femmes avec qui ce possible surgit, flagrant. Certaines sont éclairées par le soleil du matin, d'autres par le soleil du soir. Elles ont chacune leur lumière propre. Là doit sourdre une certaine similitude magique, car les femmes qui m'émeuvent se ressemblent un peu, quelque part, avec un soupçon de reconnaissable, que j'ai toujours retrouvé. Sans doute car je n'ai pas un champ d'émotion très large, ni facile, dans le domaine de l'attirance.

Et me voici, une fois encore, à soliloquer au pluriel, à parler « des » femmes. C'est grossier. Les gens parlent des femmes comme ils discutent de bagnoles, ça m'a toujours gêné. Il y a une équivoque minable, avec cette créature vue comme objet. Avec une femme, on ne demande jamais de « baiser », sa sexualité est un passage, à travers lequel l'on sollicite la reconnaissance, celle de se laisser capter. Si les hommes demandent l'accès au ventre, c'est parce que c'est l'accès à la femme. Le ventre n'est jamais une finalité. C'est toujours l'âme qui l'est. Sinon les gonzesses deviennent comme les sandwiches, inutiles en dehors des heures de repas. Elles ne sont même pas... souhaitables ! Bonnes juste pour la consommation pure, ce qui n'est pas malsain non plus. Mais de même qu'on ne se balade pas toute la journée avec sa gamelle du repas de midi, on ne va se trimbaler tout le temps avec une fille que l'on ne va que baiser !

Leurs mécanismes de sensibilité sont si éloignés des nôtres qu'elles peuvent percevoir et comprendre dans des domaines où nous, les hommes, ne voyons rien. Dès lors, mais uniquement sur leur crédit, nous pouvons plonger dans le brouillard, plein pot, à mille kilomètres de notre position mentale, en sachant que cela va passer. Notre intelligence « voit » à deux cents degrés. Alliée à celle d'une femme, soudain nous englobons le cercle entier. Comme elles peuvent mettre leur intelligence à notre disposition, nous pouvons leur offrir la nôtre. Cette « supplémentarité » est fabuleuse. Cela permet d'accéder à des conclusions auxquelles ni l'homme ni la femme n'auraient eu accès séparément. Ce cheminement est très riche de possibles, à travers lui, bien des femmes m'ont permis de découvrir des clefs, dont mes propres moyens intellectuels masculins ne décelaient même pas la présence.

Aujourd'hui, nous rentrons dans le siècle des femmes,

leur époque. Il y a presque toujours une femme complice, derrière chaque homme important. A l'heure actuelle ces hommes prennent conscience de leurs échecs sur certains aspects du réel, en conséquence, les femmes interviennent, de plus en plus directement. Il faut voir ce qu'elles réussissent avec les enfants, et surtout dans la nouvelle organisation de leur propre vie. Je ne suis ni pro, ni anti-féministe, car ces deux angles de vue sont dérisoires. La nouvelle importance de la femme est beaucoup plus vaste, ce qui n'exclut surtout pas l'interdépendance des deux sexes. Je ne pense pas que la femme suit l'homme, elle peut le précéder dans un cas, comme le suivre lors d'une autre situation. Tout dépend justement des cas, de la situation. Toutefois, un monde sans femmes serait un univers arrêté. Ce qui ne serait peut-être pas le cas d'une terre sans hommes. A mes yeux, je ne crois pas qu'il y aurait quelque chose de plus triste qu'une terre sans femmes. Elle deviendrait un monde sans rêve.

En fonction du schéma mental masculin, la femme appartient au domaine de l'onirique. De la magie. Je suis parfaitement sensible à cela. En deçà, je n'ai aucun sens de la psychologie féminine, sinon les femmes ne m'étonneraient plus. Or, elles m'ont sans cesse surpris.

Il existe un monde de femmes. Et un monde d'hommes. De même qu'il est hors de question d'expliquer à un daltonien ce que sont le rouge et le vert, jamais l'on ne pourra introduire un homme à un monde de femmes, et réciproquement. La conséquence première, minable, de ce décalage, c'est le machisme. Aucun intérêt. Les femmes ne sont faites ni pour être commandées, ni pour obéir. Elles existent pour être regardées, écoutées, aimées. Elles sont source d'émotions. D'ailleurs, à mon avis, le paradis terrestre, ce fut quand Eve arriva. Et l'enfer, ce fut lorsque Adam en prit l'habitude.

Certains hommes parlent d'une logique féminine. Ce

simple fait d'en évoquer une est hors de propos. Hors d'atteinte, pour nous. Elles ne vivent pas dans la même perception de la réalité, elles ne cherchent pas les mêmes choses. Ainsi, ou presque, il n'y a pas de philosophes femmes.

Les femmes laides le restent rarement longtemps, à mes yeux. Et une femme très belle, j'oublie aussi qu'elle est jolie. J'ai vu des femmes laides, belles. Encore une fois, c'est dépendant de l'émotion. Evidemment, il y en a de très laides, qui le sont définitivement. Mais seulement pour moi, elles ne vont pas l'être pour un autre. Le consensus social qui s'établit sur la beauté coïncide presque à des modes. Il y a des hommes qui aimèrent à la folie des femmes qui ne correspondaient pas aux canons esthétiques de leur époque. Aucun besoin de respecter ces critères-là. Il y a des femmes que je juge superbes, que les hommes ne trouvent pas terribles. Il y a des femmes consacrées comme les plus magnifiques de notre époque qui me laissent complètement froid. Et puis, lorsque l'on aime une femme, elle devient vraiment la plus belle au monde. La question ne se pose plus. Les autres n'existent pas.

La seule loi naît de l'émotion qu'une femme peut procurer. C'est lié à l'espace temps. Sa magie n'est jamais éternelle, elle s'arrête, elle reprend, elle peut mourir. Il faut qu'elle soit forte pour oublier cette réalité, qui la condamne, dès l'origine. Cela la fait exister, avec d'autant plus d'intensité. C'est la dualité de ce qu'est notre vie. Une oscillation entre l'accès au rêve et la réalité. Rien d'autre. Nous vivons avec cette symbolique, dans toute sa cruauté et sa beauté.

La Rochefoucauld prétend : « Beaucoup d'êtres ne tomberaient pas amoureux, s'ils n'avaient pas entendu parler d'amour ! » Il me le semble aussi, c'est la quête du paradis perdu qui nous amène toujours à des paradis perdables. L'amour est un sentiment particulièrement artificiel, qui se nourrit voracement d'émotions particulièrement naturelles. Une fois de plus, la dualité surgit, de plein fouet. Nous sommes naturellement artificiels, et artificiellement naturels ; nos réactions sont sans cesse chargées de cette ambiguïté. Peut-on appeler naturel l'amour, ce quelque chose qui crée de si grands artifices ? Et pourtant, c'est peut-être l'unique moment où nous sommes naturels. On s'y perd, tant mieux. Ou tant pis. C'est pour cela que le sujet a passionné le monde depuis son commencement. C'est l'accès au divin. Impossible de simplifier, il faut tant de vagues pour que la mer existe, tant de visages de femmes pour que l'un d'eux surgisse, nous éclabousse d'amour.

Et puis, ces derniers temps notamment, les femmes aujourd'hui sont devenues très compliquées, pour les hommes. A croire qu'à force d'entendre dire qu'elles avaient le mauvais rôle — toujours cette campagne inepte de l'égalité des sexes... — et nous le beau, elles se sont décidées collectivement à nous voir dans le pire. Dans ces rapports établis sous l'influence de la mode, et de nos erreurs, s'est érigée une espèce d'attention frénétique autour du jugement de valeur, et de la domination. Si l'on est sans cesse en train de juger l'autre, de prendre la brillance d'une émotion pour une tentative d'annexion, comment être en réception, comment peut surgir l'amour ? La confusion qui en résulte est pitoyable. On en arrive au mieux à des rapports de match nul, dans lesquels les hommes perdent l'accès à une certaine forme de féminité, censée les irriguer de rêve, ils se dessèchent. Et les femmes perdent simultanément l'accès à une certaine forme de masculinité, censée les épanouir, elles se dessèchent. Tout le monde se retrouve à égalité, c'est vrai, c'est-à-dire à la dérive dans une espèce de mer des Sargasses, tels des vaisseaux fantômes, au milieu d'épaves d'histoires d'amour !

Voilà l'effet de la quête d'égalité entre les sexes J'ai

déjà dit que celle-là n'existe pas. Sinon comme voie de rupture d'incompréhension lamentable. Au final, plus personne ne sait alors qui est qui. L'on voit des femmes s'acharner. A force de vouloir prendre chez l'homme des choses qui n'y ont jamais existé, elles ne retrouvent même plus ce qui y fut sinon bien, pour le moins correct. De même, une quantité d'hommes veulent des femmes une quantité de choses qu'elles sont incapables d'offrir, car elles n'appartiennent pas à leur matière. Moins les femmes vont être femmes, moins elles vont rencontrer d'hommes. Même absurdité, parmi nous. Il faut que cette guerre des hommes et des femmes cesse. Elle est misérable. Quel intérêt d'asservir les femmes, ou d'être asservis par elles ? En amour, le rapport de forces n'est pas une conquête, c'est un naufrage

Alors, en attendant que cela se calme, je préfère dire « Je t'aime » à la mer, user de ce vocabulaire qui s'est perdu, et le lui offrir. Avec recul et force, non sans discrétion, et même par absence. Je me suis trouvé à le dire tout seul, en la regardant, d'avoir les mêmes émotions, presque les mêmes troubles, sûrement le même regard, complètement pris par sa magie, capté par elle, comme par une femme. C'en est peut-être une d'ailleurs, gigantesque, la mer. Tout s'explique, voilà pourquoi j'aime tant aller dessus...

X
LES GROSSES TÊTES

Je n'écoute jamais la radio, sauf en voiture quelquefois, pour entendre de la musique d'ambiance. J'ai découvert les « Grosses Têtes » vraiment par accident. A bord de Kriter VI, j'étais en mer en train de chercher à capter un poste, pour obtenir des informations sur la météo. Soudain, à ma plus grande surprise, jaillit du haut-parleur la voix de Jacques Martin. Intrigué, j'écoute. J'entends un jeu qui m'amuse un peu, et je reconnais tellement l'humour de Martin que j'en saisis les sous-entendus, et l'essence, à chaque trait d'esprit. Il s'agissait des « Grosses Têtes », il y a cinq ans déjà. A certains moments, je ris aux éclats. Et comme tous les petits malins que nous sommes, j'essaie de répondre à deux ou trois questions. Au bout d'un quart d'heure, je tourne le bouton, pour revenir à la météo, mer oblige.

Une semaine après, je suis de retour à Paris, et un soir chez « Castel », je rencontre Jacques, que je complimente à propos de l'émission. Il me dit « Mais viens la faire avec nous, c'est tout à fait pour toi, si tu veux je t'arrange le " coup " avec Bouvard ! » Je venais de me marier, j'avais eu un fils, donc un besoin accru de rentrées financières régulières. Je réponds « Et pourquoi pas... »

Je me rends donc à RTL, avec l'idée préconçue que

nous serions trois ou quatre protagonistes, devant un micro, isolés dans le calme d'un studio de la station. Là, catastrophe ! Je m'aperçois qu'il se trouve un public, pour nous observer, cela me glace d'office, j'ai un trac épouvantable ! Ce premier jour, Martin est formidable, il me lance sur des gags où effectivement je démarre très fort avec lui, car nous les avons faits ensemble, cent fois déjà, en dînant ou durant les soirées chez « Castel », juste pour rire entre nous. J'ai des nuits entières d'entraînement sur l'art de délirer en alexandrins, donc lorsque Jacques part sur un vers, j'ai la réplique plutôt rapide. Il me met dans sa roue, dès le départ, et ensuite il me pilote, ce que je n'oserais pas dire s'il n'était là, à mes côtés, finit par sortir, dans l'euphorie : je me surprends moi-même.

Mais le second jour, le trac redouble, la simple idée de la présence du public me révulse, je finis par vomir avant le début de l'émission. J'en parle à Michel Drucker qui me confie « T'en fais pas, moi ça m'est arrivé pendant des années, c'est le métier qui veut ça ! » Un peu rassuré, je décide d'y retourner, me sentant un peu moins anormal. Et Martin continue à me porter à bout de bras. Lui est comme un poisson dans l'eau des médias, il me fabrique complètement, créant des défenses autour de moi, des accrochages possibles, s'il sent que le terrain est propice pour que je sois brillant. En tout cas, suffisamment bon pour que l'on me garde comme « Grosse Tête ». Il ouvre devant, tel un coureur cycliste, et le fera longtemps — belle preuve d'amitié —, pendant des mois en fait, jusqu'à ce que je devienne adulte, dans ce milieu. Bouvard, au départ, ne m'a invité dans l'émission que sur le crédit de Jacques. Il reste assez froid. Si Martin ne m'avait pas pêché à la ligne, régulièrement, en me tendant des perches grosses comme le studio, je n'aurais pas tenu le coup.

Depuis quinze ans que Jacques et moi nous nous connaissons, il m'a toujours porté chance. Pas une de ses attitudes qui n'ait été amicale. Chaque conseil qu'il me donna était positif, et j'en ai toujours tiré profit. Donc, là encore, je le suis, avec confiance. En fait, j'éprouve une réticence qui ne s'est jamais démentie, vis-à-vis de ce métier de saltimbanque. Jacques m'en ôte les phobies au fur et à mesure, il en désamorce les tensions, en me répétant sans se lasser « Fais-le, continue, ce n'est pas si grave, l'essentiel c'est de t'amuser, tu manques d'automatismes pour que cela glisse mieux, mais c'est uniquement une question de temps... »

Jacques Martin est un personnage brillant, fulgurant, fin, avec des qualités comiques d'exception. Je me souviens de lui passant à Bobino, c'était un Martin formidable, déchiré, mais avec un tel sens de l'humour ! Le problème de Jacques provient de l'abondance de ses talents. Musicien, il est capable d'être chef d'orchestre. Acteur, il est capable de monter une pièce, et de la jouer simultanément lui-même. Ecrivain, il a une plume remarquable s'il le désire. Il aurait voulu être tout le monde à la fois : Hugo, Zola, Verlaine. Le drame de Jacques fut d'avoir eu trop de cordes artistiques à son arc. Le talent, ce n'est pas chose facile à gérer.

Si l'on examine la carrière de Martin, l'on s'aperçoit qu'il n'a jamais fait cavalier seul, car il a aidé un maximum de gens, cru en eux, bougé pour eux, en leur donnant confiance. L'exemple de Collaro reste le plus éblouissant, mais il y en a tant d'autres... Sa générosité, sa pudeur, sont d'une intensité rare. Il n'a jamais fait de « marchandising », de « marketing » de ses amis, ou de ses émissions. Dans certains milieux, j'ai entendu des snobs lui dire « Ah oui, votre émission du dimanche, ma bonne la regarde ! » Et alors ? Des millions de Français qui passent un bon dimanche avec lui... Dire cela à quelqu'un qui désirerait être un Victor Hugo des médias, c'était le blesser. Jacques a une passion pour le « très très grand public », il veut donner aux êtres, sans discrimination. De « Thé Dansant » qui offre l'écran aux gens âgés, dont personne à part lui ne s'occupe, à l'histoire enseignée aux mômes avec la machine à naviguer dans le temps, en passant par tous ceux — de tous les âges — qu'il fait chanter devant ces millions de téléspectateurs, il offre des moments d'émotion qui ont leur prix, leur importance. Il donne sans cesse. Il fait un métier de chien, travaillant tous les jours pour monter l'émission, sauf le dimanche. Car ce jour-là, elle passe, et il la regarde pour voir si c'est correct. Il recommence le lundi d'après. Quand pourrait-il se régénérer, reprendre des forces ? De qui va-t-il recevoir quoi que ce soit ? Il est sans cesse harcelé, d'un bout de l'année à l'autre, par son désir « d'offrir »... Même si ce n'est pas un produit qui me concerne personnellement, j'en admire le professionnalisme. Et cet aspect du « don » envers le plus grand nombre de Français possible. D'ailleurs, Jacques en détient une popularité qui ne se dément pas, à cause de son sens très approfondi de ce que le très grand public désire. Il est facile de se moquer de la France profonde, mais beaucoup moins de la capter, comme il y parvient, depuis tant d'années.

Le premier mois des « Grosses Têtes » je continue à être terrorisé par le public. Avant chaque émission, je vomis régulièrement, pas moyen de calmer l'angoisse. Je revois par hasard Drucker, qui me demande « Ça va mieux ? » Je suis bien obligé de lui répondre « C'est de pire en pire ! » Il me dit « T'en fais pas, j'ai dû m'arrêter un an à cause d'un ulcère, tellement j'étais tordu d'angoisse ! » Cela me donne à penser, je saisis que ce métier est un combat, aux antipodes de ceux de la mer, mais loin d'être facile, négligeable.

Je travaille avec des gens de qualité, comme Dutourd et Yanne. Ils me laissent une paix royale. Si je rame un peu trop dans mon coin, ils auraient d'ailleurs plutôt tendance à m'aider. en cas de besoin ! Entre nous, c'est un monde agréable, qui ne m'agresse pas, et que je n'attaque pas non plus. De jour en jour, je me sens admis, même par Bouvard, j'éprouve un certain plaisir à le faire s'esclaffer.

Ce qui me gêne, c'est le public. Leurs yeux surtout. Je ne veux pas être regardé. Et je n'ai pas envie de les voir. Ce n'est pas par mépris, mais leurs applaudissements ou leurs rires me gênent. C'est complètement physique. J'en ignore encore aujourd'hui les raisons, je suis agoraphobe, voilà tout. Lorsque j'observe un orateur, debout sur une estrade, je me trouve affreusement gêné pour lui, comment ose-t-il parler à un public, qui ne lui répond pas ? C'est effrayant de parler à quelqu'un déjà ! Alors à une foule... Je considère cela presque contre nature. Les vibrations de la multitude, lorsqu'elle le félicite en applaudissant, me paraissent malsaines. Moi, je ne suis pas apte à recevoir un tel acquiescement. Ou le risque opposé, celui de leur refus. J'ignore comment pratiquer avec vingt personnes, je ne sais que faire rire trois ou quatre copains, autour d'une table de bistrot, ou de boîte de nuit. Comme je l'ai fait des centaines et des centaines de soirées, depuis vingt ans. Même chez « Castel », c'était notre table qui s'amusait, ensuite la drôlerie se propageait par osmose, mais cela ne me regardait plus. Mon délire restait entre amis, mon discours toujours adapté à quelqu'un de précis. Jamais à un groupe, encore moins à une foule !

Aux « Grosses Têtes », le jour ou je reçus l'autorisation de tourner le dos au public — ce que je fais toujours, depuis — mon angoisse disparut, comme par enchantement.

Cela m'a toujours gêné de faire rire des gens que je ne connais pas. Autant que cela me gênerait de les insulter. Je m'efforce de m'abstraire de leur présence, mais quand ils rient parfois avec violence, derrière moi, ça me glace encore. Puisque ce n'est pas pour eux que j'ai parlé. J'estime ce contact totalement impudique. C'est à Bouvard, et à tous ceux qui sont autour de la table, que je m'adresse.

Et aussi aux techniciens, qui se trouvent dans mon champ de vision, que j'apprécie, que je connais bien. Je ne suis pas du tout un comédien de scène, j'ignore comment manipuler des spectateurs. Il n'existe aucun lien entre eux et moi, j'en ignore tout, je le répète. Je ne veux surtout pas risquer d'être identifié comme l'homme qui fait rire. Sauf par une poignée d'amis. C'est toute la différence entre quelqu'un qui fait la cuisine pour ses invités et celui qui tient un restaurant.

A travers les « Grosses Têtes » j'ai connu plus de hauts que de bas. J'en ai même tiré des bonheurs. Parfois, j'ai même ri ! Jean Yanne, Jacques Martin, Thierry le Luron, Patrick Sébastien m'ont beaucoup amusé. Faire cette émission est un exercice mental qui peut être désopilant. C'est vrai qu'il faut aller vite, entre le néo-culturel et le surréalisme plutôt débridé. Parler à l'envers de n'importe quoi. Et cette espèce de « n'importe quoi » se structure alors, se construit. Cela devient vraiment sidérant, très drôle, quand je joue avec une bonne équipe. Comme en sport, le match est tout de suite meilleur. Si les autres me font rire, j'ai envie de m'y mettre à mon tour, l'émulation peut devenir torride, fantastique !

Le pire est lorsque je me retrouve avec des partenaires avec qui je n'éprouve aucun plaisir à travailler. Dont ceux qui ne m'ont jamais, mais jamais fait rire. Là, c'est la catastrophe, je me tais, je m'endors, j'attends que ça se passe. On me paye quand même, parce que, paraît-il, mon silence a d'indéniables qualités comiques, cela viendrait de mon essence, de la qualité indéniable de ses émanations. Pourquoi pas ? Le comique, pour moi, est très spécifique. Je trouve que Coluche a une analyse comique prodigieuse. Il ne s'est jamais adonné au « grave émouvant », par exemple. Sous cet angle, le regretté Fernand Raynaud ne m'a jamais fait même sourire.

Autrefois, en Polynésie, j'étais rentré comme chauffeur

dans une société, la Spot, qui organisait des tournées théâtrales, j'y ai fini directeur, avant de la revendre. Nous avions fait venir de France Fernand Raynaud, et lors de son spectacle, je me suis retrouvé — par obligation professionnelle — au premier rang. Absolument tout le monde était plié en deux en l'écoutant, sauf moi, qui ne riait pas, mais alors pas du tout ! Nous étions face à face, la salle n'était pas très vaste, il sentait très bien ma résistance, j'étais extrêmement gêné. J'ai dû sortir, par correction envers lui, après avoir vainement tenté de me forcer à m'esclaffer. Ce qui me faisait rire jaune, le pire dans ces cas-là...

Je pense qu'il faut être particulièrement courageux pour faire rire. En France, si quelqu'un déclenche la rigolade, on lui tape immédiatement sur l'épaule. On le tutoie. Je déteste cela. Il n'y a aucune raison à cette soudaine promiscuité. Coluche, je l'ai croisé plusieurs fois, et je ne crois pas pour autant lui avoir adressé la parole. Ce n'est pas parce que j'adore ce qu'il fait que j'irai lui parler. Cela ne me donne aucun droit de le déranger.

Je reste très timide, même avec ceux qui font ce métier, comme moi. Et encore plus avec le public. Ce qui est réellement terrible, dans le public, c'est l'âme de l'autre. Je ne suis pas apte à la recevoir. Pas qualifié pour l'échange. Je déverse mes délires à RTL, si les gens prennent, c'est leur affaire. Je ne vais pas tenir le discours immonde « Voilà ce que je leur offre, c'est mon public, je l'aime ! » Ce n'est pas « mon public », je ne le connais pas, comment pourrais-je l'aimer ? Si je pousse le propos plus loin je suis la cellule 11443, qui de telle heure à telle heure se déclenche, et peut provoquer le rire. De même que, parmi elles, coexiste la cellule 4816, qui peut me permettre de prendre mon train de la SNCF à l'heure. De même encore que, grâce à la cellule 41817 qui a corrigé la route à tel endroit, ma voiture peut passer. Je suis une cellule dite « comique », parmi des millions d'autres, avec chacune leur fonction précise. Par affinité cellulaire, j'adore les gens qui ont la générosité et l'impudeur d'accepter d'être drôle. Chez les Anglo-Saxons, le comique passe mieux, socialement. C'est une institution, le sens de l'humour y est une noblesse. L'humoriste anglo saxon est quelqu'un de reconnu, avec un certain prestige officiel, proche du rôle de nos académiciens chez nous. En France, il n'y a pas l'équivalent, et fort souvent les gens n'acceptent plus d'être drôles. Car se « montrer » ainsi, c'est risquer d'être pénalisé. Si l'on est un marrant, on est un con en sursis, il y a un interdit, autour du ridicule.

Pourtant faire rire dénote une richesse d'esprit, une perception à multiniveaux. Une capacité de déplacement du monde sérieux, grave, une qualité d'intelligence susceptible soudainement de changer d'angle. Le rire en France, c'est vite le rire gaulois, en dessous de la ceinture. C'est un peu dommage, il faudrait que le rire claque dans les doigts, qu'il arrive à une vitesse folle, et de nulle part en particulier. C'est sa fulgurance que j'aime, pas les montages laborieux, le rire hyper-rapide, l'éclair de rire.

Par exemple aux « Grosses Têtes », trop de mes partenaires ont joué sur des astuces à propos de mes soi-disant naufrages. Ce n'était pas drôle du tout, il s'agissait d'une phénoménale niaiserie de la part de gens incultes en matière des choses de la mer. Leurs astuces sur les bateaux qui coulent, c'était la ficelle la plus facile à agiter pour produire un effet minable. Du niveau de dire à un peintre, c'est superbe ce rouge-là, sur votre tableau, on peut s'en mettre sur le nez, ça fait clown ! J'ai honte pour eux horreur qu'ils viennent me chercher là-dessus. On est sans cesse en train de répondre à des questions invraisemblables, sur les acteurs et actrices d'il y a un quart de siècle Moi je joue le jeu. Mais si jamais j'osais dire que j'en ai strictement rien à foutre de leur Sarah Bernhardt, pour eux, ce serait un drame. Dans mon théâtre à moi, la plus belle star est la goélette Atlantic. Je ne leur en parle pas. Je ne me moque jamais de leur métier, et eux jouent toujours avec le mien. Avec ce que j'ai le plus aimé dans ma vie. La mer et les bateaux, dont ils ignorent tout. Il y eut des jours où il me fallut vraiment les épaules que j'ai pour encaisser, ne pas quitter la table. Pour eux, naviguer reste une plaisanterie. Ils n'ont jamais approché la mer, sauf en pédalo, et encore ils ne sont pas allés très loin parce qu'ils avaient peur. Ils en parlent de façon tellement débile que cela me met encore mal à l'aise, en y repensant.

Personnellement, je n'aime pas la musique, mais je ne me suis jamais permis de me gausser des musiciens pour autant. Si certaines « Grosses Têtes » n'aiment pas la mer, OK, mais alors qu'ils ferment leurs gueules, et cessent de jouer avec ce ressort comique débile. De toute façon, le pire, dans cette émission, ce sont les mêmes plaisanteries que les mêmes connards ressortent depuis son origine, sans compter que, de plus, tout le monde les a déjà entendues ailleurs, depuis trente ans. Or, le comique, c'est l'effet du neuf. En quatre années de RTL, je n'ai pas de redites derrière moi. Je n'ai jamais utilisé de gags systématiques, ressorti de vieilles histoires soi-disant drolatiques.

En ce qui me concerne, l'effet comique, le vrai, vient du décalage. A un moment donné, c'est l'effet d'un coup de pistolet qui fait voler en éclat une structure saisie sur le vif. Tout devient irréel, brutalement, l'esprit est sidéré par ce qui arrive. C'est ça la magie de l'invention, créer à une telle vitesse un tout autre monde, complètement fou, où plus personne ne se reconnaît un bref instant, d'où le rire, qui provient de l'impact d'un vertige.

Je suis incapable de raconter une histoire drôle. Elle me prodigue toujours la sensation d'une compensation, en cas de pénurie. Dans la vie, il y a pénurie de moments comiques, comme durant une guerre, il y a pénurie de sucre. L'histoire drôle apporte un morceau de sucre dans la vie, mais cela met souvent du temps à fondre, et je n'aime pas attendre une fin pour pouvoir rire.

J'adore le comique instantané. Trouver l'instant où, d'un point de départ nul, je vais faire une arrivée drôle. Tout est dans l'art du décrochage, sans amener un pavé qui laminerait tout, la légèreté compte. Le tout premier critère du procédé, c'est que cela doit me faire rire, d'abord. Je suis ma première censure et mon premier auditeur. J'ai un millième de seconde d'avance sur mon interlocuteur, à cette cadence le rire devient formidable, ce n'est pas un éclat d'acteur. Ça fuse comme un projectile, à partir de n'importe quel prétexte, plus c'est moyen, anodin, à la base, plus le consensus du dérisoire va être tonitruant. Je ne parle pas d'un dérisoire grincheux, non, ce qui me passionne c'est l'effet vibratoire de la drôlerie pure, sans ressort caché. L'humour comme invention, tel un délit de délire. A RTL, je le répète, j'ai toujours évité les redites. Pour qu'il y ait de la surprise dans l'œil de mes voisins et voisines, une sensation d'accélération propulsant de l'étrangeté, soudain reconnaissable, mais la bouche envahie de spasmes délicieux. Si j'aperçois Bouvard saisi dans cet état, cela me réjouit, c'est un bonheur, celui d'avoir été suffisamment rapide pour piéger un professionnel du genre.

Certaines soirées des « Grosses Têtes » ça décolle à toute vitesse, comme en athlétisme l'un d'entre nous entame un sprint, et il entraîne toute la folie des autres derrière lui, à sa poursuite. Si ça accroche, on finit tous par se rejoindre, et nous sommes alors tels des musiciens qui font un bœuf ensemble, ça éclate de tous les côtés, cette montée en régime à potentiel d'apogée me comble de joie, certains soirs je suis sorti des « Grosses Têtes » lavé par le fou rire, heureux, quasi éclaté.

En comparaison, le comique de « Je vais vous en raconter une bien bonne... » est d'une pâleur qui m'ennuie comme la fumée. Cependant parfois, il y a des gens qui possèdent un talent surprenant pour en raconter. Philippe Junot, notamment. C'est le seul que je connaisse capable de me répéter une histoire que je sais par cœur déjà, car dans son œil, il y a tellement de rire, que je craque complètement. Dans un restaurant, il m'a sorti une histoire drôle dont je me souvenais très bien, et il riait tant en la racontant que je n'ai pas pu attendre la chute, en fait tout du long j'étais plié en deux. L'effet dépend avant tout des ondes entre les gens, des regards. La voici.

C'est l'histoire de deux Belges et d'un Français. Ils font du shopping à Londres, tous les trois ensemble. Les deux Belges sont ravis d'avoir rencontrés ce Français, car ils ne parlent pas un mot d'anglais, et lui traduit pour eux. Chaque soir, ils se donnent rendez-vous le lendemain matin à huit heures trente. Un beau matin, le Français n'est pas là Les Belges l'attendent jusqu'à neuf heures, et toujours pas de Français. Alors ils commencent à s'inquiéter. Ils mettent tout l'hôtel sens dessus dessous, mais personne n'a vu le Français. Ils décident de prévenir Scotland Yard. Ils y vont On leur demande de décrire leur compagnon. « Ben voilà, répondent-ils, il est grand comme beaucoup de gens, il a une raie sur le côté, des cheveux châtains, il a une montre... » « — Et puis, est-ce qu'on peut vous dire quelque chose de plus, monsieur l'inspecteur ? » « Eh bien surtout messieurs, c'est important pour l'enquête, continuez... » « Ecoutez, il a deux trous au cul ! » L'officier anglais n'apprécie pas la plaisanterie. « Mais enfin, monsieur le policier, insistent les Belges, nous pouvons vous le jurer D'ailleurs le barman est témoin aussi. Chaque fois qu'on arrivait dans le bar de l'hôtel avec lui, le barman disait bien " Tiens voilà le Français, avec ses deux trous au cul ! " »

Je suis allé voir des comiques au théâtre. Il m'est arrivé d'être plié de rire la première fois, au point d'être obligé d'y retourner, pour comprendre ce que je n'avais pas pu entendre la veille. Mais je suis incapable de rire deux fois de suite à la même histoire drôle, sauf si c'est Philippe qui la raconte.

J'aime bien faire les « Grosses Têtes », car dans l'ensemble, malgré tout, la démarche n'incite pas à la répétition pure. Quelle que soit la vie de chaque jour, un showman qui a son numéro est chaque soir en scène, comme sur des rails. Pour nous, c'est alors un exercice différent, car il faut sans cesse improviser. Donc décider d'être prêt à tout pour rire, de 8 heures à 22 h 30. Pris sous un feu roulant de questions inconnues à l'avance, sur les sujets les plus incongrus. On ignore toujours tout du menu. Rien n'est jamais préparé. Tout est spontané.

Cela me convient surtout car j'adore rire, et plus encore, ce qui concourt à son improvisation. L'exercice des « Grosses Têtes » est un excellent prétexte pour cela, exigeant une certaine discipline, d'ailleurs. Il ne s'agit pas de fournir du rire au mètre, mais d'induire une disponibilité à la « déconnade », et certains soirs cela nécessite un cœur bien accroché, pour gommer les avatars en tout genre de la vie courante, et se lancer dans le farfelu et la joyeuseté, alors que rien dans l'esprit, et encore moins dans l'âme, ne vous y pousse.

Heureusement, rien ne tient contre le rire. C'est la fin des vanités. Il arrête tout, même le temps, il n'a pas de mémoire. C'est quasi surnaturel, au-delà du mental, il agit sur le plan physiologique, le corps se transforme, on a mal aux côtes, au visage, à la nuque. Après un coup dur, rire ne fut-ce qu'une minute est un cadeau encore plus énorme, merveilleux, que lorsque tout va bien.

La détresse gouailleuse de Coluche, sa voix, ce coup d'œil qu'il a sur les gens — tellement précis — et la façon dont il les traite, percutant leur réalité contre leur non-dit, est extraordinaire. Sa démarche envers les propos racistes, les plus nuls, les plus primaires, est si brillante qu'il parvient à désamorcer cette bêtise abjecte, très dangereuse, par le simple levier du rire. Ça m'émerveille. Même le plus ringard des connards devient tolérant, en l'écoutant. C'est sans prix. Il n'y a que le rire, pratiquement, qui reste un moyen de transformation, au niveau de l'hystérie des imbéciles à ce stade. C'est dire son potentiel.

Bouvard m'a souvent surpris par sa technique, très personnelle aussi, qui fonctionne au niveau des ruptures de rythmes. Au démarrage, on a l'impression d'être sur un sentier pour mulets, et soudain l'on voit arriver dessus un poids lourd ! Philippe excelle dans l'art de l'effet de décalage.

Yanne élabore ses gags selon sa morphologie mentale, unique en son genre. Vous lui dites : « Regarde la belle porte blanche, là-bas... » Instantanément, il démarre : « Mais non, c'est pas une porte, c'est la retraite de Russie, tu vois c'est tout blanc, la neige est glaciale, et les grognards souffrent en écoutant les " Grosses Têtes " pour se réchauffer les miches, coco, et Napoléon fait du patin, tandis que la petite Birkin, réincarnée en cantinière, distribue des puddings pour améliorer l'ordinaire de l'arrière-garde, et d'ailleurs l'amiral Nelson n'est pas mort à Trafalgar, l'histoire nous a toujours trompé, etc. » Il n'y a pas de mécanisme humoristique chez Jean, mais un tir en rafales, basé sur des influx.

Devos ne m'a jamais fait rire, ni même sourire, car lui, par contre, s'appuie sur une mécanique, celle d'une mosaïque de mots — parfois drôle d'ailleurs —, mais à base de montage. Lorsque la structure se révèle, la surprise pour moi est éventée. Parfois, les rouages sont si parfaits que cela déclenche obligatoirement l'éclat de rire. Mais il y pratique plus une démonstration de l'absurde qu'une création pure. Le rire télécommandé n'est pas à mon goût. Je préfère qu'il fasse un bruit de pétard qui éclate à mon insu, sans que rien ne m'y prépare. Ce que j'apprécie dans le rire, c'est que quelqu'un qui rit perde tout contrôle. Qu'il s'établisse une alchimie telle que tout implose. La logique alors fout le camp. Tout fout le camp. Il ne reste plus que le rire. C'est irracontable, mais aux « Grosses Têtes » nous eûmes souvent des rires de cette qualité-là, c'est de la haute couture, à un fil ça passe, et à un autre fil, ça ne passe plus.

 Je n'aime pas du tout rire aux dépens de quelqu'un d'inconnu. Ce serait nul et non avenu, et surtout fort mal élevé. Le comique doit être un comique de situation. Je n'agresse les gens que s'ils m'intéressent. Autant vous dire que cela n'arrive pas souvent. Personnellement, je ne supporte pas l'agression. Ma riposte est toujours disproportionnée, par rapport à l'attaque. Beaucoup plus forte. En fait, je suis pour une politique d'indifférence polie. La fameuse « politique RTL » où Bouvard a toujours essayé de créer un effet comique, en montant les « Grosses Têtes » les unes contre les autres, m'a toujours paru déplaisante, étriquée. On peut très bien découvrir des effets plus drôles, que de se tirer dessus. Je ne dis pas cela par crainte, ou ressentiment d'en être une pauvre victime, passive. Contre n'importe qui, à ce jeu-là, j'excelle. Mais ce n'est pas l'essence du comique que je préfère. Le rire, c'est comme les parfums, c'est aussi varié, et cela ne réagit jamais pareil avec les peaux...

 Pour moi, un homme dépourvu d'humour est un homme dangereux. Comment pourrait-il faire face à sa vie au premier degré ? Il lui faut l'autre, celui du rire, aussi dérisoire soit-il. La dérision, mentalement, c'est notre pot d'échappement du stress. En abuser peut être problématique, cependant, en la transformant en système. Pour aboutir au nihilisme, la maladie honteuse de l'âme soudain trop sérieuse, après ne pas l'avoir été assez ! En tout cas, en parlant du comique, il est difficile d'être drôle. De même qu'à parler d'une maladie, il est difficile d'être malade.

 Le comique d'accumulation m'intéresse. Un premier

gag pas trop bon, cela arrive fréquemment aux « Grosses Têtes ». Un second gag, à peine meilleur, suit. Mais sa qualité n'a pas tant d'importance, car au troisième, même tout aussi faiblard, le cumul comique engendre obligatoirement le rire. C'est une tactique que nous utilisons pour reprendre haleine, après un sprint délirant particulièrement inspiré. Le rire a besoin de temps forts, puis de temps faibles, comme toutes les expressions, sinon il deviendrait outré.

Ce qui faisait rire il y a dix ou vingt ans ne fonctionne plus aujourd'hui. Le comique vieillit. Môme, lorsque l'on dit « caca ! », ça rigole dur. En vieillissant, ça ne marche plus du tout. Encore que si un adulte, lors d'un conseil d'administration, dit « caca ! », alors je meurs de rire. Mais c'est une exception. Le vocabulaire et les mœurs évoluent. Ce dont riait Charlie Chaplin m'amuse encore un peu, mais c'est tout. Charlot, en son temps, fut le miroir d'une société donnée. Aujourd'hui, l'on ne s'étonne plus de son drôle de petit bonhomme désespéré, car aucun de son espèce ne circule encore dans nos rues. Son comique était formidable à l'époque où sa société pouvait en voir sur ses trottoirs. De nos jours, une femme peut se promener toute nue sur un cheval, avec les sabots vernis du même incarnat que ses ongles, cela n'étonnera personne. Notre monde n'a plus le même regard pour ses semblables.

Pour moi, l'effet comique est un prout du cerveau qui sent fort bon. C'est toujours au niveau de la fulgurance, cela doit-être très rapide. C'est indispensable. Une forme de savoir-vivre, valable en toutes circonstances. Même lors des enterrements, les gens rient à contrecoup, à cause de la tension, du chagrin. Il suffit d'un incident comique infime pour que soudain tout le monde pouffe ! Discrètement. Et si le cercueil tombe plein pot dans la fosse, en se fendant, la moitié de l'assistance va être sur les genoux, mais de rire. Même le pire devient dérisoire — même mort, ce vieux con aura réussi encore à se casser la gueule ! —, impossible de garder son sérieux.

Un gag est strictement lié à son contexte, à condition de le détourner. Un type qui reçoit une tarte à la crème sur la figure, en ouvrant la bouche pour manger car il a reconnu juste avant qu'il s'agissait d'une pâtisserie, est victime d'une confusion de genre intéressante. En effet, une tarte à la crème est faite pour se savourer, pas pour être écrasée sur le visage de quelqu'un. Malgré tout, cela lui donne la gueule de con qu'on voulait lui voir. D'où le besoin de la lui balancer. J'ai pas mal pratiqué ça !

Les boules puantes jetées au hasard, carrefour Mabillon, cela ne présente aucun intérêt. Mais à l'issue d'un entretien avec le Président de la République, dont on n'est pas content, laisser des boules puantes dans le couloir de l'Elysée, je trouve cela assez drôle. La boule puante cachée dans la poche, subrepticement glissée dans un car de flics c'est pas mal. Mais jetée dans la voiture d'une famille qui part en vacances, c'est sordide. Tout gag doit être adapté à la situation. Je connais des types qui passent des journées entières à faire des gags. A les monter, à y penser, à les chérir, les préparer. Ils sont un peu comme des metteurs en scène, en les concevant, tels des films miniatures. J'apprécie, car ils le font souvent pour que les autres se réjouissent. Cela demande beaucoup de montage, mais appliqué au quotidien, quelle merveille !

Moi, je ne suis jamais allé jusqu'à ce degré-là. Mais par exemple, j'ai pratiqué le gag de la pharmacie avec un réel bonheur. Un pharmacien est presque toujours quelqu'un de prétentieux. Alors, je poussais la porte avec une liste dans la main, et je commençais à lui demander une série de médicaments très habituels, pour qu'il ne se méfie pas. Puis je passais aux laits concentré, en poudre, en granulés, en lui faisant sortir marque après marque. Ensuite, tandis que je choisissais, je passais aux petits pots pour bébés — avec nouveau choix de marques — en les demandant aux épinards, aux carottes, et ainsi de suite. A ce moment, son comptoir était recouvert. Alors, brusquement, je lui disais . Et après les petits pots aux petits pois, vous me mettrez cent grammes de râpé, et une tranche de jambon ! » La gueule du pharmacien, il était fou de rage. Je venais de lui faire la démonstration qu'il était épicier — ce qu'ils sont tous, en réalité — mais être ravalé à ce rang, il ne le supportait pas. Pourtant, il n'y a rien de honteux à cela... Je l'ai fait plusieurs fois avec un grand plaisir, après tout, ils nous embêtent assez avec leurs histoires d'ordonnances, où vous n'avez jamais le bon papier, alors à chacun son tour...

Je connais aussi le gag de la préfecture, qui est de loin, le plus mirifique. I[1] peut se pratiquer seul, ou à plusieurs, ce qui ne gâche rien. Il suffit de se rendre dans une préfecture, pour aller chercher des papiers dont vous n'avez aucun besoin. Là, tout le monde fait la queue. Les fonctionnaires parlent entre eux, ils en ont strictement rien à faire que des gens attendent, perdent leur temps. Et tout ces malheureux alignés devant les guichets n'osent rien dire, car ils espèrent tous un papier sinon vital, du moins important pour eux. Vous, vous arrivez tranquillement. Comme vous n'attendez rien, vous éprouvez déjà un certain bien-être, même de la jubilation. Pour la première fois de votre vie, et certainement de la leur, le dialogue va être très différent avec ces fonctionnaires, ils ne peuvent pas vous gâcher la journée, ou vous faire miroiter je ne sais quelle paperasse vraiment indispensable.

Arrivé au guichet, vous commencez à vous fouiller le nez, en frappant un bon coup sec sur le rebord, en criant « Quand vous aurez fini de raconter votre dimanche, vous vous occuperez de moi ! » Vous voyez déjà dans leur œil que vous allez prendre la sanction. A ce moment, vous leur demandez un formulaire, avec un numéro à dormir debout, qu'ils ne vont jamais trouver. Au bout d'un quart d'heure, parfois plus, car ils en ont profité pour aller boire un petit café en douce, vous les voyez revenir avec un air faussement navré — en vérité, ils sont ravis de se venger — pour vous entendre dire : « Désolé monsieur, nous n'avons pas cette référence, nous ne pouvons vous fournir ce certificat... » Là, à l'instant vous les félicitez chaleureusement, vous devenez le cas unique, qu'ils n'ont jamais vu. Quelqu'un qui les remercie avec sympathie de ne pas avoir trouvé le papelard vital pour lui ! Ils ne peuvent imaginer que vous venez de faire la queue durant une heure pour uniquement vous moquer d'eux, semer le désordre, il faut voir les coups d'œil, les réactions, autour de vous. A pisser de rire, faute de pouvoir se laisser aller, car ce n'est pas fini. Entre-temps, vous avez pris les fiches qui traînent toujours, en les remplissant de travers. Avec des obscénités, mais plutôt vers la fin, si possible. Car tout doit être dosé en crescendo, le début restant à la limite du crédible.

La bonne femme lit ça : « Mironton Marcel, chauffeur poids lourd, 21 rue du Capitaine-Smolette, à Jouissif, dans le Tarn-et-Drôme ! » « — Dis donc Monique, ça existe le Tarn-et-Drôme ? » demande-t-elle à sa voisine. Et là, ça commence, c'est formidable. Après vingt ans de pouvoir absolu, les réactions des fonctionnaires face à l'incongru, voilà un spectacle délicieux. Immédiatement, vous les insultez : « Vraiment vous êtes des incapables, et dire que c'est moi qui vous paye avec mes impôts, alors que vous ne savez même pas lire, tout le monde connaît le Tarn-et-Drôme, j'y suis né ! »

De l'autre côté du guichet, c'est l'affolement, elles appellent le chef de service pour se couvrir. Et lorsqu'il surgit, les complices venus avec vous, jusqu'à présent restés discrets, interviennent. « Comment, Jouissif dans le Tarn-et-Drôme, ça n'existe pas ? Mais enfin, vous vous moquez de monsieur, j'y étais en vacances l'été dernier, chez mon oncle Edouard ! » « Ah, vous seriez de la famille Edouard

Bromure, le gynécologue de Jouissif, enchanté monsieur, permettez que je me présente, Marcel Mironton, le fils du cantonnier, vous savez que votre oncle m'a vu naître, sans lui ma mère n'y arrivait pas, j'étais un très gros bébé, vous comprenez et... » Pour peu que vous entraîniez avec vous de plus en plus de gens dans la queue, même ceux que vous ne connaissez pas, l'affaire va prendre des proportions fantastiques, le défoulement va devenir général, à mourir de rire. Le gag sera d'autant plus réussi que vous ne reculerez pas à prononcer les pires énormités. A la fin, vous aurez peut-être à filer au plus vite. Ça apporte d'autant plus de sel à l'affaire. Avec deux comparses, nous avons tenu plus d'une heure et demie dans une préfecture, un jour. Avant de devoir nous enfuir en courant dans les couloirs, poursuivis par les plantons et deux chefs de service en furie, c'était fabuleux...

Tout gamin, combien de fois à La Trinité-sur-Mer, j'ai plongé sous les bateaux des vacanciers pour amarrer discrètement leurs gouvernails au quai, par l'intermédiaire d'un cordage assez long. Il fallait voir le spectacle, surtout celui des frimeurs larguant leurs amarres en disant « Nous partons pour l'Espagne, cette année ! » avec tout le monde agitant les mouchoirs sur le ponton. Et soudain, d'un seul coup, le bateau qui n'avançait plus, tout l'effet de « l'aventurier » ridiculisé ! J'adorais ça, comme de lever les casiers des « touristes » la nuit, et de laisser des bouteilles avec un message, a l'intérieur, où était écrit un seul mot : « Merci » ! Même s'il n'y avait jamais eu de poissons dedans, le gag rendait les propriétaires des casiers fous furieux, à l'aube, on les entendait lancer des injures phénoménales, gesticulant debout sur leurs rafiots.

Pour moi, un professionnel du gag comme Jacques Legras est admirable, avec sa caméra dissimulée. Je me souviens de Legras soi-disant responsable d'une entreprise de travaux publics rentrant dans une mercerie, pour demander s'il pouvait abriter son béton et son matériel, car il pleuvait. Et la mercière, au lieu de le jeter dehors, s'excusant de devoir refuser, car exceptionnellement ce soir-là, elle devait fermer plus tôt ! Le quiproquo n'en finissait plus, devenant une espèce de folie réciproque, inénarrable.

Le plus beau gag de Legras fut peut-être celui où il jouait un type sur un trottoir, prétendant avoir mal aux jambes, donc incapable de remonter chez lui, à la recherche du porte-monnaie qu'il y avait oublié. Et aphone en plus, donc obligé de demander à quelqu'un dans la rue d'appeler sa femme à sa place, pour qu'elle le lui lance depuis la fenêtre du cinquième étage. Un passant finit par accepter, et crie « Marinette », ou un prénom de ce genre ! La femme apparaît (c'était une comédienne), injuriant immédiatement le mari. Et Legras de demander « Qu'est-ce qu'elle dit ? Excusez-moi, je suis sourd aussi, de cette hauteur-là, je ne l'entends plus ! » Et le passant de se retrouver contraint à lui répéter à haute voix toutes les injures de sa femme. Alors, Legras de sa voix à peine perceptible, de l'injurier à son tour, en exigeant que le passant répète ce qu'il dit, en le criant à sa femme. Dès lors, le malheureux, pris au piège, était obligé de hurler toutes les imprécations que les deux conjoints s'envoyaient, c'était grandiose.

Dans la vie, en ce qui me concerne, il y a des tas de choses qui ne tournent bien, que si elles tournent mal, c'est le décalage entre le prévu et la réalité. J'aime tout ce qui foire, les moteurs qui ne démarrent pas, une femme en robe de mariée en train de changer une roue de voiture les mains dans le cambouis, ça me fait mourir de rire, comme démonstration flagrante de l'ineptie, à l'image de notre existence.

Un copain, un jour, pour aller à un bal costumé, s'était déguisé en bébé. Il avait une splendide Jaguar, et place de la Concorde, crac, il est victime d'un accrochage. Et le voilà obligé de sortir de sa voiture pour faire le constat ! Il s'est retrouvé au pied de l'Obélisque, habillé en nourrisson avec une énorme épingle à nourrice dans le dos, sous les quolibets et les klaxons. Du style « Eh toi, avec ta Jag, tu veux pas des couches aussi... » Formidable !

Les Anglais montèrent un jour un gag, le plus colossal dont j'ai jamais entendu parler. Cela faisait trois années consécutives que les Japonais débarquaient dans les bureaux d'études d'un grand chantier naval d'Angleterre, pour commander un cargo. Au moment où les plans étaient finis, les Japonais — après les avoir consultés soigneusement — disaient « Eh bien non, nous n'allons pas le construire cette année ! » Et régulièrement, le bateau sortait chez eux, un peu plus tard ! Un jour, les architectes et ingénieurs des bureaux d'études anglais en eurent assez. Il dessinèrent un cargo qui n'était pas capable de flotter. Et, huit mois après, dans un chantier japonais, le bateau en question descendait la cale de lancement, pour... chavirer immédiatement. Les Anglais venaient de « planter » les Japonais de plusieurs millions de dollars de l'époque. Quant au bonheur des architectes qui s'étaient offert le voyage pour assister au baptême, lui aussi était hors de prix...

La plupart des gags sont basés sur la bêtise, la vanité. Il y a des gens pour qui cela n'a été que leur vie. Je suis pour.

Le rire est une merveilleuse façon de mettre du bleu dans le ciel, pour oublier que le monde est sordide. C'est avant tout une question d'atmosphère. En vivant sur un bateau, l'existence est drôle, si l'équipage sait que le rire est susceptible de jaillir. Alors, qu'il éclate ou non n'est pas prépondérant. En un clin d'œil, chacun sent ce que l'autre risque de sortir, et vice versa. Ce n'est même plus la peine de prononcer la plaisanterie dès lors, le potentiel d'humour régnant est encore plus agréable qu'elle. C'est parfaitement subtil, j'aime beaucoup cet état d'esprit où, au-delà du ricanement, tout se déroule par coups d'œil interposés, selon les attitudes, les mimiques.

Récemment, je parlais du rire dans les dîners qu'Eddy Barclay organise régulièrement chez lui, toujours un peu solennels au début, à cause du cadre assez formel, et du personnel qui s'empresse autour de la table ; il m'a dit : « Dès le début du repas, je lance une gigantesque connerie, enfin la blague la plus inattendue possible de ma part, pour casser l'ambiance. Sinon, c'est fini, mes invités restent trop guindés, plus moyen de s'en sortir ! A partir du moment où ils ont ri, nous sommes sauvés ! »

Je crois qu'il n'a pas tort, quel que fût le milieu, la provocation du rire, la plus ravageuse, même vulgaire, est exigible, afin d'éviter les tensions, d'empêcher chacun de rester sur ses gardes. Un repas où les convives rient, cela signifie qu'ils ont partagé plus que le pain ou le vin, voire le caviar. La communauté du rire est plus forte que celle des idées. Les « dîners débats » sombrent régulièrement dans l'outragé, l'ennui fétide. Le rire agit comme une sauvegarde. J'ai vu tant de ces assemblées lugubres, où il ne se passait strictement rien... Mais pour peu que l'un des convives éclate soudain d'un rire pas possible, c'était le fou rire général, et d'un coup les conversations reprenaient.

Le fou rire n'arrive pas forcément au moment souhaité, d'ailleurs, c'est souvent dans un poste de douane en Afrique, sous la menace d'un revolver, qu'il éclate. Dans les situations de bandes dessinées, il est dur de ne pas craquer !

Le rire est aussi une manière de ne jamais s'ennuyer, cela arrive si vite entre les gens. Parfois, j'ai mal à observer certains couples dans les restaurants. Assis l'un en face de l'autre, ils ne se parlent pas. Ils sont chacun en train de manger seul. Je n'irai jamais au bistrot avec quelqu'un qui ne me ferait pas rigoler, c'est beaucoup trop dangereux L'éclairage du rire est indispensable pour annihiler le temps. J'aurais trop peur de vieillir en écoutant les raclements des couverts. Tous les gens qui rient dans leur vie, donc détenant assez de philosophie pour parer à la gravité des choses, en évitant de se morfondre dans le drame, ce sont ceux qui vivent le plus vieux. L'humour conserve.

Certains cafés-théâtres devraient être subventionnés par le ministère de la Santé, reconnus d'utilité publique. Les billets pour assister à la représentation de pièces, comme « Le Père Noël Est Une Ordure » remboursés par la sécurité sociale. A ce spectacle fusent des éclats de rire à rajeunir, en gigotant de bonheur !

J'aime les dessinateurs humoristiques, notamment les anglais du « Punch ». Avec leurs histoires du genre : « Plusieurs femmes d'un certain âge sont en train de dîner dans la jungle. Un gorille arrive, et enlève l'une d'entre elles. Une autre s'exclame : — Je ne vois pas ce que Mary a de plus que nous ! » Reiser, Wolinski, Sempé, Faizant, je les adore. Par contre Daumier ne m'émeut pas. La charge dans la caricature est trop lourde, j'éprouve toujours la sensation d'un rajout, d'une insistance, surtout sur le plan esthétique.

Après le rire, l'on peut tout dire à quelqu'un, même ses quatre vérités. Toutes les portes du mental sont ouvertes, car un esprit qui vient de rire a accepté de se décaler, de vous accompagner dans le voyage, donc il est prêt à tous les autres. Les changements de direction les plus extrêmes, les pires détournements sont admissibles. Le contexte de chacun est mis à nu, du feu d'artifice au dérisoire, surgit une galerie de personnages de dessin animé, nous avons tous un côté Donald ou Pluto, et consorts, le reconnaître n'a jamais fait pleurer personne.

A priori, le comique est d'origine masculine, la femme en est réceptrice plutôt qu'émettrice. Faire rire, c'est se donner du mal, il faut ramer comme un fou pour y parvenir, avec l'esprit qui tourne à trois cents à l'heure, sur deux plans différents. Dans les rapports hommes-femmes, ce sont toujours les hommes qui ont le plus besoin de « ramer » en accéléré pour séduire. Les attitudes féminines sont souvent féroces, dans la passivité d'une contrition feinte, elles se contentent d'attendre, avec une impatience plus ou moins dissimulée, que nous les fassions rire. Quel travail !

La plupart des gens vraiment très drôles sont ceux qui ont à se faire pardonner d'être moches, ou de ne pas être ce qu'ils auraient voulu. Au fond d'eux-mêmes, ce sont des tristes, beaucoup trop lucides. C'est parce qu'ils acceptent de l'être qu'ils sont capables de devenir comiques. C'est la même lucidité qui les attriste et qui crée leur sens du gag. L'humour, ce n'est pas la sérénité. Celui-ci naît toujours d'un stress, d'une manière ou d'une autre.

Entouré de gens stressés qui ne rient pas, j'ai peur. Avec exactement les mêmes, en train de rire autour de moi, c'est la félicité. Malgré tout, rire à tout prix n'est pas ma première démarche, vis-à-vis d'autrui. J'aime d'abord les observer, apercevoir ce qu'il y a dans leur moelle. Déceler la nature intime d'un être me passionne. J'usite d'une grille pour ce faire, j'utilise en fait un système de référence très primaire, celui du canot de sauvetage, ou de l'île déserte. La finalité de tout contact étant : « Est-ce que celui-ci, ou celle-là, je les prendrais avec moi dans une traversée, et que se passerait-il si le voyage tournait mal ? » C'est évidemment le problème du compagnonnage, l'on peut tout faire dans la vie, à condition d'être bien accompagné. Une chose qui m'a toujours troublé, c'est la véracité du dicton : « On ne se fait plus d'amis véritables, après l'âge de vingt ans... » Pourtant, ce fut entre trente ans et aujourd'hui que j'ai rencontré le plus d'êtres susceptibles d'être mes amis. Des personnalités dont les qualités m'ont ébloui, les intelligences m'ont séduit, les réflexions m'ont ému.

Les Grosses Têtes

Lorsque je rencontre quelqu'un pour la toute première fois, je me concentre sur lui, comme plus jamais je ne le ferai par la suite. Surtout s'il m'a déplu. Je jauge, je regarde, j'essaie de prélever un maximum de vibrations. Son non-dit me fascine plus encore que son discours, même si ce dernier est extrêmement brillant. Je tente de pénétrer sa matière, sa structure mentale, ses rêves, ses ambitions, ses croyances, ses chagrins, ses douleurs. Tout ce qui constitue un homme, ce mélange de courage et de blessures, de timidité et de folies. Ce qui fait qu'à un moment donné un être humain procure une certaine émotion, ou une forme d'admiration. J'aime être séduit, ébloui. Sans attirance, je me retire immédiatement du contact avec l'autre.

A ce niveau-là, les rencontres authentiques sont rarissimes. Cela exige la reconnaissance intime d'une parité. Le sentiment d'appartenance à un clan. Presque secret. Cela n'a rien à voir avec la situation sociale, tous les effets de panoplie subséquents, la couleur de la peau. Il y a des gens que je reçois en moi, et qui me reçoivent de même, dans l'élégance d'un regard. Je me souviens d'un bistrot en Guadeloupe, « Chez Henriette », où je fus accueilli ainsi par un couple d'Antillais. Ils devaient avoir soixante-dix ans. Leurs yeux m'avaient touché au plus vif, j'avais l'impression d'être admis dans leur univers sans la moindre limite, comme si nous nous connaissions depuis toujours. C'était superbe.

En fait, il y a peu de chose, et encore moins de gens, que je déteste réellement. Ou j'aime, ou je demeure indifférent. Plus je vieillis, plus je suis incapable de rejeter. Détester, c'est un exercice que l'on pratique dans l'adolescence, il nous permet de mieux nous positionner, pour aimer. Aujourd'hui, je sais strictement ce que j'aime, et le reste, j'en fais abstraction Les gens qui ne m'intéressent pas, je ne les vois pas, ils sont transparents pour moi. C'est un peu effrayant, mais efficace.

Toutefois, je ne reste pas insensible à l'imprévisible, au contraire. Le soir de l'arrivée victorieuse de Kriter II à Sydney, j'étais resté seul à bord, l'équipage étant parti à terre. Je n'avais aucune envie que l'on parle, j'étais las, un peu dépité d'être seulement premier au temps compensé. Une journaliste australienne, Peggy, monte à bord, plutôt sympathique, mais pas éminemment séduisante. Elle me dit : « Mais qu'est-ce que vous faites là, tout seul, un soir pareil ? » Je lui réponds, en bougonnant : « Rien, justement ! » Elle me rétorque : « — Il faut fêter votre victoire, venez dîner ! » Sur ces entrefaites, arrive Jean Noli, un autre journaliste, un vieil ami à moi. Elle nous persuade qu'elle connaît le meilleur restaurant de Sydney, nous lui demandons si l'on peut y manger des homards. « Mais bien sûr, pas de problème », ajoute-t-elle. On monte dans la voiture de Noli, et elle nous guide, nous faisant traverser la moitié de la ville. A une heure avancée de la nuit, alors que tous les autres restaurants ferment, nous finissons par arriver sur un quai désert. En face d'une sorte de roulotte. « Tiens, me dis-je, ce doit être un petit " lolo " comme aux Antilles, ne payant pas de mine, mais où la spécialité du patron vaut toujours le détour... » On entre, nous nous retrouvons assis sur des petits bancs. Et le cuisinier nous balance d'office des espèces de friands infects, sur lesquels, comble de luxe, il rajoute une cuillerée de pois cassés ! Après soixante-dix jours de mer, à ne manger que des conserves, cette fille avait eu le culot de nous faire traverser Sydney, pour nous emmener dans cet endroit soi-disant unique, pour manger du canigou ! Et avec un sourire fabuleux, elle me dit : « N'est-ce pas sublime, en vous invitant ici, je suis sûre que vous vous souviendrez de moi ! » Cela resta effectivement un moment génial, mémorable, son aplomb face au gag, je ne l'ai jamais oublié.

Les Grosses Têtes

C'était une situation que j'avais adorée, pour son imprévu et sa provocation.

Tous les gens qui promettent monts et merveilles, et vous embarquent dans des galères sans nom, m'ont toujours fait pleurer de rire. Se retrouver au fin fond du Chili, dans un port, à louer une voiture pour visiter l'intérieur des terres, et entendre un type me dire : « Ah mais y'a pas problème ! » en face d'une 403 sans portières, sans pare-brise, mais avec des essuie-glaces qui marchent et deux pneus arrière crevés, plus une paire de chaises de bistrot aux pieds coupés en guise de banquette, ça me comble de joie !

XI

LA GALERIE DES GROSSES TÊTES

Pour les « Grosses Têtes » de RTL, je ne travaille pas constamment. Je fais quatre-vingts heures d'enregistrement par an, en quarante séances. L'émission dans son ensemble nécessite cent vingt sessions, soit deux cent quarante heures enregistrées au total, sur douze mois. C'est délibérément que je m'y abstiens d'une présence trop répétée. En faire plus, ce serait risquer la lassitude. En faire moins, difficile, car comme tout un chacun j'ai besoin d'argent, je ne suis pas riche, je dois donc vendre du rire sur RTL, c'est toute ma velléité. L'émission des « Grosses Têtes » est un produit industriel. Il faut qu'il soit le plus homogène possible, jour après jour. Pour que l'auditeur du lundi soit à l'écoute le mardi, et ainsi de suite. Il s'agit de pur commerce, c'est peut-être un peu plus délicat de confectionner un produit humoristique de façon constante que de fabriquer des cuvettes en plastique, et encore, cela se discute. L'impact du rire des « Grosses Têtes » est au service des annonceurs publicitaires, point final. Plus les auditeurs s'amusent, plus ils nous écoutent, et plus les messages publicitaires qui nous coupent la parole vont fructifier. C'est ainsi que la station vit. Les « Grosses Têtes » fonctionnent donc comme un support publicitaire de type drolatique, et je n'ai aucune analyse de moralité à ce propos. J'y suis présent pour les enregistrements publics, de 20 heures à 22 h 30, certains soirs, pour une certaine somme, et tel n'importe quel membre d'une société de consommation, j'élabore quelque chose qui se consomme. Je ne me réclame ni du syndicat des clowns professionnels, ni de la congrégation des artistes à profils variables de toutes variétés. Je participe à la fabrication d'un produit à caractère purement industriel, sinon recyclable, au moins relativement peu polluant, et d'un rapport financier appréciable, à la fin du mois. Une contractuelle qui est en train de cribler de « verdure » tous les essuie-glaces d'une rue effectue au même titre que moi un show, la seule différence avec le mien, est que le sien s'appuie sur le tragique. Des gens me disent, en reconnaissant en moins de dix secondes des vers de Baudelaire, puis à la question suivante, en vous souvenant de la date de naissance de Savorgnan de Brazza, vous êtes un révélateur de la richesse de notre culture. Je leur réponds que si la contractuelle parvient à poser des PV, c'est parce qu'elle sait lire l'heure, elle aussi participe de notre culture, et plus encore que moi à sa richesse.

Je suis ravi que le produit « Grosses Têtes » connaisse le succès que l'on sait, si par malheur celui-ci déclinait, ma tristesse serait immense, car ses revenus me feraient terriblement défaut. Je n'ai ni le moindre mépris, ni une attirance particulière pour mon activité dans les médias radiophoniques. Je m'y occupe, comme je ferais aussi bien tout autre chose, pour le même tarif, avec une disponibilité similaire dans le temps, me permettant de partir en mer, lorsque j'en éprouve le désir. Une de mes rares convictions est qu'il n'y a aucun sot métier, pas d'activité humaine permettant à un individu de gagner de quoi manger qui soit ridicule. Entre un énarque qui ratiocine et un pilote de moto ramassant les crottes de chiens sur les trottoirs parisiens, il n'y a pas de jugement de valeur à établir. Tous les deux aboutissent à la même finalité : gagner leur vie, ce qui est noble.

Moi aussi j'ai fait quantité de boulots pas trop drôles, dans mon existence. Peindre des bâtiments, conduire le camion des poubelles, et j'en oublie... Je n'en ai jamais eu honte, car je le faisais comme les « Grosses Têtes », pour me nourrir. Au Yacht-Club de San Francisco, j'étais payé trois dollars de l'heure pour mener la benne à détritus jusqu'à la décharge de la ville. Cela me prenait trois heures et au retour j'en recevais neuf. Avec cette somme, à l'époque, j'avais de quoi manger pendant deux jours et c'est ce qui comptait. Faire les « Grosses Têtes » pour moi ne comporte aucune différence, sauf que j'y suis payé beaucoup plus cher.

Je suis un bon peintre en bâtiment. J'ai appris à peindre et à siffloter — les deux sont inséparables — lorsque j'étais étudiant, en travaillant au noir. Je me suis perfectionné notablement par la suite, aux Etats-Unis. C'est un métier non moins riche en humour : un coup de pinceau, au même titre qu'un éclat de rire, change totalement la façade des choses.

Depuis quatre ans, je vends du rire de telle heure à telle heure, et cela s'arrête là, pour moi. Dans le meilleur des cas j'ai réussi à faire s'esclaffer trois ou quatre personnes autour d'un micro, quelques techniciens, et Philippe Bouvard, qui est un bon professionnel de la sphère radio-télé-journalisme, dominant bien les techniques de la communication. Ce qui rend ce travail assez agréable, avec lui. L'enregistrement en direct est ensuite coupé — pour cause de propos exagérément salaces —, monté, et diffusé sur les ondes, une semaine ou quinze jours après. J'ai dû écouter le résultat final dans un transistor deux-trois fois, et encore par hasard, depuis mes débuts, jusqu'à aujourd'hui.

Il n'y a aucune liaison d'ordre personnel entre mon comportement dans la vie et cette activité des « Grosses

Têtes ». Lorsque je rencontre des gens qui s'exclament « Ah, vous êtes fantastique, ce que vous nous faites rire avec votre émission ! » cela me gêne. Ils n'ont pas à me parler de ça, je trouve leurs propos parfaitement désagréables, même humiliants. J'accomplis cette activité pour recevoir de l'argent, et rien au-delà. Si je dis à quelqu'un qui balaie les rues de Paris, un beau matin « Ah, c'est merveilleux ce que vous faites, balayer la rue, quel plaisir ! » il va me coller son balai à la figure, et il n'aura pas tort. C'est similaire pour moi. J'ai horreur de parler de l'effet des « Grosses Têtes » avec qui que ce soit. Si, en les écoutant, les gens rient, tant mieux pour eux. Personnellement, cela ne me regarde pas

Heureusement, mon visage est inconnu, donc on me laisse en paix. Une fois, un chauffeur de taxi m'a reconnu à ma voix. J'ai immédiatement rétorqué que je n'avais aucun rapport avec l'imbécile qui faisait ça, sauf qu'il avait la même voix que mon frère, et que de toute façon ce n'était pas lui non plus. Je n'ai même jamais songé un seul instant, que quatre millions d'auditeurs m'écoutent dans cette émission. A part un fou furieux, qui pourrait penser « Oh, en ce moment même, il y a quatre millions d'êtres humains qui sont écroulés de rire sous l'impact de mes délires, je suis leur héros ! » ?

Les réactions du public, je m'en moque éperdument. C'est d'ailleurs une question d'honneur, de courtoisie, de politesse. Je ne suis pas un manipulateur, ils réagissent comme ils le désirent. Sinon, il faut faire « Atout Cœur » tant la vie est désespérante, offrir des cadeaux aux gens, qui vont en pleurer d'émotion. Ceci est de la manipulation. Les « Grosses Têtes » se contentent d'émettre un chapelet renouvelable de plaisanteries plus ou moins féroces, sans arrière-pensées socio-émotionnelles. Le public, c'est l'affaire d'un directeur de station, qui s'arrache ce qui lui reste de cheveux en attendant le résultat de chaque sondage d'audience. Moi, je suis juste un tout petit employé du rire.

La galerie des Grosses Têtes

Celui qui conduit un camion de poubelles dans Paris, dans les premières lueurs de l'aube, ne réfléchit pas à quel point la ménagère sera contente d'être débarrassée de ses ordures. Il ne pense jamais à son public. En tout cas, pas plus que moi. Nous faisons, peu ou prou, le même métier. Si je l'interviewe en lui demandan « Mais alors, quelles sont vos sensations ? » il me répondra « Je n'en ai pas, je me lève, je conduis la benne, les copains chargent derrière, et quand on a fini, on est bien content. » Et pourtant, il embellit la vie de tous les jours. Je suis comme lui. Régulièrement, je m'active pour m'occuper d'un produit qui fait rire, une variété de Purodor de la tête. Je nettoie les têtes de telle heure à telle heure, libre aux gens de choisir ce produit de lessive mental plutôt qu'un autre...

Cela permet à des voyageurs en déplacement, tristes car très loin du foyer familial, d'éclater de rire tout seul dans leur voiture, chose qui ne leur serait pas facile de faire autrement. Les plus invraisemblables bêtises font du bien aux oreilles d'un représentant qui vient d'essayer de fourguer sans succès soixante-dix kilos de montures de lunettes à quelqu'un qui en avait déjà une tonne et demie en stock. C'est si simple.. dans une société de fourmis s'agitant frénétiquement en tous sens, je suis la fourmi qui à partir de seize heures trente de l'après-midi fournit le produit dit « drôle » qu'elles aiment ouïr, tout en continuant de s'agiter frénétiquement en tous sens, mais dans l'hilarité si possible, ce qui allège d'autant leur solitude.

A la limite, je regrette que l'émission ne se fasse pas plus dans l'anonymat. Ç'aurait été mieux encore. Après tout, j'ignore tout de l'homme qui conduit le camion qui s'occupe de mes poubelles. Je pense vraiment que l'activité ou les intérêts d un individu, dans une société donnée, ne sont pas hierarchisables. C'est mon côté anarchiste sans doute, pour moi, chacun fait ce qu'il veut de son côté, avec la même importance

Dans la micro-société d'un bateau, il n'y a que les capitaines d'opérette qui ne veulent pas reconnaître que l'équipier qui fait très bien le thé a finalement un rôle aussi crucial que lui, vis-à-vis du bonheur d'être en mer. Une hiérarchie, dans son vécu réel, se bouleverse sans cesse, en mer comme à terre. Je me considère comme un, parmi des millions d'hommes de quarante ans, pris dans les soubresauts d'une bataille économique, tentant de s'en sortir en fonction de leurs capacités et moyens, donc de leurs feuilles de paye.

Le star-system, pour moi, existe et fonctionne comme le métro. J'y rentre et j'en sors, pour aller d'un rôle à un autre, c'est pratique professionnellement. A la station « Grosses Têtes » j'ai ajouté la station « Canal Plus » sur ma ligne personnelle, avec un changement de direction vers le cinéma, en tournant « Liberté Egalité Choucroute », avec Jean Yanne.

En fait, je crois que le pire qui pourrait m'arriver serait de prendre réellement conscience de ces millions de gens qui écoutent les « Grosses Têtes ». Dès lors je n'oserais plus rien dire, je ne sais même pas si je serais capable de continuer à rire, donc à faire l'émission. C'est une question de pudeur individuelle. Je ne supporterais pas le déferlement d'une image collective, dont le jeu de miroir me semble très suspect. Si le président-directeur général d'une société produisant des bassines en plastique se dit « Il y a trois millions de ménagères qui sont en ce moment en train de se laver dans ma bassine », et qu'il en éprouve un plaisir sans mélange, j'aurais plutôt peur pour lui. Sentir l'existence du public serait du même ordre pour moi, est-ce vraiment souhaitable ? Le rire est devenu un produit comme le reste, et la société dans laquelle nous vivons aujourd'hui n'en est elle-même qu'un gigantesque.

J'y vis, donc je m'y adapte. Bien sûr, je ne serais pas contre que certaines règles changent. S'il me suffisait de

La galerie des Grosses Têtes

rentrer chez mon épicier et de lui faire un numéro comme il n'en a jamais vu pour le faire plier de rire et emporter ensuite gratis ce dont j'ai besoin pour manger, je serais pour. C'est un peu ce que pratiquaient les troubadours au Moyen Age. Parce que la radio n'existait pas. Sinon, la châtelaine aurait ouvert son transistor, et dans un sens, ils auraient été plus peinards, plutôt que de se geler sur les routes, avec les loups et la neige, pour un bol de soupe.

Quoi qu'il en soit, les « Grosses Têtes » constituent un exercice intellectuel dont la dépense énergétique m'a toujours surpris. En deux heures, la rapidité des réflexes mentaux exigée provoque une fatigue digne d'un match de tennis, pas seulement nerveusement, mais physiquement aussi. Combien de temps pourrai-je survivre à ce rythme effréné ? Je l'ignore, de toute façon, mourir de rire est superbe.

De toutes les femmes que j'ai vues défiler aux « Grosses Têtes » — il y en eut assez peu d'ailleurs, car gauloiserie et féminité s'accommodent mal —, celle qui m'a le plus étonné, et même séduit, fut Sophie Desmarets. Sophie détient cette forme de réserve et de grâce qui permet de prononcer devant elle la pire horreur, la plus énorme grossièreté, sans qu'elle en devienne ni complice ni affectée Vis-à-vis de la teneur des reparties de corps de garde souvent entendues aux « Grosses Têtes », la complicité d'une femme deviendrait un peu effrayante, au même titre que son affectation sombrerait dans le ridicule. Je n'ai jamais vu quelqu'un, par ses silences, remettre autant la grossièreté à sa place.

Place qui n'était pas négative d'ailleurs, ce n'était ni de l'indifférence, ni de l'incompréhension, de sa part. Quoi qu'il arrive, elle semblait toujours frôlée par nos énormités mais jamais vraiment entamée, au risque d'être désaccordée, en rupture avec le ton et l'ambiance très en dessous de la ceinture. Phénomène qui se produisit, hélas, la plupart du temps, avec tant d'autres personnalités féminines de passage dans l'émission.

De plus, Sophie Desmarets est d'une rare drôlerie, tout en finesse, candide, mais sans naïveté, donc très attachante. Touchante même. Au sens de quelqu'un qui vous marque, dont l'existence est précieuse. Susceptible de créer des modes, d'influencer des choses, à cause d'une sûreté de soi, impliquant une certaine manière de référence. Lorsque j'arrive aux « Grosses Têtes », et que je découvre qu'elle est là, je suis ravi. Je sais que nous allons faire une émission brillante, car même la trivialité éventuelle va se transformer du tout au tout, à son contact. Je lui ai toujours trouvé des réactions riches, fortes. En tant qu'actrice, je pense qu'elle a beaucoup plus joué la comédie qu'été une « comédienne ». Elle fut d'abord elle-même, avant d'être une actrice, ce qui n'est pas si fréquent. C'est une âme qui a fait du théâtre, et non l'inverse. Elle a des choix, des raisonnements, des structures, des élans qui la rendent capable de maîtriser tous les quiproquos du genre. Sophie est d'ailleurs la reine du quiproquo. Elle est féline en diable, une chatte faussement langoureuse, qui voit tout ce qui se passe, et qui de temps en temps donne un coup de griffe, en faisant croire que c'est à contretemps. D'où l'effet comique, toujours inhabituel, introduit avec une sorte de souplesse et d'aisance fantastiques, elle a l'intelligence du rire.

Un soir, lors de la Millième des « Grosses Têtes », j'étais assis à côté d'elle, en train d'observer tout ce monde affairé autour de moi avant de paraître sur scène, qui me glaçait. Pourtant, je finis par éprouver à ses côtés l'impression délicieuse d'un compagnonnage, car elle posait sur tout ceci un regard qui nous était commun, poli et réservé

La galerie des Grosses Têtes

A la différence près qu'elle dominait certainement mieux la situation que moi — cela se passait dans un théâtre, j'en avais presque des états d'âme ! Elle se comportait avec une espèce d'indifférence, d'amusement, de curiosité, au point qu'elle aurait pu fort bien se mettre à tricoter en attendant, c'était extraordinaire.

Mais ce n'était pas de l'absence, il s'agissait de détachement.

Lorsque je me souviens de la présence de Sophie Desmarets aux « Grosses Têtes », j'éprouve un sentiment semblable. Elle y était présente avec un je ne sais quoi d'exotique, non sans une exquise délicatesse, suffisamment là pour être drôle, suffisamment à part pour s'esquiver des lieux communs.

Elle possède un sens de l'humour d'une légèreté inaccoutumée, presque cristallin, qui plane beaucoup plus près du sourire que du rire. Pour l'évoquer, je transformerais volontiers les mots « éclats de rire » en « éclats de sourire », c'est infiniment plus ravissant, cela lui convient tout à fait, je crois. Sans la moindre fausse note, elle joue d'une gamme de nuances la laissant harmonieuse, même au milieu du pire d'une tempête de délires.

Elle se coule dans le rire, elle ne le provoque pas, on dirait qu'elle l'obtient par nature, sans le moindre artifice. Cela naît de sa présence, de sa lumière, elle a quelque chose d'une fée, d'une magicienne. Il suffit qu'elle prenne place auprès de nous pour que tout change.

Rire avec Jane Birkin est tout à fait différent. J'adore le visage de Jane, elle a une « tronche » incroyable lorsque son humour british pétille dans le bleu de ses yeux. Elle a une île de rire dans le fond de l'œil qui est formidable, une espèce de goût du lapsus poussé à l'extrême, un délire dans ses expressions qui est tellement révélateur d'une certaine forme d'Angleterre, elle est si britannique, personnellement je connais plutôt bien la Grande-Bretagne, c'est une légende à quelques vagues de chez moi !

Jane est trop drôle, insupportable, lorsqu'elle entame des processus mentaux effarants, sans queue ni tête, où il y a toujours un mort dans un placard et le pire, pour de vrai ! Il existe une catégorie de gens dont on peut dire, à propos des histoires qu'ils vivent, ça n'arrive qu'à eux. Birkin y appartient, mais alors complètement. Elle a vécu une variété inimaginable d'épisodes plus abracadabrants les uns que les autres, du genre de l'oncle décédé, et qu'il fallait garder dans le frigidaire familial, parce que sa tante ne voulait pas dire qu'il était mort. Le tout raconté avec un accent anglais, et elle vous immerge d'office dans le non-sens, c'est d'autant plus surréaliste que l'histoire est évidemment authentique...

C'est fort amusant de faire les « Grosses Têtes » avec Jane, elle est gaie, jolie, sensible. Délicate aussi, au sens british du terme, de la qualité de cette race, comprenant un certain quant-à-soi, une folie, et un humour inné. Les Anglais sont à la fois exhibitionnistes et secrets. En sus, Birkin est d'une vivacité qui en fait un personnage assez exceptionnel, beaucoup plus remuant que Sophie Desmarets, à la limite plus « copain de régiment », Jane peut carrément sortir des conneries colossales.

Je la trouve déjà drôle simplement à l'écouter parler, et pour peu qu'elle commence une de ses fichues histoires, il m'arrive de rire avant même de comprendre ce dont il s'agit. Elle possède un satané background humoristique, cela vient de son éducation britannique. L'humour en Grande-Bretagne est indispensable, quelqu'un qui en est dépourvu, là-bas, c'est un infirme ! En plus, il y a une merveilleuse folie dans celui de Birkin, lorsqu'elle s'apprête à sortir une blague, elle a soudain un visage de petite fille, avec un regard comme celui d'un enfant qui va dire une énorme bêtise. Ça sort, et alors il y a de la jouissance, de

La galerie des Grosses Têtes

l'étonnement, cette espèce de certitude que ne donne que le culot, le tout forme un étonnant jeu de mimiques.

Elle a réellement le goût du rire. Certaines personnes disent de celui-ci qu'il est « sexy » ! Je n'ai jamais rien compris à ce qu'ils entendaient par là. Qu'il soit de Birkin ou de qui que ce soit, le rire n'est pas sexué du tout, c'est un oubli de soi à un moment donné, un détachement suprême.

Jane Birkin est donc suprêmement inattendue, son accent y est pour beaucoup, quand elle prononce une gauloiserie de belle taille, la différence de texture de sa prononciation des très très gros mots fait passer ce qui dans la bouche d'autres femmes serait immédiatement gênant et lourdingue à entendre.

Ses démarrages sont fulgurants, et surtout jamais dans le sens attendu, car elle fait des rapprochements sidérants, que l'on ne peut rétablir qu'en jouant comme elle avec les mots d'une langue qui vous est étrangère. Quoique je la soupçonne de posséder le français parfaitement, il reste qu'elle n'est pas née dedans. Ses dérapages adorables son devenus une seconde nature avec un élan prodigieux dans l'astuce. C'est une conteuse de première bourre, si elle raconte une histoire on a l'impression qu'elle est en train de la découvrir en même temps que nous. Elle s'arrête pile, elle pouffe de rire, elle redémarre, c'est superentraînant. C'est aussi, dans le comique, ce qu'il y a de plus difficile à faire, freiner à mort, tourner à angle gauche, déraper dans une ligne droite, nager dans une piscine vide, patiner sur le cratère d'un volcan, c'est une cascadeuse de l'absurde.

La fille du fameux professeur Choron — le père d'Hara Kiri — est un cas aussi, dans son genre. Elle a une de ces santés... Ayant tellement absorbé le vocabulaire de l'ignoble, pire que celui d'un corps de garde, elle sort spontanément avec une bonne foi, un naturel total, de telles monstruosités qu'elles ne passent pas à l'antenne ! Au montage, les techniciens sont obligés de couper certains passages, en rougissant ! Pourtant, à l'entendre en direct cela ne me paraît jamais salace, dans sa bouche, il n'y a aucune réticence, nul interdit, envers l'infâme. L'atteinte aux bonnes mœurs est un régal, avec elle. Ce comique-là est rare, chez une femme. C'est une prestidigitatrice qui se joue de l'ordurier, comme une geisha d'un bouquet de fleurs, elle m'étonne toujours.

*
* *

Parmi les hommes des « Grosses Têtes », Gérard Jugnot est celui qui a le plus l'esprit de son temps, un humour très contemporain, lié aux événements et à la pub qu'il aura vus, dans la semaine précédant l'émission, d'un œil acide, acerbe. Cette espèce de monde frétillant et creux, « spectaculaire », des années Quatre-Vingt, il l'a parfaitement disséqué, assimilé. J'aime bien travailler avec lui, il est doué.

J'étais allé voir un de ses spectacles, « Enfin Seul », une étude de mœurs, où la lâcheté, la bêtise, l'égoïsme, étaient montrés avec une finesse, une observation, une justesse de vécu et de ton qui en disaient long. Il y jouait deux personnages à la fois. Celui d'un crétin venant se plaindre à un imbécile, dirais-je, pour résumer. L'un ayant des problèmes de travail, et l'autre lui promettant de tout arranger, à travers un dialogue mensonger, si actuel.

Jugnot sait que le comique est très temporel, et il s'en sert. Sans manipuler la dérision. C'est encore plus instantané, il est dans l'immédiat du graffiti, du type qui sur une affiche rajoute le commentaire exactement hors ton, ridiculisant tout le message. Il pratique sans cesse le détournement, dès que quelque chose est présenté comme une panacée, il fait tout s'écrouler, en trouvant d'instinct la formule de sabotage, c'est un redoutable monsieur anti-pub ! A chaque promesse de bonheur artificiel, il décarcasse l'effet avec une vitesse formidable, c'est définitif et ronchonnant, en même temps. Son humour ressemble beaucoup à un dessin humoristique, dont lui-même serait le crayon. Il est extrêmement drôle !

Michel Blanc n'est jamais venu aux « Grosses Têtes », mais personnellement, j'aimerais bien l'y rencontrer. Bien avant « Marche à l'Ombre », je l'avais découvert dans « Les Bronzés font du ski ». Pour moi, Michel Blanc c'est le Charlie Chaplin du temps des loisirs, attendant des gonzesses qui n'arrivent jamais, ratant tous ses coups ; c'est le désespoir, mais avec une jolie finesse. J'en parle d'autant plus librement qu'avant qu'il ne devienne fort connu ces temps-ci, j'ai toujours apprécié son jeu, juste et sensible. A l'image de Gérard Jugnot, il est de ces mecs du café-théâtre qui ont saisis le ridicule de notre époque, et l'incarnent, au grand soulagement général !

Sim est un professionnel du « comique public », il fait tout à l'envers de moi. Il joue avec la salle, il n'arrête pas de faire des grimaces, et les gens adorent ça. C'est avec eux qu'il puise son énergie, les effets de ses sketches, nous sommes complètement antinomiques, puisqu'en ce qui me concerne, je tourne le dos à tout ce folklore, qu'il aime et utilise à la perfection.

Aux « Grosses Têtes », il peut être un compagnon gai et charmant, quand il improvise délibérément. Mais s'il se cantonne dans son numéro simiesque, jouant de tout son catalogue d'astuces et d'histoires drôles, il ne me fait plus rire du tout. Nous avons eu souvent des « mots » — et même des gros — ensemble, à ce sujet. Car au fil du temps ses « recettes comiques » finirent par m'énerver. Pourtant, sa vie qu'il raconte dans « Elle est chouette ma gueule » est vraiment celle d'un aventurier du dérisoire, et cela ne manque pas de truculences. Pour être tout à fait sincère, je respecte sa démarche, tout en me sentant pour ma part strictement étranger à sa passion manifeste d'amuseur de foule, à son goût prononcé pour son public.

La magie de l'imitation, par contre, me fascine sans la moindre réticence. Lorsque Thierry Le Luron est aux « Grosses Têtes » j'ai la sensation de partir en voyage, car alors, c'est la réalité qui se met à rire, à chaque irruption d'une nouvelle voix, le décalage me procure une sensation incroyable. C'est peut-être même plus qu'une simple fascination, cela me captive, me possède, entièrement. Je rajeunis instantanément, je deviens d'une naïveté quasi enfantine, lorsque Thierry soudain s'arrête, j'ai toujours envie de lui dire « continue ! », comme un gosse je voudrais que le tour de passe-passe ne s'arrête jamais. Peu m'importe en fait qui imite-t-il, ce qui m'envoûte c'est le procédé lui-même, suspendant la réalité, en la repeuplant soudain d'une galerie caméléonesque de figurants enragés qui s'égosillent, le temps devenant un tel concentré d'absurde que cela me suffoque. Ceci agit physiquement sur moi, j'ai la sensation de sprinter à travers des visages, en avalant une brochette de cerveaux d'imbéciles, avec un rare délice.

Patrick Sébastien est encore plus troublant, dans le genre anthropophage des esprits de nos contemporains, car il a ajouté quelque chose de tragique à cet art, les fantômes des grands disparus. A l'Olympia, il était soudain Magdane, — Sébastien en Magdane, un vrai régal ! — et immédiatement après, Raimu, puis Bourvil, complètement habité par eux. En l'écoutant on était simultanément en train de rire et de craquer, dans l'alliance du drôle et du poignant. Ressusciter un comique mort, c'est réussir à la faire rire d'une certaine façon, la grande ombre, donc une surprenante performance !

La mobilité mentale de Patrick est éblouissante, transformé en Coluche, il m'a fait pleurer de rire, muté en Raimu, il m'a fait rire à pleurer...

Darry Cowl fait souvent les « Grosses Têtes » avec un

La galerie des Grosses Têtes

cheminement aussi très personnel ; outre sa voix qui est célèbre, il a un numéro d'individu empêtré dans le discours qui est unique. Il n'arrive pas à dire ce qu'il voudrait dire, et il dit autre chose, mais en voulant quand même dire le contraire, ou sinon tout à fait le contraire, au moins quelque chose qui approche, mais pas assez pour que ce qu'il dit permette de comprendre ce qu'il voulait dire au début, et ainsi de suite, c'est assez fantastique, cela m'amuse beaucoup, dans le style croche-pattes en séries, c'est toujours drôle, toujours efficace.

Mais surtout, j'adore Carlos. Là, je pèse mes mots, car j'ai la chance de bien le connaître. Il est adorable, d'une gentillesse et d'une délicatesse rares. Avec un goût de la vie, du rire, un sens de l'amitié formidables. Une nuit où nous avions vraiment bu comme des trous, et plus même, fin saouls, on termine chez lui dans un état second vers sept heures du matin, en s'écroulant sur les coussins. Et deux heures après, sa femme nous réveille car Carlos doit participer dans la demi-heure qui suit à un arbre de Noël organisé par une marque de yoghourt. On y fonce, pour arriver au beau milieu d'une salle de mômes déjà déchaînés... Et là, Carlos démarre, incroyable, avec une vitalité effarante après une nuit pareille, et il saute, et il virevolte, je n'oublierai jamais ce barbu de cent dix kilos en jupette — ce n'est pas un gros en fait, c'est un supercostaud, un vrai musclé — en train de chanter tout et n'importe quoi, avec les mômes debout, qui hurlaient à pleins poumons, étonnant !

Carlos est réellement un personnage. Il a tellement accepté de rester un enfant qu'il est devenu un adulte formidable.

Il a chez lui des costumes insensés, cela va de la fameuse jupette, en passant par les paréos à fleurs, jusqu'au costume de lapin rose, avec des oreilles de quatre-vingts centimètres de long ! Un matin, il est descendu de chez lui habillé en lapin pour aller boire son café ! Il s'est donc retrouvé à la terrasse du « Flore », habillé comme ça — un lapin rose de cent dix kilos — sans la moindre gêne, sans non plus chercher le regard des autres, à tout prix. Du style « C'est moi Carlos, regardez je suis déguisé en lapin ! » Pour lui, c'était normal. Pas de l'exhibitionnisme du tout. Il était en lapin rose, parce qu'il voulait en fait que tout le monde soit habillé en lapin ce matin-là, pour que la vie soit plus surréaliste. Le jour où il ouvrira ses fenêtres, et qu'il apercevra tous les passants vêtus comme lui en lapin, là il sera vraiment content. Lancer le mouvement, c'est sa façon de dire son rêve.

Une Américaine s'est approchée de sa table, en demandant « Pourquoi vous buvez votre café, habillé en lapin ? » Carlos a répondu « On devrait tous être habillés en lapin ce matin, il fait froid, les grandes oreilles, ça tient chaud ! » Sans commentaires...

Carlos est quelqu'un que je trouve de bonne compagnie, avec sa femme Mimi. Lorsqu'il revêt une chemise à fleurs, ce n'est pas selon le trip « Attention, je suis dans la différence ! » En fait, Carlos se montre tel qu'il voudrait voir le monde, c'est une jolie démarche mentale. Les Polynésiens ne s'y sont pas trompés, là-bas Carlos a beaucoup d'amis, tout le monde l'a adopté, et surtout compris. Il n'y a qu'en Polynésie que l'on peut garder une couronne de fleurs sur la tête nuit et jour lors des fêtes, et Carlos, même en France, la porte toujours quelque part dans son esprit, c'est un Polynésien d'instinct.

Il est venu souvent aux « Grosses Têtes », l'ambiance devenant alors très chaleureuse à son contact. Il a un cœur énorme, et dans son goût du déguisement permanent, l'idée de se changer soi-même, à défaut de changer la vie... Intellectuellement, je pense que c'est une personnalité très brillante, très sous-estimée. Avec cette conception de l'existence, en carnaval effréné, qui vaudrait la peine d'être essayée, on s'y amuserait singulièrement plus si un matin tous les adeptes du sordide costard trois pièces sortaient en lapin, avec des carottes en guise de dossier dans leurs malettes...

Jean Dutourd, l'académicien, est aussi quelqu'un qui a toujours refusé la gravité des cons. A l'époque où il participait régulièrement aux « Grosses Têtes », j'aimais bien le contraste entre sa culture étonnante et sa dynamique de la gauloiserie. Non seulement il était imbattable, incollable sur une quantité effarante de sujets, mais très drôle aussi, n'hésitant pas à entamer une chanson paillarde, immédiatement après avoir répondu à une question plutôt pointue sur la littérature du XVIIe siècle !

Il ne faut pas oublier que le but des énigmes posées par les auditeurs des « Grosses Têtes » ne concerne pas uniquement leurs solutions. Il faut qu'elles nous permettent d'inventer un maximum de gags. N'ayant qu'un lointain rapport, sinon aucun, avec la réponse. D'où le comique de situation.

Il arrive aussi que l'on découvre cette réponse tout de suite, en la laissant de côté dès lors, pour le plaisir de délirer dans tous les sens, en faisant semblant de chercher les clefs les plus invraisemblables, les plus ahurissantes !

Au fil des années, à force d'écouter l'émission, des auditeurs des « Grosses Têtes » sont devenus imbattables, de véritables professionnels des questions piégées, à double, triple, ou quadruple sens, enclenchant des délires pas croyables. En fait, trouver une réponse, c'est toujours relativement simple, il suffit d'un peu de culture. Le plus drôle, c'est le pied de nez à la question elle-même, toutes les dérives les plus incongrues, les plus amusantes, qu'elle peut faire naître. C'est Philippe Bouvard qui sélectionne les questions, et ce n'est pas un choix facile, il en reçoit des dizaines de milliers, certaines sont des petits chefs-d'œuvre, de véritables gâchettes comiques.

Il y a encore une « Grosse Tête » qui a manifestement beaucoup de tendresse et de vraie gentillesse c'est André Gaillard.

André est le roi de l'apparté, ensemble nous n'arrêtions pas de nous souffler des énormités, en dehors des micros, en faisant une seconde émission rien que pour nous deux, à l'intérieur de la principale. Evidemment cela nous faisait rire sans cesse à contretemps, en semant une jolie pagaille. Il a un talent rare pour mener plusieurs dialogues comiques simultanément, sans effort apparent, sautant d'une plaisanterie à une autre, avec une maestria qui n'appartient qu'à lui !

Aux « Grosses Têtes » une fois, avec Jacques Martin nous nous étions dit : « Aujourd'hui Bouvard ne posera pas une seule question ! » On avait décidé collectivement de l'empêcher de parler, pour le faire enrager. Chaque fois qu'il essayait d'en prononcer une, l'une des « Grosses Têtes » présentes lui coupait la parole, en démarrant sur n'importe quel sujet, pourvu qu'il n'ait rien à voir avec la question. Dès que le malheureux Philippe recommençait sa tentative, quelqu'un d'autre prenait le relais, et pendant ce temps tout le monde n'arrêtait pas de parler. Nous étions tous très en forme, cela produisit une sorte d'écran d'un délire permanent, complètement infranchissable. Bouvard tenta même de rentrer dans notre jeu, en se faisant complice, aux aguets de la moindre brèche où il aurait pu se glisser, mais impossible, il ne parvint pas à poser une seule question, le tohu-bohu ne cessa de croître jusqu'à la dernière seconde de l'émission. Cela reste un de mes meilleurs souvenirs des « Grosses Têtes », c'était d'une drôlerie irrésistible, une espèce de bataille de rires où Philippe, pourtant malin comme un singe, fut complètement bluffé.

J'ai rencontré Jean Yanne pour la première fois aux « Grosses Têtes ». Ce qui me frappa immédiatement, ce fut son œil. Tout d'abord assez triste, un peu mélancolique. Et tout d'un coup d'une brillance sidérante, comme si en un quart de seconde il devenait le reflet de vingt idées folles surgissant en simultané, son regard alors étant unique. Presque comme effaré de ce qu'il a pu imaginer. C'est vraiment quelqu'un qui voit double ou triple. J'étais tellement surpris par ce phénomène que j'ai fini par en parler avec des gens ayant travaillé avec lui, sur ses films. Ils me l'ont confirmé, Yanne n'est pas un homme comme les autres. Son œil pense.

C'est un personnage complètement insolite, un spectacle à lui tout seul. Pour peu qu'il démarre sur une connerie, nul ne peut présager des suites à craindre, sauf une. Celle d'une excentricité totalement dingue. Donc formidablement drôle.

C'est un anarchiste de l'irrévérence à l'état brut ! Mais jamais braillard, ce n'est pas un provocateur. Simplement, pour lui, rien de ce qui est établi n'est respectable, car cela s'attaque toujours à la liberté des autres. L'anarchie vraiment poussée, à sa manière, ça devient une autre forme de vie. L'avoir dans la tête, c'est la porte à tous les surréalismes. Pour moi, si je vois Gainsbourg, j'ai immédiatement la sensation d'être bourré. Quand je rencontre Yanne, celle d'être immergé dans un joint jusqu'aux oreilles, d'office, et naturellement ! Il décale du tout au tout la réalité, en crée une autre, la sienne. Il est porteur de magie. Imaginez-vous face à face avec un daltonien, et que brusquement en l'écoutant parler, cela vous fasse voir les rouges verts ! Avec Yanne, c'est tout à fait ce qui se produit.

La vie de Jean Yanne racontée par lui-même, c'est à se plier de rire. Il n'y arrête jamais de faire fortune, puis de perdre tout, passant de l'état de producteur comblé à celui de producteur en fuite, avec deux valises, pour tout recommencer encore, redevenir riche à nouveau, puis retomber en dessous de zéro à cause d'un film qui a mal tourné, et ainsi de suite. Le tout conté sans une pointe d'aigreur, avec la joie et la malice d'un grand enfant pour qui la vie est une farce, un gag permanent, une énorme déconnade.

Je n'ai pas passé une heure avec Yanne qui n'ait pas été une heure totale, les plus beaux films que j'ai vus, ce sont ceux qu'il me raconta. Coluche lui rend hommage, affirmant que c'est Jean qui a inventé une certaine forme d'humour, celle de la gouaille française poussée à l'extrême, jusqu'à l'insulte, jusqu'au dérisoire. C'est vrai que *Tout le Monde il est Beau, Tout le Monde il est Gentil* dont on se souvient maintenant comme d'un film « commercial » fut en fait, à l'origine, un pur coup de dés, jouant sur l'humour grinçant, son succès servit de référence, donc de point de départ, à tout le cinéma satirico-humoristique qui a suivi, jusqu'à aujourd'hui.

Je n'ai jamais rencontré quelqu'un qui ne me parle pas de Yanne en termes chaleureux et admiratifs. Pour moi, il a du génie, c'est réellement une pensée originelle.

J'ai récemment tourné un film avec lui, *Liberté Egalite Choucroute*. Il a toujours raconté que c'est lui-même qui me l'avait proposé. En fait, ce fut l'inverse. C'est moi qui lui demandai d'y participer. Vraiment par admiration. J'étais prêt à faire n'importe quoi, pour avoir la chance de l'observer travailler.

Il me répondit : « OK, il y a les rôles de Danton, Marat, Robespierre. Tu n'as qu'à choisir celui que tu veux. Je lui ai dit : « Mais, Jean, je n'ai jamais été acteur moi, tu plaisantes ou quoi ? » Il m'a rétorqué : « Tu verras bien, c'est facile, tu fais comme d'habitude, c'est tout. » Parti pour aller voir Yanne faire un film, je me suis retrouvé en Danton !

Faire face à une caméra ne m'a finalement pas gêné du tout, l'œil de l'objectif étant anonyme, le métier d'acteur de cinéma se déroule devant un public fantôme, ne se conju-

La galerie des Grosses Têtes

guant qu'au futur. Je n'en ai donc éprouvé pas la moindre phobie.

Depuis que j'ai été moi-même acteur, je respecte beaucoup plus cette corporation qu'auparavant, avec sa fragilité et ses angoisses. C'est un monde plus intéressant que je le supposais, plus émouvant. Avant, je les trouvais ridicules, maintenant j'estime qu'il y a quelque chose de touchant chez eux.

L'acteur au travail, c'est athlétique moralement, il mène un combat intérieur pour s'adapter à une situation sans cesse changeante, c'est fort. Beaucoup plus joli qu'absurde. J'ai vu Serrault faire trois prises immédiatement de suite sur le même thème, avec le même texte, dont aucune n'était semblable, à chaque fois il y avait eu réflexion, métier, travail sur la matière, c'était assez impressionnant. J'ai aussi vu Ursula Andress rester une journée entière assise sur un tas de bois, sans se plaindre, en attendant de tourner. Cela suffit pour comprendre que ce métier est souvent une discipline, pour quelques minutes de joie.

L'acteur, à la ville, je le trouve insupportable. Il ne peut s'empêcher de jouer son propre rôle, son narcissisme est outrageant. Mais sur un plateau de cinéma, c'est correct, il n'y a plus le « cher public ». C'est quelqu'un qui réfléchit, qui se concentre, et à un moment précis expulse de lui une très grande force, c'est à la fois puissant et beau.

Le cinoche est un métier difficile. Cela ressemble à la construction d'un bateau, c'est un énorme chantier éphémère. Il faut d'abord tout préparer, et en deux mois, tout est dépensé, puis le film s'en va, c'est fini.

A mon point de vue, ce n'est pas particulièrement « marrant » comme on pourrait l'imaginer. C'est une discipline, il faut aller « au charbon », je ne me souviens pas avoir eu tellement l'occasion de rire. J'ai trouvé ce monde assez perfectionniste, pas « bidon », une belle catégorie socio-professionnelle. Ils attaquent, bougent, se donnent du mal, ce sont des gens de valeur, intéressants, mais je ne me suis pas vraiment amusé avec eux.

Ursula Andress, gaie, vive, avec de la fougue, même si elle n'est plus un sex-symbol — elle doit avoir quarante-neuf ans — m'a étonné par ses qualités de femme. L'équipe avec qui j'ai tourné le plus comprenait un supertrio, Beller-Darmon-Giraud. J'ai beaucoup apprécié Gérard Darmon. Un peu aventurier, généreux, costaud, sensible, sans être trop fragile. En dehors des heures de plateau, nous avons bourlingué dans Rome ensemble, qu'il connaissait très bien.

J'ai pas mal appris au contact de tout ce monde-là. Au même titre que lors d'un stage que j'avais effectué, il y a longtemps de cela, dans une grande banque. J'avais discuté avec une nuée de banquiers, j'étais ravi de ce qu'ils me disaient. Un employé de banque n'est pas forcément un connard, il y a des côtés pointus dans son métier, il faut y être rapide. C'est un sport, notamment s'ils s'occupent des taux de change ces temps-ci. Quoi qu'il en soit, lorsque les gens aiment ce qu'ils font, les approcher pour en parler avec eux est toujours magique.

Brusquement, ce mot-là, « magique », me rappelle l'une des plus belles phrases de Yanne, pour moi. « Le Bois de Boulogne, c'est le seul coin au monde où quand tu fous un coup de pied dans un buisson, il te le rend ! » C'est tout Yanne ça, d'un trait d'esprit il a tout dessiné, c'est un magicien de l'ironie considérée comme un art.

XII

LE RADEAU D'OLIVIER

Je pense que rien de ce qui est profondément important pour l'homme n'appartient au rationnel. Je hais l'ordinateur, je le vomis. Depuis l'origine de l'espèce, vis-à-vis de son évolution, je trouve qu'il s'agit de la forme de pensée la plus pauvre auquelle elle ait jamais adhéré. Il est exact que la philosophie à très haut niveau, et les mathématiques poussées, se sont rejointes aujourd'hui. Cela c'est une conquête, une élévation. Mais l'ordinateur ne nous dirige pas vers un absolu, il va vers la lâcheté. C'est monstrueux, j'entends des gens dire avec fierté « J'ai codifié toute ma vie sur mon ordinateur personnalisé, je contrôle dorénavant les probabilités de ma facture de chauffage pour les huit ans à venir... » Quel plaisir ! Ou bien « J'ai une bonne " fourchette " de ce que va me coûter l'éducation de mes enfants, depuis la maternelle jusqu'à leur majorité, cela fait une moyenne de tant par jour, tu te rends compte, Marcel, qu'est-ce que c'est coûteux ! » Quelle splendeur ! J'ai honte pour eux, j'ai peur. Je redoute cet esprit de futurologue du mazout, d'économiste des prix au détail des hochets de bébé. Je n'aime pas ce monde qui avec « raison », et elle seulement, planifie sa réalité, en croyant faire route vers l'épanoui du prévisible, productif et sécurisant.

Voilà ce que les hommes avec leurs petits joujoux à

claviers sont en train de se faire à eux-mêmes, en jonglant avec un concept matérialiste de futur, dont cette machine les imprègne, sans qu'ils en aient conscience.

Dans un élevage de poulets, les journées de vingt-quatre heures en font dix-huit déjà, grâce à la lumière artificielle modulée par l'ordinateur, ainsi l'on récolte un surcroît d'œufs au goût exécrable, bravo, le paysan déguisé en Frankenstein de l'œuf coque s'attaque avec son logiciel à doser l'alimentation au grain prêt, désormais... Bientôt il pourra dialoguer à distance, grâce à la télématique, avec un fabricant de mouillettes congelées, pour que le diamètre supérieur des coquilles facilite nos petits déjeuners ! Alors là, je préfère l'anarchie, toutes les formes de bordel, nom de nom, il faut réagir. Après ces poulets, ce seront les enfants, ils ne naissent pas tous à huit heures quatorze minutes et vingt-deux secondes, mais à la cadence où nous allons, cela va finir par se produire. Comme dans un élevage justement, on confine les gens face à un écran, pour les gaver d'un savoir artificiel en accéléré, minable, sans envolées, luisant sur des écrans verdâtres. C'est la dernière ruse des éducateurs, ils bourrent le joujou de leur savoir de merde, qui n'a pas changé d'un iota, mais comme il défile indirectement, par l'intermédiaire d'un décor futuriste, tout le monde l'avale, sans même le reconnaître !

Je n'ignore pas que l'on sélectionne les amoureux par ordinateur, eh bien, moi, je préfère me tromper, plutôt que de me voir offrir une tentative qui pourrait faire un court-circuit. L'ordinateur détermine tout actuellement, c'est paraît-il la clef du grand mystère ultra-moderne. En fait, il est incapable de prévoir une crise économique avant qu'elle n'arrive, et encore moins le début de sa fin. Manipulé par les surdoués de la Silicon Valley, il devient, semble-t-il, subtil. Mais dans les mains de monsieur tout le monde, le sentiment qu'il offre d'intervention sur l'avenir, c'est de l'hypnose électronique, la grande escroquerie de la fin de ce

Le radeau d'Olivier

siècle. De toute façon, l'homme qui confie ne serait-ce qu'une part de son comportement à quelque chose conçu par son espèce doit rester tout d'abord méfiant. Ça va encore s'il doit livrer des paquets de lessive à Vélizy pour le quatre mars, et que la machine les compte à sa place. Au-delà, mieux vaut modérer l'enthousiasme immodéré et débile engendré par cet engin encore banal. Le jour où il changera de gueule quand on lui posera un bouquet de violettes devant lui, je le respecterai peut-être. Parce que la plupart des êtres humains que je connais changent de visage lorsqu'on leur offre des violettes, ils ne commencent pas par les dénombrer. Alors, on pourra parler de l'ordinateur comme d'une « intelligence artificielle » au service de l'esprit de l'espèce. Et non d'une variété de miroir narcissique pour gestionnaires marchands de soupe, sexologues de grand-mères porteuses, et futurologues du progrès prison !

J'apprécie les paradoxes. Que se passerait-il si les animaux se mettaient soudain à construire des nids comme des hommes ? Imaginez une race de bêtes enragées à bétonner à mort, à mettre de l'électricité partout ! On les massacrerait, on ne les supporterait plus. On les tuerait tous. Si des animaux s'installaient près de Quimper, et commençaient à faire des routes, à construire des écoles, à implanter des usines, on dirait « Mais de quel droit osez-vous ravager tous ces beaux arbres qui se trouvaient là ? » Ce que nous leur ferions en représailles serait effrayant. Quand les hommes font leur nid, ce n'est pas dans la demi-mesure. Et que je te périphérique, et que je te bretelle, et que je te piste d'aviationne ! C'est dément, ce que nous sommes mal élevés. Il suffit de regarder ce que l'on a fait à la terre, depuis que nous y séjournons. Avec l'ordinateur par-dessus, mais que va-t-il rester ? C'est clair, n'importe qui hurle parce qu'un nid d'hirondelle salit sa toiture. Imaginez deux milliards d'hirondelles d'un mètre quatre-vingts, commençant à bétonner partout ! On parlerait de fléau. Le fléau c'est nous. Songez à deux cent mille animaux qui se feraient un nid de la taille de Brest ! Voilà notre espèce, qui souhaite en plus une machine pour « gérer l'accélération de son futur... » Mieux vaut éviter tout commentaire.

Si j'éprouve certains doutes quant aux effets de l'ordinateur sur la société actuelle, les phénomènes de la communication, les nouveaux médias m'y paraissent par contre dignes d'intérêt. Lorsque « Canal Plus » me contacta pour produire une émission, je n'hésitai pas à m'engager dans l'aventure. Ce qui était fascinant fut de démarrer là où il n'y avait rien. Afin de préparer et monter un nouveau magazine, il faut réaliser de nombreux numéros zéro, que le public ne voit jamais. Pour « Le Radeau d'Olivier », il n'y en eut pas un seul ! Je suis arrivé sur le plateau, j'ai interviewé mes invités, ce que j'enregistrai le premier jour passa à l'antenne.

Ce n'était plus faire de la télévision, mais de l'audiovisuel. Dans les autres chaînes, « faire de la télé », c'était rentrer dans une organisation tentaculaire, piégée, l'imagination cotisant à la sécurité sociale. Pour la moindre idée nouvelle, il fallait signer vingt-cinq papelards. A « Canal Plus », il n'y avait aucun papier, quelques rencontres suivies d'échanges d'idées, et hop, ça tournait ! J'ai eu l'impression de travailler comme aux Etats-Unis. Personne n'a jamais vu ce que vous allez faire, et vous-même non plus n'avez pas une idée forcément précise de ce qui va sortir. Mais la confiance règne. Il y a un goût du pari, et seul celui-ci peut créer du neuf. Pour la France, c'était un état d'esprit formidable.

Nous n'étions pas en train d'inventer une « nouvelle télévision », mais une forme de communication différente. D'ailleurs, depuis que « Canal Plus » existe, les autres chaînes se sont remuées comme des malades, ce qu'elles avaient cessé de faire depuis longtemps. Vis-à-vis de notre

Le radeau d'Olivier

tentative, la presse a été d'une injustice qui confina à la bêtise. L'humeur à ce niveau d'aveuglement, c'est une énorme sottise. « Canal Plus » n'est pas parfait, mais a au moins le mérite de s'être inventé lui-même. Puisque nous sommes à l'époque de l'audiovisuel, être embarqué dans cette affaire, je l'ai vécu comme une chance au niveau de l'intelligence, du « voir », de la démarche de comprendre et d'être visualisé ailleurs. Effectivement nous avons pris une volée de bois vert, c'est normal que ce qui est neuf fasse réagir. J'ignore comment cela se terminera, mais après quelques mois à « essuyer les écrans » avec une équipe où à quarante ans j'étais le plus âgé, j'ai été ébloui.

J'ai imaginé « Le Radeau d'Olivier » comme un « talk-show », une série d'interviews de personnalités, invitées selon mon goût, mon attirance, en toute liberté. Cent fois, en lisant un journal, un bouquin, je me disais « Tiens, c'est pas mal, ce mec qui a écrit ça je me demande ce qu'il a dans le crâne, j'aimerais bien le connaître, discuter avec lui... » « Le Radeau d'Olivier » m'a donné le prétexte d'aller plus loin, en provoquant notre rencontre. En posant des questions, j'ai eu d'abord le sentiment d'un luxe formidable, car je me faisais en quelque sorte mon propre journal, j'apprenais ce que je voulais découvrir. Ensuite, je me suis aperçu, à travers les sondages, que le public suivait, donc que ce qui m'intéressait correspondait à ce qui l'intriguait. A l'inverse des « Grosses Têtes » cela m'a rapproché de lui. J'ai fini par apprécier son goût de comprendre les autres, de partager leur sensibilité, leurs émotions ou leurs croyances. Au fond, tout le monde se démène tellement pour essayer de bien vivre que toute parcelle de l'expérience d'autrui ne paraît jamais négligeable.

J'ai cherché l'expérience de la communication directe, sans « chichis » ni alibis. Visuellement, je ne voulais pas être cadré. Si l'on interviewe des gens, l'intéressant est l'interviewé, pas celui qui pose les questions. J'en avais assez de voir les animateurs. Dans la plupart des émissions ils sont sur soixante pour cent de l'image, narines et lobes d'oreilles inclus. Moi, je voulais y être le moins possible. Je désirais des plans serrés, je cherchais des regards de mes interlocuteurs. C'est par là que tout passe.

J'en ai parlé une heure avant la première du « Radeau » avec Daude, mon réalisateur. Il m'a dissuadé d'utiliser trop fréquemment le gros plan. De son point de vue, c'était trop anti-naturel pour être supportable en permanence. Nous sommes tombés d'accord sur un certain type et rythme de cadrage très serré, cependant. J'ai profité de ses réflexions que faute de métier, je ne pouvais pressentir. Ensuite, j'ai fait confiance à l'équipe, et souvent nous avons eu de grands moments. Sur un cas précis, brusquement, le cadreur, le réalisateur, le monteur, l'interviewer, les techniciens, nous nous sommes retrouvés en connivence complète autour d'une image, ou d'une ambiance. Cela ne pouvait durer que quatre secondes seulement, mais le déclic de cette osmose, où la vigilance de toutes les personnalités d'une équipe s'accorde, est un plaisir étonnant.

Le plus émouvant dans l'interview est de dépasser le discours du personnage, puis son apparence, pour arriver à faire rejaillir l'âme de l'homme. Ceci aussi ne dure qu'une fraction de seconde. Pour avoir une chance d'y parvenir, j'ai découvert que préparer la rencontre était la meilleure façon de rater l'opération. Il fallait l'aborder l'esprit vide. A la limite, j'attaque maintenant mes entretiens sans même vouloir savoir qui sera en face de moi. Le plus révélateur est que cela fonctionne d'autant mieux.

A bord de Pen Duick, nous avions un copain, qui a hélas disparu depuis, qui était passionné de médecine. Durant les nuits de quart nous le branchions sur le métabolisme osseux, le système cardio-vasculaire : l'entendre décrire les mécanismes de la régulation cardiaque, ou du système lymphatique, c'était extrêmement intéressant. A « Canal Plus », c'est aussi un peu ce que je fais. J'interroge des gens pour qu'ils livrent une connaissance, qu'ils apportent une réflexion.

Lorsque j'ai interviewé l'architecte Fernand Pouillon, je n'avais pas lu son dernier livre, auparavant. J'ai réellement rencontré un homme qui s'est battu pour l'architecture, qui a cru à une nouvelle forme pour elle, qui a payé pour ça. Simultanément, j'étais face à un personnage, une âme. Je crois que dans le combat de Pouillon pour un autre décor de vie, il y a quelque chose d'émouvant et de très respectable. Je suis flatté de m'être entretenu avec lui.

Pour Haroun Tazieff, même état d'esprit. Cet homme qui ne s'est trompé ni sur la Soufrière, ni sur l'Etna, qui a consacré sa vie entière à la vulcanologie, l'entendre parler de la terre correspond à tout ce que j'aime. C'était la passion, l'intelligence. Il n'est pas frimeur, Haroun. Il a cette espèce de modestie qui vient de la connaissance. Pour moi, ceci est la culture. Quand le chercheur de l'Observatoire de Meudon me parle des planètes, je peux l'écouter pendant une heure. Je ne suis pas face à un baratin « pédago-cosmique », je reçois un discours fabuleux fait par un homme dont c'est la vie, faisant passer le meilleur de son savoir. C'est à chaque fois des moments d'émotion, donc des instants authentiques. C'est ce que j'apprécie dans ce métier de portraitiste audiovisuel, cette qualité d'intelligence de la photographie mentale d'un individu, qu'il est parfois possible d'atteindre.

Cette impression d'authenticité forte, de goût de vivre, d'émotion, je l'ai ressentie avec la plupart de mes invités, ils m'ont tous laissé quelque chose. Dans une interview, les réponses peuvent être parfaitement mensongères, mais le rapport ne trompe pas. La codification est telle que dans ce cas, n'importe quel spectateur assis devant son téléviseur comprend que le type en face joue double jeu, donc saisit la vérité.

Encore que celle-ci ne soit évidemment que partielle et partiale. Il n'y a jamais une vérité. Chacun a la sienne. Pour cette raison d'ailleurs, la politique me fait chier, et je pèse mes mots. Dans mon émission, je ne veux pas d'hommes politiques. A force de défendre une idée, ils l'érigent en évidence soi-disant collective, et que je te la rapièce, et que je te la renforce, et que je te la consolide, elle devient un blindage mental. Je ne veux pas d'angle sectaire sur la vie des hommes. Un homme politique, c'est un cerveau bien mou, dans un château fort bien dur. Avec deux entrées en France, le pont-levis de droite, et le pont-levis de gauche. Du côté des donjons, les extrémistes jettent de l'huile bouillante, pour se faire remarquer. Fréquemment ils ratent leur coup, ça tombe à l'intérieur des remparts, et la garnison glapit. Dehors, le bas peuple vaque à ses occupations, en se tapant l'index sur la tempe, quand ils ouïssent le folklore. Plus personne n'a d'illusion en la matière. Chaque soir à vingt heures, avec un entrain inégalé, des journalistes de retour des mâchicoulis racontent les plus beaux coups de catapulte. La foule digère en bâillant d'ennui.

Ma position politique est celle d'être un dur du centre mou, sans rien à gauche ni à droite. Forcer à vivre des gens d'un seul côté, c'est insensé, c'est du partisanat de manchot. On vote comme des unijambistes, la démocratie est devenue une béquille. D'où le malaise, l'ambiance sournoise, et surtout le vertige au moment où cinquante millions de personnes s'avancent en claudiquant vers les urnes. Ce n'est plus de la politique, c'est la cour des miracles !

Je pense que toutes les positions extrémistes dans un pays révèlent ses maladies. L'extrémité gauche et l'extrémité droite sont des états plus ou moins contagieux, où une partie de la population campe sur des positions que manifestement l'ensemble ne peut pas admettre. Or, la démocratie, c'est partager. Il y a une forme de partisanat qui ne peut conduire qu'à la mort de l'esprit. Chaque poussée de fièvre sacrifie la réflexion à la doctrine. Et ça, c'est la fin de l'intelligence. Le corps politique est malade, et ce faisant ils nous refilent leur chtouille gauche-droite en nous prenant pour des borgnes. Tout le monde en a ras-le-bol, sauf eux, car à force d'avoir retourné leurs vestes ils sont devenus culs-de-jatte, donc incarnant malgré tout une certaine stabilité.

Mais la finalité d'une démocratie, c'est le bonheur des gens. Ce n'est pas un choix de prothèses, offert par des charlatans caducs, gérant une dualité. Ils se sont tellement habitués à penser en coupant en deux que c'est devenu intolérable. Dès que j'approche un politicien, j'ai l'impression que son cerveau boite. Il faut faire quelque chose. Etre un dur du centre mou, ce n'est pas du tout refuser que les choses évoluent. C'est essayer de sortir du bancal vers une majorité, sans que soient brimées les minorités. Cela signifie que certaines minorités acceptent de faire des sacrifices pour la majorité, et vice versa. C'est ce qu'on appelle la convivialité. Comme il faut vivre ensemble, ce n'est pas la peine de vivre opposé. Il faut faire la part du feu, des désirs les plus exacerbés. Je sais que cela n'a aucune chance d'arriver. Mais ce n'est pas le problème. C'est une tendance. Entre le rêve et la réalisation, la perfection n'existant pas, ce n'est pas parce qu'elle ne sera jamais atteinte qu'il faut renoncer à l'obtenir. C'est aller vers l'établissement du respect des autres, et non vers le pugilat.

Même dans la violence, le sens de l'éthique est très important. Il y a engagement de l'âme, lié au courage physique, l'erreur de notre civilisation aujourd'hui est d'en dissimuler certains aspects. On masque la mort. Même l'amour a perdu sa fabuleuse sauvagerie. Il est décrit comme des scènes de ménage. Mais ça, c'est de la brutalité, pas de la violence. La vraie violence est silencieuse. Ça se passe au niveau de l'âme, du secret, pas au stade des coups dans la gueule. La vraie violence est sans éclats. Elle porte en elle ses propres capacités de maîtrise. C'est un noyau.

Nous vivons dans une civilisation qui cache la mort. Certes, dans un petit village, un décès est encore un événement. Tout le monde est à l'enterrement, on entend les cloches de l'église. Mais cela concerne combien de personnes ? Une poignée d'habitants...

Dans les grandes villes, on ne voit plus de morts. A Paris, très accidentellement, un type peut prendre une balle, au coin d'un bar où vous êtes en train de boire un demi de bière. Mais immédiatement, le cadavre est escamoté, il devient un entrefilet dans un journal. Notre société censure ce qui est sa dernière violence. A la limite, elle l'admet sous forme de chiffres. Un avion tombe, c'est trente-cinq morts ! Qu'est-ce que cela veut dire, la mort n'est pas chiffrable... C'est une attitude de lâcheté, une dérobade, face à la réalité. La mort doit être affrontée de visu, c'est elle qui donne la conscience du réel, la beauté du combat de vivre, elle approfondit l'enjeu. La mettre entre parenthèses est extrêmement équivoque. C'est à la limite de l'escroquerie mentale, une espèce de consensus flasque autour d'un mensonge d'une société envers ses membres. Occultant leurs destins, à cause de sa peur. Cela fabrique une population de trouillards en sursis, dommage, c'est encore plus triste de ne pas regarder la mort en face que d'accepter lucidement la tristesse qu'implique son rendez-vous.

J'ai failli mourir une fois à Tahiti, du scorbut. Et lors du naufrage de Kriter IV, je savais très bien en regardant ma montre que dans l'heure qui suivrait, je serais soit du côté des morts, soit du côté des vivants. J'en avais pleinement conscience. La manœuvre était très périlleuse, il fallait de la chance, et j'en ai eu. Je me souviens avoir regardé les aiguilles et m'être dit « Dans une heure, je suis d'un côté ou je suis de l'autre ». J'en ai même éprouvé une sorte de curiosité, plus que de l'angoisse. Je crois qu'en solitaire je n'aurais jamais appelé au secours, la perte de mon bateau me faisait trop de peine. Je n'aurais pas eu le courage de m'avouer vaincu. Une fois mon équipage mis à l'abri, je serais resté à bord, pour lutter côte à côte avec mon bateau jusqu'au bout, jusqu'à la fin, Mais je m'étais marié alors, juste avant. Je me suis dit que je devais quand même rentrer. Mais quelque part, je perdais mon bateau, donc je me perdais aussi.

Kriter IV s'est cassé sans que nous ne puissions rien tenter. Ça, c'était une mort. J'ai vu mourir mon bateau. La mort d'un voilier, ce n'est pas seulement la disparition d'un objet aimé, c'est aussi la mort d'un rêve. Avec un bateau, on a toujours des projets, des aventures à vivre. En perdant Kriter IV, j'ai vu s'engloutir le présent, et surtout le futur. Ce n'est pas le souvenir du passé avec un bateau qui compte. C'est la perte de ce qui ne sera plus jamais vécu avec lui. Comme père, c'est l'idée que je me fais de la mort d'un enfant. C'est douloureux. Il y en a toujours un qui trahit l'autre et vous ne savez pas lequel.

Je n'ignorais pas que ce bateau aurait des ennuis graves, un jour ou l'autre. Le jour de son baptême, la bouteille de champagne n'avait pas cassé. Je me souviens trop bien du moment où la marraine a raté la bouteille. Je me rappelle avoir vieilli de dix ans, et je savais que j'étais embarqué pour une aventure qui de toute façon serait maudite. C'était Mme Boisseau épouse du sponsor, la marraine. Elle pleurait, la pauvre. Moi non, mais je sentais que j'étais parti pour un bagne. C'est bizarre. La bouteille de champagne en était le seul signe annonciateur, mais hélas suffisant. Je me revois très nettement, tout seul ensuite, en face de Kriter IV. J'ai toujours vécu après avec l'idée que je vivais avec un enfant frappé de mort. Je me suis dit qu'il fallait aller au bout des choses, et je l'ai fait On essaye toujours d'exorciser, de naviguer, de combattre. Mais sur le moment, cette bouteille qui refuse de casser, cela me mit un poids terrible sur chaque épaule J ai continué.

Ce fut un voyage difficile. Mais c'était le destin. Impossible de dire à quelqu'un « La bouteille de champagne n'ayant pas cassé, je ne vais pas m'embarquer sur ce bateau ! » Ce soir-là, se déroulaient deux films dans ma tête. Il y avait « La bouteille ne s'étant pas brisée, je suis parti pour le pire... » Et de l'autre côté « Comme il s'agit de mon bateau, je dois l'assumer... » Dès lors commença un compagnonnage étrange entre le bateau et moi, enchaînés l'un à l'autre.

Caroline, ma femme, l'avait complètement deviné. Je ne lui en avais jamais parlé, mais elle l'avait pressenti.

C'était comme le mauvais œil. Et pourtant, le bateau avait été facile à faire. Tout s'était déclenché très vite, sans accrocs. Les plans, la construction, le financement. Je n'avais eu que des chances. Et le jour du baptême, tout a basculé. Kriter IV était un bateau magnifique. Il avait une avance technologique colossale sur l'ensemble de la flotte de l'époque. Mais la bouteille n'a pas cassé...

C'était difficile de s'arrêter au signe, à partir du prémonitoire. Même si l'avertissement du baptême était fort, j'ai continué avec Kriter IV, à nouveau pris par la magie de la mer qui relégua peu à peu la hantise d'un drame, à l'arrière-plan. Il n'y a que dans la mesure où on accepte que le pire puisse arriver que l'on sait qu'on peut avoir le meilleur. Notre action, c'est de mener notre vie, ce n'est pas de s'arrêter à l'entrée du cabalistique. Il n'est guère crédible de jouer au voyant en transe, devant son propre futur. J'ai vu vraiment que j'avais été averti, qu'après... Que mes arrière-pensées n'étaient pas fausses.

En fait, j'ai eu la chance de m'en tirer. Et surtout de ramener mon équipage indemne. Je ne perdais qu'un rêve. J'aurais pu perdre un homme. Sur le cargo qui nous a recueilli je suis monté en dernier. Je ne sais pas pourquoi, tout mon équipage alors m'a dit merci. Peut-être qu'ils ont vu que j'avais sacrifié quelque chose. C'était leur façon de me dire qu'ils me comprenaient, de me laisser moins seul Moi, je n'étais plus que de la douleur. C'était leur manière de me dire qu'on vivait encore.

Souvent j'ai lu après que le bateau avait été abandonné parce qu'il manquait un flotteur. C'est faux, ce n'était pas un flotteur qui était cassé, c'étaient les bras de liaison. On ne pouvait plus naviguer avec le bateau, on ne pouvait même plus partir en fuite. Nous étions dans une impasse totale. A 800 milles des Açores, 1 500 milles de Terre-Neuve et 1 500 milles de la Bretagne. Aucune issue d'aucune sorte. J'ai bien fait de l'abandonner. Je sais aujourd'hui qu'il n'y avait aucune chance de le ramener. J'y ai souvent pensé après. Durant toute la traversée avec le cargo, le mauvais temps nous restait au cul comme des vaches. Dans la zone sur laquelle on a perdu le bateau, la tempête s'est acharnée longtemps. Je n'avais aucune chance.

Une fois monté sur le pont du cargo, j'ai immédiatement pensé à redescendre, pourtant. Le merci de mes hommes m'en a empêché. Je me suis dit que je n'étais pas seul. Alors je ne suis pas redescendu. Il y avait un câble du bateau qui s'est pris dans un bossoir qui dépassait du cargo. Kriter IV a été traîné par le mât, c'était abominable. C'était au plein centre de la dépression, il y avait même un peu de soleil à ce moment-là. Il y avait une mer brillante, sauvage, verte, noire. Il n'y avait pas de bleu. C'était maudit.

Le cargo a fini par s'éloigner. J'étais vidé de tout, je n'ai plus pu dormir. J'allais sur la passerelle la nuit, je regardais la mer. On a mis six jours pour rentrer. Je n'étais pas capable de parler de ce qui était arrivé. Gilles Pernet, le journaliste de l'Equipe qui faisait partie de mon équipage, racontait dans son journal tout ce qui se passait. La veille du naufrage, nous avions battu le record du monde de vitesse à la voile en vingt-quatre heures, Kriter IV était une machine phénoménale. Quand il a cassé, je n'y croyais pas. C'était exactement comme en marchant sur un trottoir, le fait de poser le pied sur la margelle de pierre la casse en deux. Pour moi, il était incassable ce bateau. Le choc n'en a été que plus difficile à assumer. Oui, ce fut une sorte de mort, ça. Plus tard, j'ai écrit dans Match l'histoire que nous avons vécue. J'ai évidemment lu des articles, ou rencontré une série de gens qui m'expliquèrent pourquoi mon bateau avait cassé. Je leur ai fait assez nettement comprendre que c'était un peu tard. Le dire après, c'est beaucoup trop simple.

Mon sponsor, Kriter, ne m'a pas laissé tomber. Nous avons refait Kriter VI ensemble, pour la Transat en double. Mais lorsque j'ai conçu Jacques Ribourel, j'avais fait le bateau d'un homme qui en avait perdu un. Je l'avais conçu trop costaud, trop lourd, sans doute. J'ai déjà raconté son histoire. Nous avons bien marché au début d'une course, et ensuite, il a démâté. Il ne faudrait peut-être pas refaire trop vite un bateau quand on sort d'un naufrage. Mieux vaut en prendre un qui existe déjà, et aller simplement naviguer avec lui. Pour oublier.

XIII

LE 14 AVRIL 1985...

7 h 30 je quitte la barre de Fleury-Michon. Philippe Poupon va mettre le bateau à quai. Nous sommes dans le port de New York. Provenance Martinique. Ciel caraïbe et vent du Nord ; cela fait quinze jours que j'ai embarqué. Je n'ai jamais navigué sur un aussi beau bateau. Quelle machine ! bien pensée, bien construite, bien menée. Dans deux heures je vais débarquer : gros spleen. Je serais bien resté à bord... Mon projet pour le futur est simple. Un tour du monde sans escale, sur un multicoque de vingt-trois mètres de long, sur dix-neuf mètres de large, équipé de foils. Je ne crois pas qu'un catamaran classique puisse passer par les Quarantièmes Rugissants, tenir face à des creux atteignant quinze mètres. Un foilier, selon moi, le peut. Notamment à cause de sa plus grande largeur. Personne n'a jamais tenté cette aventure à bord d'un multicoque en solitaire. Je pense que c'est un beau défi, face à des mers vraiment difficiles, un beau risque, avec une belle solitude, c'est pour renouer avec elle que je projette cette traversée. Je compte mettre environ cent vingt jours pour l'effectuer. Avec un bon bateau, il se pourrait que je mette en péril bien des records de vitesse actuellement existants...

A suivre...

*Achevé d'imprimer le 11 juillet 1985
sur presse CAMERON
dans les ateliers de la S.E.P.C.
à Saint-Amand-Montrond (Cher)
pour le compte des éditions Robert Laffont*

Dépôt légal : juin 1985.
N° d'Éditeur : L565. N° d'Impression : 1279.

LES GRANDES COLLECTIONS CHEZ ROBERT LAFFONT

Dès l'origine (1941) LA POÉSIE, LE ROMAN FRANÇAIS, L'ESSAI

1945
PAVILLONS

1956
BEST-SELLERS

1958
CE JOUR-LA

1963
LES ÉNIGMES
DE L'UNIVERS

1966
PLEIN VENT

1967
RÉPONSES

1969 • VÉCU
• AILLEURS
ET DEMAIN
• LES PORTES DE
L'ÉTRANGE

1974
• NOTRE ÉPOQUE
• SPORTS
POUR TOUS

1970
LIBERTÉS/2000

1976
LES RECETTES
ORIGINALES

1977
A JEU DÉCOUVERT

1978
LES HOMMES
ET L'HISTOIRE

1979
BOUQUINS

Et, depuis 1974 le

L'ENCYCLOPÉDIE DE DOMINIQUE ET MICHÈLE FRÉMY

Le Quid paraît chaque année avec la rentrée des classes.

Instrument incomparable d'information et de culture, le Quid a pris place dans la vie des Français. 400 000 d'entre eux, chaque année, font entrer le Quid dans leur foyer. Parce que le Quid a réponse à tout, pour le jeu comme pour l'étude et le travail. Le Quid, mis à jour chaque année, est unique, irremplaçable : une véritable institution.